ROLAND BROWN

MOTORRÄDER DER WELT

Marken und Modelle

ROLAND BROWN

MOTORRÄDER DER WELT

Marken und Modelle

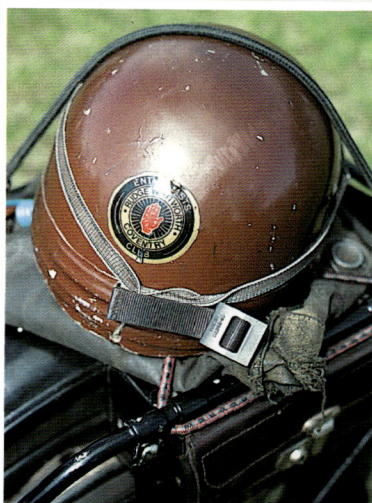

Motor buch Verlag

🏍 DANKSAGUNG

Der Herausgeber möchte sich bei folgenden Fotografen und Fotoagenturen für ihre Mitwirkung bedanken:

Martyn Barnwell/EMAP: 10 (alle), 11 or, 12 or, 15 ul/or, 18 u, 19 ol, 28 u, 37 ol/m, 44 (alle), 67 ol/or, 68 o, 86 o, 88 o, 92 o, 93 ml, 95, 96, 102 0/u, 120 o/u, 122 o, 130 (alle), 131 u, 138 u, 147 ml/m3, 157 ul, 158 o, 159 o, 160 (alle), 193 (alle), 195 or,, 198 o, 200 m, 207 o, 213 m, 214 ml, 216 o, 217 ol, 218 (alle), 219 ol/ml, 220 (alle) 222 (alle), 224 o, 228 o, 238 m, 247 mr/or, 248 o, 249 o/r (+3)

British Film Institute: 29 o, 30 (alle), 31 o/u, 361 m

Roland Brown: 19 or/ul, 21 u, 22 u, 23 m, 27 u, 33 u, 46 u, 53 ol/u, 56 or, 57 o, 63 mr/or/u, 78 o, 89 ur, 93 mr, 98 o, 99 u, 109 ol, 113 0, 115 ol/ur/ul, 125 ol,127 ul, 133 u, 134 u, 136 m/u, 141 o, 144 o, 151 (alle), 152 o, 161 o/ml/mr, 165 or, 167 ml, 173 ul, 183 ur/um, 186 (alle), 194 (alle), 200 o, 210 u, 216 m/u, 219 or, 221 o, 223 ur, 231 ul, 232 (alle), 233 or, 241 m, 245 ol/u, 250 m, 251 m

Roland Brown/Graeme Bell 157 o

Roland Brown/Jack Burnicle: 104 o/m, 132 o/u, 133 ol

Roland Brown/ Gold & Goose: 63 ol, 99 ol, 108 o/u, 124 (alle), 125 or, 126 u, 134 o, 135 or, 143 o, 195 2 ul, 217 u, 243 u

Roland Brown/Phil Masters: 46 o, 71 or,

103 u, 107 u, 109 u, 112 o/m, 167 or, 171 mr/u, 195 l, 204 u, 205 ol, 225 u, 240 o, 244 u

Roland Brown/Mac McDiarmid: 22 m, 45 u, 201 u, 203 u, 210 o

Roland Brown/Oli Tennent: 15 o, 19 ur, 24-5, 27 ol, 33 u, 59 ol, 60 u, 61 o. 63 ol/ml/omr, 94, 105 u, 106-107 o, 113 u, 127 ur, 135 ur, 137 o/ml/u, 148-49 u, 153 oml, 164 (alle), 165 ol, 178 m/u, 179 u, 180 (alle), 181 ol, 182 (alle), 183 o/ul, 184 o, 185 or/ol/m, 197 u, 203 ol/m, 202 (alle, 208 o, 227 drei nach unten, 235 ol/or, 242 (alle), 245 or/m, 250 o/u

Jack Burnicle: Titelseite, 82 (alle), 83 (alle), 84 u, 85 o, 104 u, 145 ul, 162 u

Jason Critchell: 192 m/u

Kel Edge: 6, 23 u, 42-43, 61 m, 62, 63 m, 77 ml, 78 u, 81 (alle), 109 m, 128 o, 155 ol/u, 159 ol, 171 ol, 174 o, 185 ul, 189 ml/mr, 192 o, 205 or, 217 ml, 229 u, 235 m drei nach unten, 237 u, 241 u, 254 u, 255 ul

John Freeman/Anness Publishing:
Rückseite o, 36 m/or/u, 37 or
Gold & Goose: 18 o, 20 o/u, 21 o, 48 u, 49 or, 52 u, 53 o/m, 64-65, 67 ml, 72 o, 73 u, 74-75 u, 79 o, 99 or, 114, 126 o, 135 ul, 168 u, 169 ol, 170 u, 172, 175 ol/or, 177 u, 184 u, 187 ul, 188.189 u, 189 o, 231 o/m, 253 ol

Hulton Deutsch Collection: 12 ol/u, 16 o, 29 ol/or, 45 or, 66 (alle), 67 o

Imperial War Museum: 50 (alle), 51 ol/or/u

Phil Masters: Rückseite u, 20 m, 21 m, 34 u, 35 o/u, 47 or, 54-55, 60 o, 61 u, 69 u, 106-107 u, 115 or, 117 o, 129 m, 153 u, 157 m, 166 (alle), 204 o, 233 u, 236 o, 244 o, 251 u, 252, 253 u

Mac McDiarmid: Vorseite, Rückseite u, 1, 2, 5, 17 o/m, 22 o, 32 u, 37 ur, 38 (alle), 39 (alle), 40, 41 o/u, 45 ol, 48 m, 57 u, 59 or, 60 m, 70 u, 71 om, 87 o/m, 88 u, 89 ol/or/ul, 90 o, 98 u, 103 ol/or, 115 m, 116 (alle), 117 ul/ur, 120 m, 122 m/u, 128 u, 129 mo/mu, 131 or, 144 u, 154 (alle), 155 or, 159 m, 161 u, 162 o, 169 u, 190-191 u, 191 l, 197 or, 199 ol/or, 201 m, 209 ol/or, 215 u, 223 l, 226 o, 227 2 nach unten, 230 m/u, 235 u, 238 o, 239 ol/u, 241 ol/or, 246 (alle), 248 m/u

Don Morley: Rückseite ol/r, 3, 8-9, 11 ol/m/u, 12 m, 13 o/u, 14 16 o, 26 o, 27 or, 31 ol, 32 o, 33 ol, 34 o, 48 o, 49 ol/u, 51 ul, 52 o, 53 or, 58 ol/or, 59 u, 67 mr, 68 u, 69 ol/or, 70 o, 71 ol, 72 u, 73 ol/or/m, 75 or, 76 o/u, 77 ol, 79 m/u, 84 o, 85 u, 86 u, 87 u, 90 u, 91 or, 92 u, 93 o/u, 95, 97 (alle), 99 m, 100 (alle), 101 o/u, 103 (alle), 105 u, 107 m, 109 or, 110, 111 (alle), 112 u, 118 (alle), 119 (alle), 121 (alle), 122 o, 123 (alle), 125 m/ul, 127 ol/or, 129 ol/or 2 nach unten, 133 or/m, 135 ol, 136 o, 137 mr, 138 o/m, 139, 140 (alle), 141 ml/mr/u, 142 m/u, 143 ul/ur, 145 m/ur, 147 o/u, 149 o/ul, 155 m, 156 o, 157 ur, 158 u, 159 u, 161 mr, 163 or/m, 165 ul/ur, 167 ol, 169 or, 170 o, 173 ol/or/m/ur, 174 m/u, 175

m/ul/ur, 176 o, 179 ol, 181 or/u, 187 ur, 190 o, 191 or/mr, 195 ur, 196 (alle), 197 ol/m, 198 u, 199 m/ul/ur, 200 u, 201 ol, 205 ul, 206 (alle) 207 m/u, 208 u, 209 m/u, 211 ol/mr/u, 212 (alle), 213 ol/or/u, 214 (alle), 215 o/ml/mr, 217 or, 219 mr, 221 ol/ml/r, 223 o, 224 u, 225 o, 226 u, 227 o/u, 228 u, 229 o/m, 231 ur, 233 ol, 236 u, 237 ol/or/ml, 238 u, 239 or, 240 u, 243 o/ml/mr, 247 o/ml/lmr, 249 ol/r 2 nach unten, 251 or, 254 o, 255 o/um/ur

Nick Nicholls: 71 u, 74 o, 75 ol, 76 m, 77 or/u, 145 o, 211 m, 219 u, 251 ol, 205 ur, 211 or, 234 (alle), 253 or/m

Dick Parnham: 91 ol/u

Garry Stuart: 26 u, 28 o/m, 46 m, 47 ol/mr/u, 148 u, 149 m/ur, 150 (alle), 152 u, 153 o/m, 156 u, 176 u, 177 o/m, 178 o, 179 or, 221 lu

Phillip Tooth: 146

Ole Tennent: Rückseite om, 80, 142 o, 168 o, 188 o, 235 m 2 nach unten

Wir bedanken uns auch bei den PR-Abteilungen von BMW, Ducati, Honda, Moto Guzzi, Kawasaki, Suzuki und Yamaha für ihre Hilfe bei der Bildanschaffung. Außerdem ein großes Dankeschön an Frontier Motorcycles Ltd für die Garderobe auf Seite 36.

o = oben, u = unten, m = mitte, l = links, r = rechts

Erstmals 1996 von Lorenz Books in London veröffentlicht.
Originaltitel: **The Encyclopedia of Motorcycles**
Autor: Roland Brown

Die Übersetzung ins Deutsche besorgte: **Jan Leek**

ISBN: 3-613-01830-6

1. Auflage 1997

INHALT

Erster Teil

Die Welt der Motorräder   6

    Die Entwicklung des Motorrads   8

    Aus der Sicht des Fahrers   24

    Die Baugruppen eines Motorrads   42

    Sport auf zwei Rädern   64

Zweiter Teil

Motorräder von A bis Z   94

Index   256

Erster Teil

DIE WELT DER MOTORRÄDER

Zwei Räder und ein Motor, so lautet das einfache Rezept für den Bau eines Motorrads. Doch ganz so simpel scheint es doch nicht zu sein, denn seit mehr als 110 Jahren strahlen Motorräder eine starke Faszination aus, eine Faszination, die in Worten nur schwer zu beschreiben ist. Jeder Betrachter versteht diese Botschaft anders, jeder hat eine ganz persönliche Beziehung zu seiner Maschine, und für die meisten verkörpert das Motorrad dabei oft mehr als nur ein Transportmittel. Motorrad-Faszination kennt viele Facetten, sie umfaßt so unterschiedliche Schöpfungen wie eine Scott Straßenmaschine aus den 30ern ebenso wie Aprilias superschnelle 250er Rennmaschine, eine donnernde Velocette genauso wie Hondas zukunftsträchtigen Wüstenrenner EXP-2.

Dieses Buch versucht, den beiden Rädern, die für viele die Welt bedeuten, auf der Spur zu bleiben. Die Geschichte beginnt mit Gottlieb Daimlers Reitwagen und endet bei Dave Campos Rekordfahrt mit einer Harley-Davidson auf über 518 km/h. Der Weg dorthin führt über Chelsea Bridge in London, Geburtsort der Rockerbewegung, über Hollywood und einige Runden auf dem Nürburgring. Und auch wenn in unserer Geschichte die Motorräder die Hauptrollen spielen, sind es ihre Schrauber, Schöpfer und Fahrer, die das Bild erst so richtig schön bunt machen.

Die Welt der Motorräder ist eigentlich die Geschichte dieser Menschen – von Michael Doohan, der nach einem Wheelie auf seiner NSR 500 Honda auf und davonfährt, bis zu Marlon Brando, der lässig an einer Triumph Speed Twin lehnt. Der Helfer, der Medizin und andere Vorräte mit seinem Motorrad durch den afrikanischen Busch karrt, paßt genauso in die Szene wie der Enthusiast, der sonntags früh mit seiner Ducati 916 auf seiner Hausstrecke herumkurvt. Es sind zwei verschiedene Menschen auf zwei grundverschiedenen Motorrädern, gemeinsam genießen sie aber die Fähigkeiten eines Motorrads, das bekanntlich nur aus zwei Rädern und einem Motor besteht.

Die Entwicklung des Motorrads

Der Geschichtsschreibung zufolge war die Fahrt weder schnell noch dauerte sie lang, verständlich, da das Fahrzeug einen nur 0,5 PS starken Motor hatte, der in einem ungefederten Holzrahmen saß. Als aber Paul Daimler am 10. November 1885 mit dem Reitwagen seines Vaters Gottlieb die Gegend um Stuttgart-Bad Cannstatt unsicher machte, unternahm er, was wir heute die welterste Motorradtour nennen könnten.

Es war ein langer Weg, den das Motorrad aus diesen bescheidenen Anfängen bis in unsere Zeit zurückgelegt hat. Heute schaffen kleine, sportliche 125er mühelos 160 km/h. Wenn wir aber die einzelnen Modelle dazwischen näher betrachten, ist es nicht unbedingt irgendeine rasante technische Entwicklung, die ins Auge sticht, sondern eher, wie wenig sich doch eigentlich am Grundkonzept geändert hat. Sicherlich weist die »Neue Werner« von 1901 nur geringe Ähnlichkeiten mit der neuesten GP-Rennmaschine von Honda auf – die Verwandtschaft zwischen beiden ist allerdings nicht wegzudiskutieren. Dieses Kapitel beschreibt, wie aus der Werner die Honda wurde.

Gottlieb Daimler hatte wohl nie vor, Motorräder zu bauen, und nach den ersten erfolgreichen Versuchen mit dem Reitwagen von 1885 widmete er sich voll und ganz der Automobilproduktion. Doch sein »Motorrad« hatte den Durchbruch geschafft. Schon vor 1880 waren Antriebssysteme, wenn auch mit Dampfkraft, in der Schiffahrt und für Eisenbahnen keine Seltenheit mehr, für Personentransporte im kleineren Rahmen eignete sich die Dampfmaschine wegen ihrer Größe allerdings weniger. Gottlieb Daimlers Assistent Wilhelm Maybach war es gewesen, der die ursprünglichen Visionen von Nikolaus Otto in Gestalt eines 265 cm³ großen Viertaktmotor verwirklicht hatte und dadurch die Basis für eine Weiterentwicklung legte.

Dampfgetriebene Zweiräder existierten bereits vorher, etwa das Veloziped von Micheaux-

■ *Links: Die Brüder Werner aus Paris verkauften hunderte ihrer leichten und praktischen »motocyclette«. Der Motor dieser Konstruktion saß oberhalb des Vorderrades.*

■ *Unten: Mit der »neuen Werner« von 1901 wurde die mittige Plazierung des Motors patentiert. Diese zentrale Gewichtsverlagerung verhalf dem Motorrad zu besserem Handling und ist seitdem Industriestandard.*

Oben: Es heißt, daß es zum allerersten Rennen kam, als sich zwei Motorradfahrer zufällig begegneten. Wie dem auch sei – diese beiden Fahrer scheinen in aller Freundschaft die Konkurrenzsituation zu genießen.

■ *Ganz oben: Das de Dion-Bouton Dreirad mit einem Motor des gleichen Herstellers verzeichnete im letzten Jahrzehnt des neunzehnten Jahrhunderts große Erfolge im Motorsport.*

■ *Oben: Der Indian Einzylinder mit der für amerikanische Motorräder typischen Motorplazierung anstelle eines Sattelpfostens wurde 1902 mehr als hundertmal gebaut. Angeblich war der Andrang so groß, daß eine Wartezeit von 17 Jahren einkalkuliert werden mußte...*

■ *Rechts: Die Entwicklung verlief anfangs so schnell, daß Daimlers Reitwagen nur 15 Jahre später aussah, als ob er in der Steinzeit entstanden wäre.*

Perreaux, entstanden 1869 in Frankreich. Mit der Weiterentwicklung des Benzinmotors wendeten sich die Einspur-Pioniere allmählich von der Dampfmaschine ab. Zu den wichtigen Vorreitern der neuen Fortbewegungsart gehörten die Brüder Hildebrand, die zusammen mit ihrem Partner Alois Wolfmüller 1894 die erste Serienherstellung eines Motorrades durchführten. Dieses Motorrad hatte einen wassergekühlten Zweizylinder-Viertaktmotor mit 1500 cm³, dieser saß in einem für diesen Zweck konstruierten Stahlrahmen. Zu den wichtigen Neuheiten dieser Konstruktion gehörten hochmoderne Luftreifen, die erst kurz zuvor von John Boyd Dunlop entwickelt worden waren. Die Höchstgeschwindigkeit betrug etwa 40 km/h, mehr als genug, da die einzige Bremse aus einer auf dem Boden schleifenden Eisenstange bestand. Die nächste wichtige Stufe der Motorrad-Entwicklung wurde kurz darauf in Frankreich erklommen, als der französische Graf Albert de Dion zusammen mit Georges Bouton einen Einzylinder-Viertakter von etwa 125 cm³ entwickelte. Der de Dion-Motor sollte 0,5 PS liefern, war aber in Wirklichkeit stärker, drehte bis zu 1800 Umdrehungen pro Minute und war sehr kompakt aufgebaut. Sein erstes Einsatzgebiet war das de Dion-Dreirad, das in

den 90er Jahren erfolgreich Rennen bestritt. Sehr zur Sorge seiner Erbauer wurde das erfolgreiche Dreirad-Konzept von unzähligen Herstellern kopiert, da sich die junge Industrie wie ein Buschfeuer in Europa ausbreitete. Zu dieser Zeit war noch gar nicht so recht entschieden, wo denn nun der Motor zu sitzen habe. Erst die Brüder Werner, russische Emigranten, die in Paris lebten, fanden 1901 die richtige Lösung: Das erste Motorrad der beiden hatte die de Dion-Motorkopie oberhalb des Vorderrads, die Neuentwicklung trug aber den Motor in der Mitte des Stahlrahmens, von wo er das Hinterrad mittels eines Lederriemens antrieb. Mit seinem Fahrradsattel, Felgenbremsen und niedrigerem Schwerpunkt setzte diese »neue« Werner neue Maßstäbe

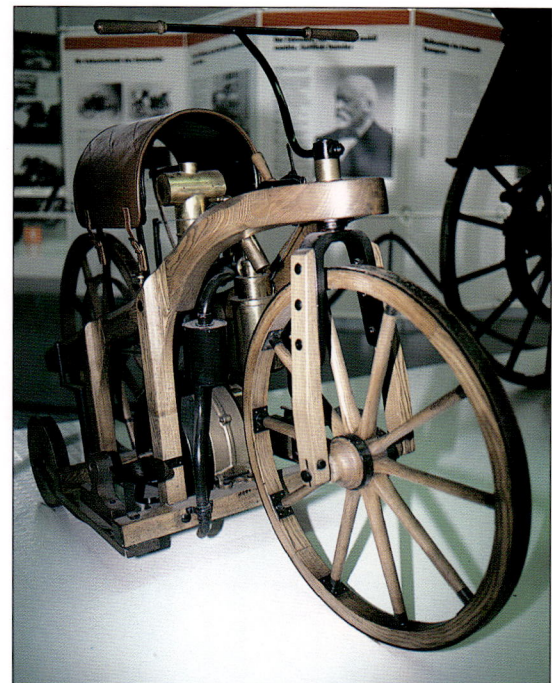

■ Links: Das Wall Autowheel, die Aufnahme stammt von 1910, war ein Rad mit Hilfsmotor, das einfach an das vorhandene Fahrrad angeschraubt wurde.

■ Unten: Bis zu seinem Tod 1935 war Lawrence von Arabien wohl der berühmteste aller Fahrer, die den V-Zweizylinder von Brough Superior bewegten.

für die Motorradtechnik des 20. Jahrhunderts. Von da an verlief die Entwicklung in Riesensprüngen weiter und die Schar enthusiastischer Anhänger auf beiden Seiten des Atlantiks wuchs rapide weiter. Im gleichen Jahr, 1901, stellten Fahrradhersteller George Hendee und der frühere Radrennprofi Oskar Hedstrom die erste Indian auf die Räder. Drei Jahre später, als Indian gerade den Gasdrehgriff verfeinerte und den ersten Zweizylinder plante, bekamen sie unerwartet Konkurrenz durch eine neue amerikanische Marke, Harley-Davidson. In den folgenden zehn Jahren entwickelten Indian, Harley-Davidson und der dritte große Hersteller in USA, Excelsior, den V-Zweizylinder zum typischen amerikanischen Motorrad.

Die amerikanischen Marken Indian und Pierce hatten schon 1909 Vierzylinder-Modelle im Programm, Pionier auf diesem Gebiet war allerdings der belgische Hersteller FN, der vier Jahre zuvor ein Vierzylinder-Modell eingeführt hatte. Diese FN gehört zweifellos zur Gattung der Superbikes. Mit längsliegendem Vierzylinder, einem Hubraum von 363 cm³ und Kardanantrieb war das Motorrad nicht nur zierlich und elegant, sondern lief auch sehr vibrationsarm. Über zwei Jahrzehnte in Produktion war der Hubraum bei Serienauslauf auf 750 cm³ geklettert. In Laufe der Produktionsgeschichte waren noch andere Modifikationen dazugekommen, unter anderem Kupplung, Getriebe und Schwinggabel.

In jeder Ecke Europas lief die Entwicklung rasant weiter. Die britische Scott hatte 1910 nicht nur einen wassergekühlten Zweitakt-

■ Links: Der erste Kickstarter der Welt, am Hinterrad angebracht, war nur eine der Erfindungen von Scott, dem Hersteller aus dem britischen Yorkshire, die das Unternehmen beim Zweizylinder-Zweitakter 1910 vorstellte.

■ *Rechts: Trotz einige Mängel war die Ariel Square Four von 1937 eins der exklusivsten Vorkriegsmotorräder.*

Zweizylinder, sondern auch Kickstarter, Kettenantrieb und Telegabel. Unter den frühen Errungenschaften im Viertaktbereich finden sich Harley-Davidsons mechanisch gesteuerte Ventile, ein Ersatz für den automatischen Einlaß, wobei das Einlaßventil vom Unterdruck im Zylinder einfach offengesaugt wurde. Die amerikanische Marke Cyclone stellte 1913 für die Straße einen großen V-Zweizylinder mit obenliegenden Nockenwellen her. Nur ein Jahr später hatte Peugeot in Frankreich eine Rennmaschine mit Parallel-Zweizylinder-Motor, doppelten obenliegenden Nockenwellen und Vierventiltechnik im Programm. Nach dem Ersten Weltkrieg erlitt die amerikanische Zweiradindustrie herbe Rückschläge, zum Teil wegen der unerwarteten Konkurrenz von Henry Fords Model-T, in Europa boomte die Produktion aber weiter. Englische Marken wie Matchless, Triumph und Velocette, sowie auch die deutschen Hersteller BMW (dessen erster Boxer R 32 1923 erschien) und Zündapp, aber auch die Italiener mit Benelli und Moto Guzzi an der Spitze bauten immer bessere Motorräder mit ständig verfeinerter Technik.

■ *Unten: Schon die ersten Boxermaschinen von BMW, wie diese R 52 von 1928, hatten schnell einen Ruf als zuverlässige und vor allem sauber verarbeitete Motorräder.*

In den späten 30ern waren Motorräder einigermaßen schnell, zuverlässig und leicht zu bedienen. An der Spitze befanden sich Motorräder wie die Ariel Square Four mit einem 1000 cm³ großen Motor, dessen vier Zylinder quadratisch ausgelegt waren. Der doppelte Twin hatte zwei getrennte Kurbelwellen. Die Triumph 500 Speed Twin war 1937 vorgestellt worden, ihr Zweizylinder wurde zum Vorbild der englischen Motorindustrie der nächsten 50 Jahre.

Fast mythische, große V-Zweizylinder wurden in Großbritannien von Brough Superior und HRD gebaut und von Harley-Davidson und Indian in den USA. Weniger als ein halbes Jahrhundert nach den ersten Gehversuchen des Reitwagens war das Motorrad aus dem Alltag nicht mehr wegzudenken.

■ *Vorige Seite: Dieses PR-Foto zur London Motorcycle Show 1935 stellt mehrere Jahrzehnte Motorrad-Entwicklung zur Schau, links eine 500 New Imperial, rechts eine Holden von 1897, der welterste Vierzylinder.*

Das Goldene Zeitalter

In den späten Vierzigern, direkt nach dem Zweiten Weltkrieg, legte der technische Fortschritt auf zwei Rädern ein kleines Verschnaufpäuschen ein. Im Vergleich zu der rasanten Entwicklung der ersten Jahrzehnte passierte in den 40ern, 50ern und 60ern nur sehr wenig, und wenn, dann waren es die britischen Ein- und Zweizylinder, die für Bewegung sorgten. Als Könige der Straße galten Maschinen wie Norton Dominator, BSA Gold Star, Triumph Thunderbird und Velocette Venom Motorräder aus einer Zeit, als die Straßen leer waren und gesetzliche Bestimmungen wie Geräuschpegel und Geschwindigkeitsbegrenzungen nicht einmal theoretisch existierten. Für viele Enthusiasten war zu der Zeit das Motorradfahren eine Ganzjahresbeschäftigung. Wenn auch die ganz großen Revolutionen in der Entwicklung ausblieben, so gab es doch technische Fortschritte im Kleinen zu beklatschen. Eine typische Straßenmaschine der 40er hatte keine Hinterradfederung, dafür aber eine primitive Trapezgabel, Schwingsattel, manuelle Zündvorstellung und einen niedrig verdichteten Motor für die niedrigoktanigen Brennstoffe der Kriegszeit. Die Lackierung nicht selten matt, oft aus Restbeständen stammend, und Details wie Tachometer, Bremslicht und Beifahrerfußrasten standen auf der Zubehörliste und waren gegen Aufpreis zu erhalten.

In den 50ern verbesserte sich das Gesamtkonzept, die Glanzlackierungen waren auch optisches Zeichen dafür, daß die Zeiten besser wurden – und luxuriöser, denn die Motorrad-Industrie rüstete ihre Maschinen nun serienmäßig mit Telegabel, Hinterradfederung,

■ *Unten: Der Nimbus der Brough Superior wurde in den 40ern und 50ern noch gewahrt, lange nachdem die Herstellung dieser SS 100 S eingestellt worden war.*
Doch versäumte man es, einen entsprechenden Ersatz anzubieten.

■ *Rechts: Die Herstellung der Indian Chief endete 1953. Mit ihr endete auch die Produktion im ursprünglichen Werk. Kurzfristig hatte die Marke auch versucht, Parallel-Zweizylinder englischer Art zu bauen und dann britische Importe unter Indian-Markenzeichen zu vermarkten.*

Instrumentierung, Doppelsitzbänken und zuverlässigerer Elektrik aus. Viertaktmotoren gerieten zu drehfreudigen Kurzhubern, die Verdichtung erhöhte sich, und hier und da bestanden nicht nur Zylinderköpfe, sondern auch die Zylinder selbst aus Aluminium. Eine Triumph oder BSA 650 Zweizylinder ging Mitte der 50er glatt 160 km/h und über das Handling konnte auch keiner meckern.

Die britische Industrie sonnte sich in ständig neuen Verkaufserfolgen, 1959 wurden nicht weniger als 330.000 englische Motorräder produziert. Auch in den USA waren die Briten auf dem Vormarsch, da sich die einheimische amerikanische Industrie in einem miserablen Zustand befand und außerdem keine Maschinen in kleineren Hubraumkategorien anzubieten hatte. Die beiden letzten amerikanischen Mar-

ken hießen Harley-Davidson und Indian. 1953 strich Indian die Segel, und Harley stand auch kurz vor dem Aus: 1955 verließen noch nicht einmal 10.000 Motorräder die Werkshallen in Milwaukee.

Schwerer hatten es die Briten auf dem Kontinent. Deutsche Hersteller wie BMW und DKW kamen nach dem Krieg schnell auf. In Italien konnten Ducati, Gilera, MV Agusta und unzähli-

■ *Rechts: Diese Norton 750 Atlas war der Hauptgewinn bei einer Lotterie, die der Londoner Club 59 organisiert hatte. Die Atlas war typisch für britische Motorräder Mitte der 60er Jahre.*

■ *Ganz rechts: Der Motorrad-Priester Bill Shergold gründete den Club 59 und wurde zur Legende. Er war eine Zentralfigur in der Rockerszene der 60er und holt hier eine neue Triumph ab.*

■ Links: Nein, es ist kein Aufstand gegen Mods. Diese jugendlichen Motorradfahrer machen sich von Trafalgar Square in London auf den Weg und tragen Poster für die Christliche Hilfswoche irgendwann in den 60ern.

■ Nächste Seite, mitte: Die Bonneville war das berühmteste Triumph-Modell, abgebildet die daraus entstandene Rennversion Thruxton.

■ Nächste Seite, unten: Soichiro Honda – links im Bild zusammen mit Mitgründer Takeo Fujisawa – führte den Angriff der japanischen Industrie.

ge andere den Markt mit superschnellen 100er- und 125er- Sportmaschinen abdecken und fuhren auch bei Langstreckenklassikern wie Giro d'Italia und Mailand-Taranto mit. Und mit den Rollern von Vespa – und kurze Zeit später Lambretta – meldeten sich nicht nur neue Hersteller, sondern auch eine neue Generation zu Wort, die mit den dreckigen, schweren Motorrädern nichts mehr zu tun haben wollte. Die schärfsten Rivalen der klassischen Roller waren kleine deutsche und englische Brot-und-Butter-Motorräder, im Vergleich zu den Italienern eher langweilige Varianten des motorisierten Zweirads.

Italienische Maschinen waren es auch, die die britische Dominanz in der Rennszene in Frage stellten, vor allem in der ab 1949 ausgetragenen Motorrad-Weltmeisterschaft. Diese Entwicklung war so zunächst nicht abzusehen, denn AJS gewann 1949 mit dem »Sta-

■ Rechts: Triumphs Beitrag zu einer neuen Garderobe für Motorräder war diese »Badewanne«, erstmals an der 350er Model 21 von 1957 zu sehen, dem ersten Motorrad der Marke mit Blockmotor. Später war dieses Outfit auch für größere Modellen lieferbar, konnte aber nie viele Freunde gewinnen.

Links: Die Velocette 500 Venom rettete die britische Einzylinder-Tradition in die 60er hinüber.

größere Motorräder wagen würden. Heute wundert man sich lediglich, woher diese Firmenlenker ihren Optimismus nahmen. Honda stellte 1965 die CB 450 vor, die mit ihrem Zweizylinder-Motor leistungsmäßig problemlos mit den größeren Engländern konkurrierte. Hinter Honda folgten Kawasaki, Suzuki und Yamaha und bald erlebte die englische Industrie, wie der Markt ihnen entglitt.

chelschwein« die 500er Krone und Velocette konnte die Lorbeeren in der 350er Klasse holen. Doch einigen weiteren Anfangserfolgen in beiden Klassen durch Norton folgten dann überragende italienische Siege. Gilera und MV Agusta dominierten die großen Hubraumklassen, Mondial, Benelli und Moto Guzzi die kleineren. Nur NSU aus Deutschland konnte den Italienern Paroli bieten und feierte in den zwei kleineren Klassen Doppelsiege. Soweit es die Straßenmodelle betraf, waren nach wie vor englische Motorräder an der Spitze, doch diese Position hatte zu einer gefährlichen Selbstsicherheit geführt. Weiterentwicklungen oder notwendige Investitionen wurden nur vereinzelt durchgeführt: Die Motorradindustrie ruhte sich auf ihren Lorbeeren aus, zumal sich auch immer mehr deutsche Hersteller aus dem Rennen verabschiedet hatten. Ende der 50er war in den großen Hubraumklassen nur noch BMW vertreten, NSU, ehemals größter Motorradhersteller der Welt, baute inzwischen nur noch Automobile. Anfang der 60er stellte die junge japanische Industrie eine ernst zu nehmende Bedrohung für die britische Vorherrschaft dar. Der Boß von Triumph, Edward Turner, bereiste 1960 die japanischen Hersteller, heute ein historisches Ereignis. Er warnte, jedoch ohne Erfolg, vor den Langzeitperspektiven dieser schnellwachsenden Industrie.
In den Ausstellungsräumen stand bald der 50 cm³ Halbroller Honda C100, und der Verkaufsslogan »You meet the nicest people on a Honda« verhalf ihm jahrelang zu einem Absatz von mehr als eine halbe Million Einheiten jährlich. Die Industrievertreter in Europa beruhigten sich gegenseitig mit der Versicherung, daß die Japaner sich nie auf den Markt für

Moderne Zeiten

Als Honda 1969 die CB 750 vorstellte, war es nicht nur der Vierzylinder-Motor mit obenliegender Nockenwelle und einer Spitze von über 190 km/h, der vom Anbruch eines neuen Zeitalters kündete. Nein, es war vielmehr die komplette Ausstattung dieses Motorrads mit elektrischem Anlasser und vorderer Scheibenbremse, kurzum: die feine Technik der CB. Ironischerweise erschienen zur gleichen Zeit die Dreizylindermodelle von Triumph und BSA, ebenfalls mit 750 cm∆ Hubraum, und sie waren sogar etwas schneller. Daß die englischen Herausforderer Motoren mit Stoßstangen hatten, Kickstarter und Trommelbremse, stellte sie automatisch in den Schatten der neuen Honda. Ihre bekannt dubiose Zuverlässigkeit stufte sie außerdem als Altertümchen ein. Japan befand sich in diesem oberen Marktsegment auf dem Vormarsch und zu Honda gesellten sich sehr schnell Kawasaki, Suzuki und Yamaha. Kawasaki setzte 1973 mit der 903 cm³ Z1 neue Maßstäbe, ein Motorrad,

■ *Links: Ducatis 750 Super Sport (links im Bild) und der Nachfolger 900 SS waren ausgesprochene Rennreplikas und gehörten zu den schnellsten und besten italienischen Superbikes der 70er Jahre.*

■ *Links: Hondas feine CB 750 sorgte für eine Sensation bei der Vorstellung auf dem Tokyo Salon Ende 1968. Kurze Zeit später erschien sie auf der Brighton Show in England, mit dem gleichen Ergebnis.*

■ Unten: Die Suzuki GS 1000 von 1978 war die erste leistungsstarke japanische Maschine, bei der das Fahrwerk die Motorleistung auch entsprechend verkraftete.

■ Oben: Großbritanniens Industrie erlitt Anfang der 70er einen weiteren Rückschlag als die Triumph Bonneville (links im Bild) Konkurrenz von Yamahas XS 650 bekam.

■ Unten links: Größer, stärker, schwerer – die mächtige Kawasaki Z 1300 von 1979 war der Höhepunkt dieses Trends aus Japan.

■ Unten rechts: Moto Guzzi 850 Le Mans I (links im Bild) und die 900er Kawasaki Z1 symbolisieren die Superbikeszene der 70er.

das die 200 km/h-Hürde sprengte und bald einen unvergleichlichen Ruf in der Szene genoß. Dieses Bigbike von Kawasaki und die folgenden Z 1000 prägten den Begriff Superbike für eine ganze Generation von Motorradfahrern. Ganz widerstandslos erfolgte die Machtübernahme der Japaner allerdings nicht. Wenn auch die britische Industrie eingeschlafen war, hielt Italien mit einer Menge neuer, großvolumiger Motorräder dagegen. Moto Guzzi und Ducati hatten je einen V-Zweizylinder, und bei Laverda löste ein 1000er Dreizylinder den 750er Zweizylinder ab – alle drei Hersteller hatten in den 70ern auch nach japanischen Maßstäben Superbikes im Programm. Die Vorteile der Italiener lagen im Handling. Die Japaner hatten zwar keine Probleme mit Motorleistung, taten sich jedoch mit dem Fahrverhalten schwer. Erst als Suzuki 1978 die GS 1000 vorstellte, kam ein japanisches Motorrad mit etwa den gleichen Fahrwerksqualitäten wie die Konkurrenz aus Europa.

Die japanischen Hersteller waren auf schiere

Größe fixiert, und diese Philosophie kulminierte 1979 mit der sechszylindrigen Kawasaki Z 1300. Im Schatten solcher Boliden entstanden einige kleinere Modelle – Maschinen, die nicht weniger reizvoll waren, zum Beispiel Yamahas Zweizylinder-Zweitakter RD 350. Leider starb eine ganze Generation neuer, quirliger Zweitakter unter den immer strenger werdenden kalifornischen Abgasbestimmungen. Auf anderen Märkten hielten sie sich aber bis weit in die 80er hinein.

In diesem Jahrzehnt beherrschten die luftgekühlten Vierzylinder aus Japan vollständig den Markt. Man sprach vom Universellen Japanischen Motorrad – UJM. Nur Randerscheinungen blieben allerdings die Turbomotorräder, jeder der »Großen Vier« (wie die Hauptvertreter der japanischen Industrie jetzt genannt wurden) hatte eine Turbomaschine im Programm.

Viel wichtiger für die Zweiradszene sollten aber bereits ab Werk installierte rahmenfeste Verkleidungen werden, weniger häufig, doch nicht

■ *Links: Ducatis V-2 916 und Honda RC45 V-4 sind in den 90ern nicht nur auf der Rennstrecke Konkurrenten. Beide sind unter Sportfahrern sehr beliebt.*

■ *Unten links: Die Kawasaki ZZ-R 1100 war nach der Einführung 1990 fünf Jahre lang das weltschnellste Serienmotorrad.*

minder wichtig waren die von verschiedenen Herstellern ab Werk angebotenen Koffersysteme. Die Radführungen wurden gleichfalls verfeinert, wobei das Zentralfederbein für das Hinterrad die wohl wichtigste Rolle spielte. Radialreifen waren jetzt auch auf Motorradfelgen zu sehen, und Aluminium-Rahmen hielten Einzug in der Großserie: Suzukis Rennreplika GSX-R 750 war die Vorreiterin dieser Technologie und wurde 1985 vorgestellt.

Im Jahr 1990 waren fast alle japanische Multizylinder wassergekühlt, zum größten Teil wegen neuer Geräuschbestimmungen. Kawasakis mächtige ZZ-R 1100 hatte einen Sechzehnventil-Motor mit über 140 PS Leistung, einen Rahmen aus Aluminium, eine Spitze von gut 280 km/h und bewies Handlings- und Fahreigenschaften, die nur zehn

■ *Unten: Nackte, technisch unauffällige Motorräder gewannen in den 90ern viele Freunde, wie diese Yamaha XJR 1200.*

■ *Rechts: Zu den erfolgreichsten Sportmaschinen in den 90ern gehörten vierzylindrige 600er, hier die Rivalen aus dem Modelljahr 1990 im Bild: Yamaha FZR 600, Honda CBR 600 und Kawasaki ZZ-R 600.*

Jahre zuvor undenkbar gewesen wären. Der allgemein hohe Standard aller Motorräder bedeutete allerdings auch, daß die Weiterentwicklungen eher undramatisch verliefen, von gelegentlichen Sensationen einmal abgesehen. 1995 forderte Kawasaki ZX-6R den bisherigen Klassenprimus, die Honda CBR 600, heraus, und das mit einer Höchstgeschwindigkeit von rund 250 km/h, eine Spitze, die selbst nur wenige Großen übertreffen konnten. Speed war aber nicht alles, und die Honda Gold Wing, 1976 als Tourer mit Vierzylinder-Boxermotor vorgestellt, entwickelte sich zu einem Bestseller. In ihrer vorläufig letzten Version kam die über eine halbe Million gebaute »Wing« auf 1,5 Liter Hubraum, verteilt auf sechs Zylinder. Auch Roller und Sport-Tourer, Reiseenduros und Cruisers haben mittlerweile ihre Nische gefunden. Japan lieferte ein Modell für jeden Käufer. Das Motorrad wurde mehr und mehr zum Freizeitinstrument, das Durchschnittsalter der Motorradfahrer stieg auf über 30 Jahre. Da war es vielleicht nur natürlich, daß eine Welle von Motorrädern mit unverhülter, aber einfacher Technik erschien. Nostalgie hieß das Thema, »Naked Bikes« ihre Interpretation.
Hochtechnologische Lösungen zu exorbitanten Preisen waren im Kampf um des Käufers Gunst nicht sonderlich erfolgreich. ABS war wenigstens im BMW-Programm ein Erfolg,

■ *Unten rechts: Große Reiseenduros, wie diese R 1100 GS von BMW, finden immer mehr Anhänger. Trotz ihrer Optik sind sie überwiegend für den Straßeneinsatz bestimmt, meistern aber auch leichtere Geländeeinsätze mit Bravour.*

■ *Unten: Die Custom-Harley des Rockstars Paul Young, hier in King's Road. Dieses Bild steht für den Wandel der Marke (und des Motorrades generell): vom Untersatz für Outlaws zum Modezubehör für Stars.*

aber teure Innovationen wie bei der Bimota Tesi oder Yamaha GTS 1000 in Form der Achsschenkellenkung verwirklicht, fanden nur wenig Anklang. Auch die Ovalkolben-Honda NR 750 blieb eine Seltenheit, doch die Auflage der zum Stückpreis von 100.000 Mark verkauften Maschine war sowieso nur auf 200 Einheiten limitiert.
Mitte der 90er ließen sich erneut Veränderung an der Front feststellen. Hart getroffen von ih-

rer starken Währung, mußten die japanischen Hersteller ihre Produkte auf vielen Märkten teurer verkaufen. Ihr technisches Know-How war stärker als je zuvor, den neuen Modellen aus Japan mangelte es aber oft an neuen und frischen Ideen.
Stattdessen war es Harley-Davidson und vielen europäischen Herstellern gelungen, sich an japanische Qualitätsstandards heranzuarbeiten und dadurch immer größere Erfolge zu verbuchen. Harley-Davidsons Spiel mit dem Nostalgie-Thema, BMW als Technologieträger, Triumph mit seinen neuen Drei- und Vierzylindern und Ducatis Rennerfolge haben im Markt Profil verschafft, und das zu einer Zeit, in der das Image einen immer größeren Stellenwert einnimmt.

In die Zukunft

Concept Bikes, Studien, Schaustücke – die Kinder der Liebe haben viele Namen, der Besucher darf sich aber auf jeder Ausstellung über den Anblick mehr oder weniger futuristischer Experimente freuen. Mit Namen wie Morpho oder Nuda zeigen diese Bikes oft einen von vielen Wegen in die Zukunft. Einige schaffen es sogar, in Produktion zu gehen, einige sind eben nur Schaustücke. Wahrsagerinnen sind in der Motorradbranche nicht besonders gefragt...

Einige technische Kabinettstückchen haben aber über solche Spielereien Eingang in die Produktion gefunden. Katalysator, Einspritzung, variable Steuerzeiten und sogar programmierbares Motor-Management galten alle einmal als Spielsachen einer ungewissen Zukunft.

Einige Kleinkrafträder beispielsweise setzen schon heute auf einen Elektroantrieb, erfolgreichstes Beispiel dafür ist der Roller Zip&Zip von Piaggio. Er verfügt über einen Hybridantrieb, das heißt einen Benzinmotor für die Landstraße und einen E-Motor für den Stadtverkehr. Heutige Batterien sind leider zu

schwer und wenig effektiv, was ihrer Verwendung in größeren Motorrädern noch im Wege steht. Hondas hübsches Versuchskaninchen mit dem nüchternen Namen ES 21, vorgestellt auf der Tokyo Show 1993, macht aber Appetit auf die Zukunft.

Vielversprechender erscheint allerdings eine

■ *Oben: Der Honda-Zweitakter NSR 250, ein Straßenmodell, kann mit dieser Memory Card sofort umprogrammiert werden. Die Karte dient auch als Zündschlüssel und paßt in den Schlitz in der Instrumentenkonsole.*

■ *Links: Die Yamaha Morpho mit Achsschenkellenkung auf der IFMA 1990. Das Chassis konnte nach Fahrer und gewünschten Fahreigenschaften vollständig neu eingestellt werden.*

■ Links: Bimota beschloß, die Arbeiten am geplanten Zweitakt-Rennprojekt einzustellen, entwickelte aber den Motor für den Straßenbetrieb weiter.

■ Unten links: »Showdown« nannte der spanische Student Cesar Muntada seinen Siegerentwurf eines Design-Wettbewerbs. So, meinte er, könnte eine Harley-Davidson im Jahre 2020 aussehen.

Bimota hatte sehr früh die Tesi mit Achsschenkellenkung präsentiert, aber diese Maschine, wie auch die GTS 1000 von Yamaha, konnte keine hohen Verkaufszahlen verbuchen. Es scheint, als verharre die Chassistechnik noch eine Weile bei der traditionellen Linienführung. Einen baldigen Einsatz prophezeien die Experten der aktiven Federung, die nach Computerinformationen arbeitet. Dieses System wurde schon in Rennautos erprobt. Eine hydraulische Lenkung wurde ebenfalls schon bei einigen Tesi-Prototypen erprobt. Auch Allradlenkung ist denkbar, doch wurde bislang außer einem französichen Offroadmodell keine weiteren Prototypen gesichtet. Der Wert eines solchen Antriebssystems scheint fraglich, die Hürden dagegen sind mit Sicherheit hoch. Denn die allgemeinen Forderungen wie leichtes Gewicht, einfacher Aufbau, Zuverlässigkeit und Ästhetik gelten für jede neue Entwicklung.

neue Generation von Zweitaktmotoren, die über eine geregelte Einspritzung verfügen. Die Einspritzdüse tritt erst in Aktion, nachdem der Auslaßkanal geschlossen ist und verhindert somit die bei Zweitaktern sonst übliche Verschwendung unverbrannten Treibstoffs. Zusammen mit der australischen Spezialfirma Orbital experimentiert Ford schon seit Jahren an einem ähnlichen Dreizylindermotor. Allerdings blieb es bislang beim Versuch, doch Zukunftschancen sind auf jeden Fall gegeben. Der kleine Nobelhersteller Bimota, für seine Fahrwerke bekannt, hat ebenfalls einen neuen Zweitaktmotor entwickelt. Er sollte 1992 ursprünglich als Rennmotorrad in der 500er Klasse eingesetzt werden, scheint aber erst jetzt eine Zukunft auf der Straße sicher zu haben. Bei der Rallye Granada-Dakar setzte Honda 1995 einen Zweitakt-Prototypen ein, die EXP-2, deren 402 cm³ großen Einzylindermotor nicht nur einen geringen Verbrauch aufweist, sondern auch sehr schadstoffarm ist.

■ Oben: Leistungsschwache und schwere Batterien haben bis jetzt den Einsatz in Motrrädern verhindert. Die Violent Violet von 1994 war aber schnell.

Aus der Sicht des Fahrers

Es gehört viel mehr zum Motorradfahren als nur, sich in den Sattel zu schwingen. Ein Motorrad zu besitzen und zu fahren, das verschafft eine ganz andere Perspektive vom Leben, kein Vergleich etwa zu der des Fußgängers oder Autofahrers. Der Fahrer, vom Motorrad und Augenblick abhängig, wird zu einem Individualisten – frei, rebellisch, schnell unterwegs, in gewisser Hinsicht eine Exhibitionist, losgelöst von den üblichen Alltagssorgen. Gelegentlich kann da auch Mißtrauen entstehen, aber auch Mitleid, auf jeden Fall ist der Motorradfahrer immer verletzbar in irgendeiner Form.

Durch diese gemischten Gefühle, die jeder Zweirad-Pilot kennt, entsteht ein Zusammengehörigkeits-Gefühl, das in der Regel auch unvereinbar scheinende Gegensätze überbrücken kann. Wer Motorrad fährt, ist in erster Linie Biker, und erst in zweiter Linie spielt es eine Rolle, auf was für einem Mopped er sitzt. Ausdruck dieses Zusammengehörigkeit-Gefühls ist das Grüßen, die meisten Fahrer, die sich unterwegs begegnen, nehmen die Hand kurz vom Lenker, nicken sich zu oder betätigen die Lichthupe. Zwei Räder verbinden, doch die Motorradszene besteht aus unzähligen Untergruppierungen und Subkulturen.

■ *Unten: Für zehntausende von englischen Fans ist der Höhepunkt des Jahres die British Motorcyclists Federation Rallye in Peterborough.*

■ *Ganz unten: Wer im August in Sturgis ist und vergessen hat, wo genau er seine Harley-Davidson geparkt hat, dürfte eine Weile suchen, bevor er sie wiederfindet.*

Mitglied im Verein

Das Motorradfahren ist an sich eine einsame Beschäftigung. Der Fahrer ist hinter dem Lenker mit sich selbst allein, konzentriert sich auf der Straße und die vorbeigleitende Landschaft. Auf einem Motorrad hat er weder Zeit noch Lust, sich in ein Gespräch zu verstricken. Und trotzdem besteht die Welt der Motorradfahrer aus Kommunikation. Wo auch immer Motorräder geparkt stehen, sind die Besitzer nicht weit. Sie bewerten Technik, vergleichen Erfahrungen, loben oder tadeln ihr Bike. Sie tauschen Informationen ebenso wie Ersatzteilquellen aus oder erzählen einfach gute Geschichten und Erinnerungen: »Benzin« wird geredet – und das überall. Rund um den Globus treffen sich Motorradfahrer zu diesem Austausch, sei es beim Rock Store vor den Toren Los Angeles, wo Arnold Schwarzenegger und

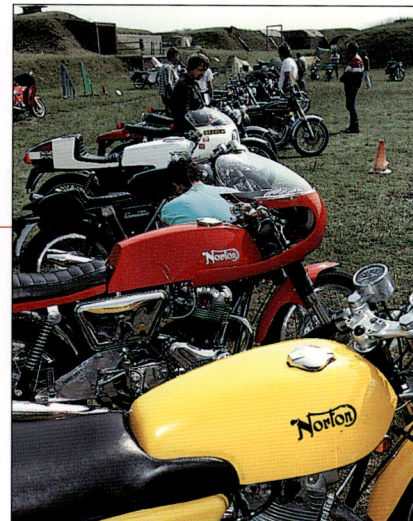

Sylvester Stallone regelmäßig auftauchen, oder am Box Hill südlich von London oder den Treffpunkten der japanischen Tougekozo (»Spitze zur Spitze«), die mit ihren Sportmaschinen von Berg zu Berg rasen. Und das sind alles ganz informelle Zusammenkünfte. Es gibt auch offizielle Motorradklubs und Organisationen. Einige haben politischen Anspruch wie die Federation of European Motorcyclists, die in Brüssel den Machthabern auf die Finger schaut, oder die deutschen Biker von Kuhle Wampe. Motorradfahrer waren lange genug Zielscheibe für übereifrige Politiker und der Widerstand hat erst in den letzten zehn Jahren eine feste Form gefunden.

Der Sport wird über Klubs betrieben und in manchen genießen die Mitglieder auch ein ausgefülltes Freizeitprogramm, das sich nicht nur dem Motorradsport widmet. Es gibt Motorradvereine für Christen, für Homosexuelle und für Frauen. Viele kleine Vereine bauen einfach auf örtliche Mitglieder, egal welche spezielle Interessen sie haben mögen. Markenklubs gibt es unzählige, von Messerschmitt bis hin zu MV Agusta, und die größten Marken haben meistens eine weltumspannende Organisation als Hauptorgan.

Einzelne Motorradmodelle haben eigene Interessengemeinschaften, die Liste ist lang und vielfältig. In jedem Land gibt es entsprechende Markenclubs, vom deutschen Wasserbüffel-Club über den für die BSA Bantam in Großbritannien bis hin zu den Clubs, die so groß sind, daß sie in mehrere Unterabteilungen zerfallen. Der amerikanische Owners´ Club für die Honda Gold Wing ist so ein Beispiel. Es gibt zwei verschiedene Gruppierungen, und jede hat ein eigenes Chapter (so wir denn diesen Ausdruck gebrauchen dürfen) in jedem Bundesstaat.

■ *Oben links: Rock Store außerhalb von Los Angeles ist der bekannteste Treffpunkt fürEnthusiasten in Kalifornien.*

■ *Oben rechts: Markenklubs arrangieren nicht nur Treffs, sondern helfen ihren Mitgliedern auch mit Tips und Ersatzteilen, wie hier im Norton Owners' Club.*

■ *Unten: Parlamentsmitglieder von der Parliamentary Motorcycle Group vor dem Britischen Parlament.*

Selbstverständlich hat die Gold Wing auch sonstwo auf der Welt organisierte Anhänger. Die weltgrößte Bikervereinigung ist die Harley Owners' Group – HOG – mit über 250.000 Mitgliedern auf der ganzen Welt. Von den 800 HOG-Vereinen finden wir allein in den USA 500. Jährliche Veranstaltungen in Daytona und Sturgis locken diese Markenfanatiker in Massen. Leider erreichen viele dieser Motorräder den Treffpunkt auf Anhängern. HOG ist dem Werk direkt unterstellt und unterstützt so den Werbeslogan, daß Harley-Davidson nicht nur ein Motorrad verkauft, sondern einen Lebensstil.

Mods, Rockers und Angels

Motorradfahrer galten noch nie als normale Menschen oder brave Bürger, und an diesem Bild werden wohl auch die wohlwollendsten Werbekampagnen nichts ändern können. Trotz der großen Zahl von Prominenten auf zwei Rädern und der Familienväter, die mit dem Motorrad zur Arbeit fahren, bleibt das Image des Rebellen an ihnen haften.

In den 60ern sorgten vor allem Rocker in England für negative Schlagzeilen. Ihre Uniform bestand aus derben Stiefeln, nietenbesetzter Lederjacke und schmutzigen Jeans, ihre Stützpunkte waren Treffs wie das Ace Café an der North Circular Road und das Johnsons in der Nähe der Rennstrecke Brands Hatch. Hier trafen sie sich, lungerten herum oder veranstalteten Rennen auf der Straße. Bevorzugte Motorräder waren BSA Gold Star Clubman, Tri-

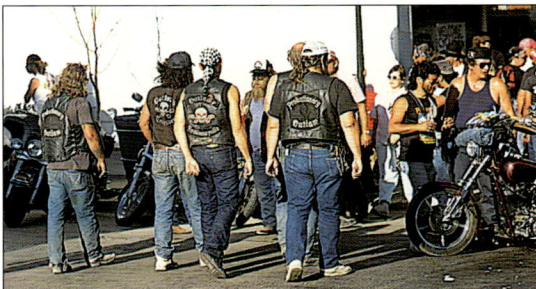

■ *Links: Angehende Mitglieder der Hell's Angels müssen sich zuerst das Recht, die Kutte zu tragen, erringen.*

■ *Unten: Das Ace Café in London war in den 60ern ein berühmter Treffpunkt für Motorradfahrer, vor allem Rocker.*

umph Bonneville, Norton Dominator und jener legendäre Zwitter namens Triton, praktisch ein Triumph-Motor in einem Norton Fahrwerk, der ultimative Café Racer.

Der Harte Kern beschäftigte sich, wie gesagt, oft mit Rennen. Zumeist fuhr man gegeneinander, sollten diese Rennen die Aufmerksamkeit der Ordnungshüter auf sich gezogen haben, versuchte man dann, den durchaus standesgemäß motorisierten Polizeiwagen (mit Rover V8-Motoren) davon zu fahren. Eine oft kolportierte Geschichte erzählt davon, wie auf der Jukebox eine Platte von Elvis oder Eddie Cochran aufgelegt und dann versucht wurde, bevor die Musik zu Ende war, wieder zurück zu sein. Zwei belebte Kreuzungen dienten als Wendepunkte jener Strecke. Trotz ihrer gelegentlichen Konfrontationen mit der Polizei galt das eigentliche Interesse der Rocker allerdings ihren Motorrädern. In den 60ern bauschte die Presse aber Berichte über die Frühjahrskrawalle in Badeorten wie Brighton zwischen Rockern und den eher modeinteressierten, rollerfahrenden Mods groß auf.

Die Publizität der Hell's Angels erreichte in den 60ern ebenfalls ihren Höhepunkt. Die Auseinandersetzungen waren allerdings von ganz anderer und viel bedrohlicherer Güte. Gegründet Anfang der 50er in San Bernardino in Kalifornien, später am meisten durch das Chapter in

■ *Rechts: Die britischen Rocker fuhren englische Motorräder mit Rennoptik, vor allem mit Stummellenkern, und trugen Lederjacken und Jeans.*

■ *Unten: Ein Rocker wird 1964 von der Polizei nach einer Keilerei mit rollerfahrenden Mods im südenglischen Margate abgeführt.*

■ *Vorige Seite: Veteranen aus dem Vietnam-Krieg haben auch ihren Verein, komplett mit Chopper-Uniform.*

Oakland, San Francisco, bekannt, gehörten die Angels zu den größten und mächtigsten der unzähligen Outlaw-Gruppen in den USA. Darunter befanden sich zum Beispiel Satan´s Slaves, Gypsy Jokers und Comancheros.
Die Engel verbreiteten sich auf der ganzen Welt und kamen auch nach Europa. Heute sind sie vergleichsweise zahm geworden, sie zeigen weniger Profil als in den 60ern. Damals war das bekannte Emblem mit einem Totenschädel mit Helm und Flügel für Bürger und Polizei zugleich ein Symbol des Schreckens. Interessante Zeitdokumente sind Filme wie *Hell's Angels 69* und *Hell's Angels on Wheels*. In beiden Filmen spielten Mitglieder vom Chapter Oakland mit. Auch das bekannte Buch *Hell's Angels* von Hunter S. Thompson gibt ein eindrückliches Bild dieser Szene.

■ *Rechts: Im Film Hell's Angels 69 spielten Mitglieder der Oakland Angels mit, der bekannteste Gruppe der verschiedenen Vereine, oder Chapter, wie sie sie selber nannten.*

Das Motorrad im Film

Das über die Jahre wechselnde Image von Motorrädern läßt sich im Film sehr gut nachvollziehen. Zweiräder haben seit den 30ern oft zentrale Rollen gespielt, wie in *No Limit*, mit dem unglaublichen George Formby als Ukulelespielendem Rennfahrer auf der Isle of Man, oder *Motorcycle Squad*, wo ein Motorradpolizist sich mit einer Verbrechergang anfreundet. Die berühmteste Produktion von allen ist wohl *The Wild One*, Der Wilde, von Stanley Kramer 1953 produziert, mit Marlon Brando auf einer Triumph und Lee Marvin auf einer Harley-Davidson in den Hauptrollen. Die Geschichte basiert auf einem wahren Ereignis, das sich 1947 in der Kleinstadt Hollister zugetragen hatte, als eine Motorradgang Bevölkerung und Rennbesucher traktierte. Der Film war kontrovers genug, um in Großbritannien 15 Jahre lang nicht aufgeführt werden zu dürfen. Er inspirierte Teenager, erschreckte deren Eltern und weckte Vorurteile, die bis heute geblieben sind. Auch spätere Filme setzten Motorradfahrer oft in ein etwas dubioses Licht, wie *The Leather Boys* aus England in den 60ern oder *Girl On A Motorcycle* mit Marianne Faithful in der Hauptrolle. In den 60ern kam aber auch *Easy Rider*. In dieser Geschichte durchstreifen Peter Fonda und

Dennis Hopper auf ihren Choppern die Vereinigten Staaten, zum Schluß von Jack Nicholson begleitet. Der Film spielt im stockkonservativen Süden. Die Musik stammt von unter anderem von Steppenwolf, *Born to be wild* wurde zum Klassiker – wie auch der ganze Film.
Eine der besseren Produktionen ist der australische Film *Stone* mit exzellenten Straßenrennszenen und Bandenkämpfen. Auch *Mad Max*, der Klassiker unter den Postnuklear-Filmen, der 1979 Mel Gibson weltberühmt machte, kann mit einigen guten Bikeszenen aufwarten. Berühmte Namen finden wir in dem Film *Harley-Davidson and the Marlboro Man* mit Mickey Rourke und Don Johnson. Eine Harley spielt

■ *Links: In No Limit spielt George Formby den Speed-Dämon George Shuttleworth, der auf der Isle of Man seine Shuttleworth Snap fährt.*

■ *Links: Jack Nicholson (links im Bild) und Peter Fonda unterwegs in Easy Rider von 1969 – einfach der Biker-Film schlechthin.*

■ *Oben: Marianne Faithful verdreht Männerköpfe in Girl on a Motorcycle. Der Film lief hierzulande als Nackt unter dem Leder...*

■ Oben: Marlon Brando – hier mit Mary Murphy und seiner Triumph 500 Speed Twin – sorgte als Gangleader Johnny für Furore im Film The Wild One.

■ Rechts: Silver Dream Racer kombinierte einige Songs von David Essex mit ganz guten Rennaufnahmen von Donington Park und Brands Hatch.

die Hauptrolle in *Electra Glide in Blue* von 1973 mit Richard Blake als Motorradcop.

Filme über den Motorradsport sind selten. *On Any Sunday* zeigt die schönsten Motorradszenen aller Zeiten. Motorradenthusiast Steve McQueen spielte sich dabei selbst und erhielt Unterstützung durch den AMA-Meister Mert Lawwill und den Geländespezialisten Malcolm Smith. Der Film dokumentiert auch eine ganze Saison im Kampf um den Number One-Titel. Robert Redford spielt einen weiteren dieser Helden, der sowohl bei Straßen- als auch Geländerennen antritt. Sein Film heißt *Little Fauss and Big Halsy*. Andererseits fehlt der richtig gute große Film über den Motorradrennsport, wie zum Beispiel *Grand Prix* oder *Le Mans* für die Autoszene sind. In England erschien 1979 der Film *Silver Dream Racer* mit David Essex in der Hauptrolle, zehn Jahre später folgte eine ähnliche Geschichte aus den USA. Der Streifen hieß *Race for Glory* und bot wie sein Vorgänger einige anständige Rennszenen.

🏍 Die Klassikerszene

Von allen Aspekten der Motorradszene hat in den letzten Jahren keiner so starke Beachtung gefunden wie derjenige, der sich mit alten Motorrädern beschäftigt. Rund hundert Jahren lang hat sich kaum jemand für alte Motorräder interessiert. Für die meisten waren sie nämlich nur das – alt. Durchaus interessant, vielleicht auch nützlich, aber im allgemeinen weniger begehrenswert als jüngere Modelle.

Diese Einstellung änderte sich in den 70ern. Da japanische Motorräder den Markt mehr und mehr beherrschten, sehnten sich viele Enthusiasten auf einmal nach der guten alten Zeit, als die Europäer führend waren. Die englische Zeitschrift »Classic Bike« gründete mit ihrer Erstausgabe praktisch die ganze Bewegung. Nur die wenigsten konnten aber zu der Zeit ahnen, welche Ausmaße die Bewegung annehmen sollte.

Klassiker gehören heute zur Motorradszene einfach dazu. Fachzeitschriften zum Thema gibt es überall und auch Firmen, die sich auf Restaurierung und Herstellung von alten Teilen spezialisert haben. Heute kann der Enthu-

siast eine komplette Norton kaufen, aus Neuteilen aufgebaut, sei es eine Commando oder eine Manx. Viele Firmen importieren englische und japanische Motorräder aus den USA, wo freundliches Klima und hohe Verkaufszahlen noch reichlich Nachschub erwarten lassen. Für Aktive gibt es außerdem eine Vielfalt von Veranstaltungen, von kleinen Clubausfahrten

■ Oben: Veteranmaschinen der Pionierjahre starten zu der alljährlichen Fahrt London–Brighton – the Pioneer Run.

■ Links: Auf Veteranenmärkten verkaufen nicht nur Privatpersonen alte Teile. Auch Firmen und Spezialisten vermarkten hier neu produzierte Teile und Zubehöre. Die größte Veranstaltung in England ist die Stafford Classic Bike Show, nördlich von Birmingham. In Deutschland sind die Veterama in Mannheim/Ludwigshafen und die Techno Classica in Essen gute Anlaufstellen.

■ *Oben links: Zu einer perfekt restaurierten Maschine gehört auch die stilechte Garderobe, auch wenn die Kappe wenig Schutzwirkung hat.*

■ *Oben rechts: Kleine Sternfahrten sind eine feine Sache, aber die Wiederbelebung von großen Klassikern wie Mailand-Taranto (im Bild) bringen den Besitzern ordentliche Kilometerzahlen.*

■ *Rechts: Die Nachfrage nach Klassikern wie dieser Indian Big Chief hat zu einer blühende Industrie geführt. Komplette Motorräder oder Teile – alles ist zu haben.*

über Oldtimer-Rennen bis hin zu großen Ausstellungen. Bei diesen Shows mit Schönheitswettbewerben werden originalgetreu restaurierte Maschinen oder solche mit interessanter Geschichte höher bewertet. Wehe dem Besitzer, der den richtigen Farbton für die Lackierung der Seitendeckel nicht gefunden hat – sein Bike hat nie und nimmer die Chance, ein »Best of Show«-Sieger zu werden. In den späten 80ern und frühen 90ern, zu den Hoch-Zeiten des Oldtimer-Booms, kletterte das Preisniveau auf Rekordhöhen, das ist allerdings Vergangenheit. Heute ist das verlangte Geld – auch für Raritäten – in realistischere (und erschwinglichere) Größenordnungen gesunken. Was ist ein Klassiker? Diese Frage führt unwiderruflich zu hitzigen Diskussionen in jedem Lager. Für einige haben nur die Engländer solche Motorräder gebaut, für andere zählen auch europäische oder amerikanische Motorräder. Die japanische Fraktion hat sich da schwer getan. Erst ab Mitte der 80er – auch in diesem Fall machten die Engländer den Anfang – finden wir den Vintage Japanese Motorcycle Club mit etwas über 4000 Mitgliedern. Für Rallyes oder Sternfahrten sind die Regeln genauer definiert. Als »Veteranen« gelten alle Motorräder, die vor 1915 gebaut worden sind. »Vintage« finden wir zwischen 1915 und 1930, und die »Post-Vintage«-Ära folgt von 1931 bis 1945.

Am anderen Ende des Spektrums gibt es Enthusiasten, die holen ihren Klassiker lieber direkt ladenneu vom Händler. Als solche zählen praktisch sämtliche aktuellen Modelle von Harley-Davidson, die japanischen Retrobikes und von Triumph die Thunderbird von 1995, komplett mit klassischem Tankemblem und Schalldämpfer. Auch manche BMW-Sondermodelle gehören in diese Kategorie. Alle diese Motorräder vereinen moderne Technik mit der Optik und etwas Ausstrahlung von alten Zeiten.

🏍 Weiterbildung

Die meisten Motorradfahrer damals fingen an, in dem sie sich in den Sattel eines geliehenen Motorrades schwangen und ihre ersten wackeligen Fahrversuche absolvierten. Nur in den wenigsten Fällen dürfte ein ausgebildeter Fahrlehrer in der Nähe gewesen sein. Nach und nach wurden die eingeübten Bewegungen flüssiger, dann kamen die paar obligatorischen Fahrstunden, und dann konnte es richtig losgehen. In der heutigen Verkehrssituation

■ *Unten: Für Sportfahrer ist der Nürburgring, oder die alte Nordschleife, ein Muß. Mit ihren 20 Kilometern bietet die Nordschleife jeden Kurventyp an.*

ist das nicht nur nicht zulässig (das war es auch früher nicht), sondern schlichtweg lebensgefährlich. Die Motorräder sind schneller geworden und die Straßen verstopft – wer heil nach Hause kommen möchte, braucht eine vernünftige Fahrschulausbildung. Und die kostet inzwischen richtig Geld.

Wer mit dem heiß ersehnten Führerschein in der Hand die Fahrschule hinter sich gelassen hat, kann allerdings deswegen nicht unbedingt fahren. Gewiß, er fällt nicht runter, und er hat das Recht, ein Motorrad auf öffentlicher Straße zu bewegen – die Erfahrung und alle kleinen Tricks, die oft lebenswichtig werden können, muß er erst noch er-fahren. Das ist mühsam, vielleicht auch schmerzhaft, doch in jedem Fall unerläßlich.

Viele Organisationen und Vereine bieten regelmäßig Fortbildungskurse an, Fahrtrainings, die auf die Teilnehmer zugeschnitten sind und die persönlichen Bedürfnisse berücksichtigen. In den letzten Jahren gab es solche Kurse für Neueinsteiger in die Gespannszene, Kurse für Frauen, Kurse für Fortgeschrittene, und so weiter. Garantiert jeder wird irgendwo seinem Bildungsnotstand abhelfen können.

Sehr populär sind solche Veranstaltungen auf Rennstrecken, oft Teil der PR-Arbeit eines Importeurs. Solche Übungen sind nicht nur für frustrierte Möchtegern-Rennfahrer sinnvoll. Die Möglichkeit, ohne Rücksicht auf Gegenverkehr zu fahren, ohne Angst vor Radarfallen oder Verkehrsteilnehmern anderer Gattungen, erlaubt dem Piloten, sich voll aufs Fahren zu konzentrieren. Die Erkenntnisse, die daraus

■ Links: Wie hier in England ist die Erlangung des Führerscheins gesetzlich festgelegt. Neben einem theoretischen Teil gehören auch praktische Fahrübungen dazu.

folgen, sind oft erstaunlich. Der Fahrer lernt den richtigen Umgang mit seinem Motorrad, nicht nur in sogenannten Extremsituationen. Das Gefühl für wechselnde Fahrbedingungen, das richtige Bremsverhalten, wie eine Kurve zu fahren ist, das alles lernt der Schüler ohne jenen Streß, der sonst im Alltagverkehr steckt. Ein besseres Gespür für die Geschwindigkeit hilft auch im Straßenverkehr, die eigene Geschwindigkeit besser einzuschätzen und – sehr wichtig – er kennt die Faktoren, die bei höherem Tempo problematisch werden können.

Der berühmteste Schauplatz solcher Übungen ist der alte Nürburgring. Ein Dutzend Mal im Jahr werden hier Fahrerlehrgänge ausgetragen, organisiert von Verbänden, Importeuren oder der Presse. Die 20 Kilometer lange Nordschleife bietet beinahe jeden Kurventyp, und wer dort gelernt hat, sein Motorrad mit einem gewissen Tempo zu bewegen, ist auch für die Straße gut gerüstet.

■ Oben: Schotterfahren ist eine Übung, die für jeden Motorradfahrer Pflicht sein sollte. Wer auf unbefestigten Straßen keine Probleme hat, kennt sein Motorrad besser.

■ Links: Trainingskurse auf der Rennstrecke werden von mehreren Veranstaltern organisiert. Als Instruktoren dienen meist erfahrene Rennfahrer, die schnell eventuelle Mängel bei ihren Schülern entdecken und korrigieren. Hier in Deutschland ist das Angebot leider etwas begrenzt, da es im Moment nur zwei permanente Rennstrecken gibt, auf denen so etwas überhaupt möglich wäre.

Die Garderobe

Moderne Motorradbekleidung steht den heutigen modernen Motorräder nicht nach. Ein Helm ist sowieso gesetzlich vorgeschrieben, vernünftige Fahrer haben sich auch sonst entsprechend ausstaffiert: Handschuhe, Stiefel, Lederkombi oder Textilklamotten in möglichst bunten, auffallenden Farben sollten eigentlich selbstverständlich sein – Jeans und Turnschuhe schützen im Falle eines Falles weit weniger gut. Allerdings: In den Anfangsjahren sah die

■ *Oben: Marlon Brando präsentierte 1953 die amerikanische Biker-Mode in dem Film »The Wild One« Lederjacke, hochgekrempelte Jeans und kräftige Stiefel.*

■ *Links: Obwohl teuer, sind moderne Lederkombis elegant, bequem und bieten ein hohes Maß an Sicherheit.*

■ *Oben: Der Buckel hinter dem Nacken soll angeblich einige aerodynamische Vorteile bieten, womöglich nur auf 125er Rennmaschinen zu spüren.*

■ *Oben: Geteilte Kombis halten Ober- und Unterteil mit einem Reißverschluß zusammen.*

persönliche Ausrüstung noch weniger funktional aus. Das Gros der Motorradfahrer kurvte in Tweed und Kappe herum, zumeist die gleichen Klamotten, die sie früher beim Radfahren anhatten. Sogar bis kurz vor dem Zweiten Weltkrieg bestand die Zweiradgarderobe meistens nur aus einer umgedrehten Kappe und eine Brille. Einige hatten sich vielleicht eine Lederhaube zugelegt oder sogar einen langen Ledermantel.

Nach dem Krieg erwarben viele Motorradfahrer Reste aus Armeebeständen. Hier in Deutschland mochten es vor allem die Kradmelder-Klamotten gewesen sein, die begehrt waren, in Großbritannien und den USA wurden Stiefel und Fliegerjacken zum »Muß« in der Szene. So oder so: Der Wetterschutz der alten Armeeklamotten war nicht schlecht.

■ *Rechts: Ein Tank-rucksack und zwei Packtaschen verwandeln auch einen Roadster wie die Triumph Trident 900 zu einer fähigen Tourenmaschine.*

■ *Unten: Yamaha Spirit of Adventure erlaubten Besitzern, ihre Enduros unter extremen Verhältnissen zu bewegen, wie hier in der Mitte Australiens.*

Die Baugruppen eines Motorrads

Nur die wenigsten Motorradfahrer begnügen sich mit dem Fahren allein. Die meisten sind Enthusiasten und wissen viel mehr über ihr Motorrad als der durchschnittliche Autofahrer über sein Auto. Deshalb genießen sie auch die anderen Facetten des Motorradlebens, die Wartung, die Pflege und vielleicht auch eine ständige Modifzierung ihres Geräts. Solche Modifikationen dienen entweder dem Zweck, das Motorrad technisch zu verbessern, es schöner zu machen oder es einfach anders herzurichten: Individualismus wird in der Szene großgeschrieben.

Früher war Schrauben Pflicht, die regelmäßige Pflege unvermeidlich, da Motorräder meist als billige Transportmitteln dienten. Die oft billige Machart verlangte vom Fahrer sehr viel Aufmerksamkeit, sonst stand die Kiste mehr als daß sie rollte. Immer besser werdende Motorräder und Profis in den Werkstätten ließen den Besitzern später Zeit, nur so aus Spaß am Motorrad herumzubauen. Und heute, da das Motorrad die gleiche Qualität und Lebensdauer wie die meisten Autos erreicht, gibt es nach oben keine Grenzen mehr für das, was der Besitzer an Geld und Zeit in sein Motorrad stecken möchte.

Caféracer

Individuell gestaltete Motorräder gehören zweifellos zu den aufregendsten Schöpfungen auf zwei Rädern. Unter diesem Begriff verstehen wir entweder von ihren Besitzern in liebevoller Handarbeit umgebaute Einzelstücke oder Kleinserien exklusiver Motorräder. Darunter fallen auch durchaus extreme Kreationen, mit zum Beispiel zwei Motoren, phantasievoller Federung oder Bikes, die einfach extravagant gestylt sind und dadurch aus dem Rahmen fallen. Die meisten Specials entstanden allerdings im Bestreben, irgendwelchen Leistungsmängeln abzuhelfen, eine europäische Marotte, die erstmals durch die Caféracer im England Ende der 50er Jahre richtig publik wurde. Die BSA Gold Star Clubman aus der zweiten Hälfte der 50er waren zweifelsohne die erste Caféracer, obwohl diese legendäre Einzylinder gar nicht umgebaut,

Oben: Offene Helme und ausgestellte Jeans waren 1974 noch Mode, wie auch die von Dunstall eingekleideten Vierzylinder von Honda und Kawasaki.

Links: Der optimale Caférenner der 60er war die Triton, eine schnelle Mischung aus Triumph-Zweizylinder-Motor und Norton-Federbett-Rahmen.

■ *Unten: Einige Umbauten sind reine Showbikes und nicht unbedingt zum Fahren da, wie diese Vierzylinder-Triumph, bei der zwei Bonneville-Motoren verbaut wurden.*

■ *Rechts: Die BSA Gold Star Clubman, komplett mit Stummellenker und offenem GP-Vergaser, war in der Szene Ende der 50er, Anfang der 60er konkurrenzlos.*

■ *Unten: AMC in Deutschland gehört zu den mittlerweile vielen Firmen, die Spezialbauten auf der Basis einer Harley-Davidson in Szene setzen.*

sondern für Sport- und Rennzwecke in diesem Stil schon ab Werk beliefert wurde. In den 60ern waren es die Zweizylinder von BSA, Norton und Triumph, die mit Stummellenkern, Alutanks, zurückverlegten Fußrasten und offenem Auspuff versehen wurden. Viele Hersteller lieferten solche Teile, der berühmteste davon war Paul Dunstall, dessen Dunstall-Dominator mit Zweizylinder-Norton-Motor zu den Klassikern dieser Ära gehört.

Der Prototyp des Caféracers war die Triton, eine Mischung aus Triumph-Zweizylinder-Motor und Norton-Fahrwerk, einfach das Beste, was die englische Industrie zu bieten hatte. Einige Enthusiasten setzten den Triumph-Motor in ein BSA-Fahrwerk und kreierten so eine Tribsa. Ein Vincent V-Twin im Norton-Fahrwerk ergab die potente und fast legendäre Norvin. Auch als japanische Motorräder in den 70ern den Markt bevölkerten, blieb das Rennthema Leitmotiv solcher Umbauten. Die ersten erfolgreichen Vierzylinder, die Honda CB 750 und die Kawasaki Z 1, hatten zwar genug Motorleistung, ihnen mangelte es aber in Sachen Handling. Abhilfe schafften etablierte Fahrwerkspezialisten wie Dresda und Dunstall, plus neu hinzugekommene wie Rickman und Harris in England, Fritz Egli in der Schweiz, Bimota in Italien und Georges Martin in Frankreich: Sie alle entwickelten entsprechende Fahrwerke, die der Urgewalt dieser Vierzylinder auch gewachsen waren.

Auch das Motor-Tuning spielt eine große Rolle. Den Anfang machten Triumph-Zweizylinder mit geänderter Nockenwelle, überarbeiteten Zylinderköpfen und offenen Amal-Vergasern. Ihnen folgten feuerspuckende GS 1000 Suzuki im Yoshimura-Trimm, und in den 90ern war es die Kawasaki ZZ-R 1100 mit Turbolader und Einspritzung. Und selbst die Honda Blackbird XX, offenen mit gewaltigen 164 PS, wird getunt – 300 km/h auf zwei Rädern sind inzwischen mit relativ wenig Aufwand machbar.

Custombikes

■ Unten: Der Motor einer Harley-Davidson bildet die populärste Basis für Custombikes. Hier ein gut gelungenes Beispiel des holländischen Fahrwerksexperten Nico Bakker.

Für viele Enthusiasten ist die Optik ihres Motorrads wichtiger als das Fahrverhalten. Ein Motorrad darf durchaus Kunst sein – eine Skulptur auf zwei Rädern – eine verchromte, kunstvoll lackierte oder gravierte Huldigung an Stil und Individualität. Daß ein überbreiter Hinterreifen, eine überlange Gabel oder ein ungefedertes Heckteil, oder eine Kombination aus allen drei Faktoren das Motorrad unfahrbar macht, spielt dabei keine Rolle.

Die besten Custombikes, gebaut von Visionären wie Arlen Ness in Kalifornien, geben Denkanstöße im besten Sinne, einfach weil sie den etablierten Geschmack durch hervorragende Technik und neue Optik hinterfragen. Solche Einflüsse finden bald den Weg in die normale Customszene, wo sie als Aftermarket-Teile per Postversand für weniger radikale Umbauten zu haben sind.

Die ganze Bewegung entstand in den USA in den späten 40ern, als amerikanische Fahrer versuchten, ihre Motorräder leichter und wendiger zu machen. Diese »gebobbten« Maschinen sollten den erheblich leichteren Importen aus England Paroli bieten, die Entwicklung nahm aber bald eine andere Richtung. Da viele Harley-Fahrer ihren Untersätzen mehr Stabilität und bessere Geradeauseigenschaften anerziehen wollten, vergrößerten sie den Lenkkopfwinkel und dann auch die Gabellänge, was in kurzer Zeit extreme Proportionen

n Rechts: Das Finish ist für die Gesamtoptik sehr wichtig und die Lackierung wird meistens von Spezialisten ausgeführt, wie hier Jeff McCann in Kalifornien.

■ Unten: Peter Fondas Harley-Davidson aus dem Film Easy Rider ist typisch für den Chop-

annahm. Der klassische Chopper Ende 60er hatte einen Starrahmen, extrem lange Gabel und einen hohen, weit nach hinten gezogenen Lenker – Peter Fondas »Captain America« aus dem Film *Easy Rider* ist das beste Beispiel dafür.

Mitte der 70er hatte Arlen Ness seinen Aktionsradius von der Lackierung auf den kompletten Umbau von Motorräder erweitert. Er erfand eine ganz neue Art von Customs mit niedrigem Lenker, kurzer Gabel und niedriger Silhouette, die eher an eine Dragstermaschine erinnerte. Seine Firma in San Leandro vor den Toren von San Francisco gilt als Erfinder des sogenannten »Bay Area«-Stils. Seine Modelle basieren meistens auf einer Harley-Davidson mit offenen Vergasern und frech ausgelegtem

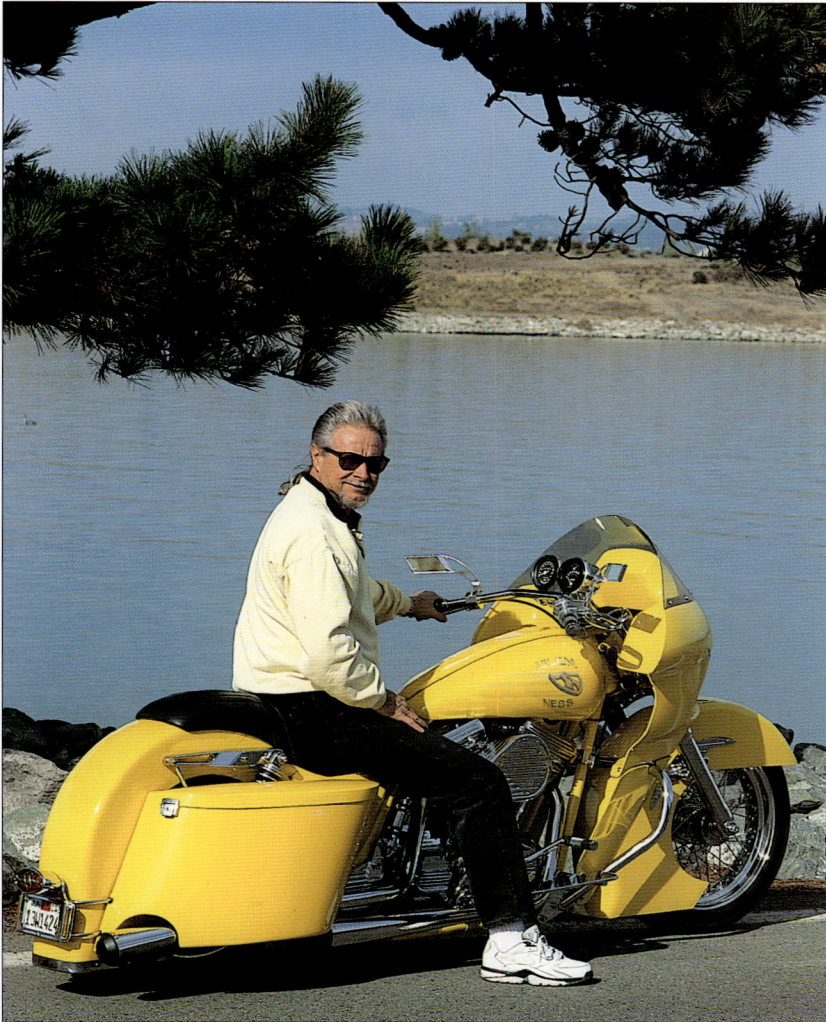

■ *Links: Arlen Ness ist der Meister der Custom-szene und hat mehrfach ganz neue Trends einge-führt.*

■ *Unten: Custombikes sind oft wahre Kunstwerke, wie hier die Yamaha TR 1 von Uncle Bunt auf einer Ausstellung in Birmingham 1994.*

■ *Oben: Amerikanische Kultur darf ruhig die Um-bauten amerikanischer Herkunft prägen, aber mit dem Bison scheint man doch über das Ziel hinaus-geschossen zu sein.*

■ *Unten: Wer nicht auf Chrom und Lack steht, fin-det in der Ratbike-Szene genügend Spielraum für seine schöpferische Tätigkeit.*

Auspuff. Sie tragen Namen wie »Kwik Silver«, »Accel Bike« und »Strictly Business«. Die Twins von Harley-Davidson bildeten immer die populärste Basis für Custombauten, doch auch der Motor der Honda CB 750 konnte in den 70ern eine ganze Menge Custom-Fans überzeugen. Sogar Triumphs ehrwürdiger Zweizylinder fand treue Anhänger.

Im Prinzip hat sich daran bis heute nichts geändert, allerdings ist die Harley-Dominanz noch ausgeprägter. Harley-Davidson bietet ab Werk eine Reihe von Customparts an und be-dient damit seine Kundschaft. Das heißt aber nicht, daß kleine Spezialisten nun arbeitslos wären, im Gegenteil. Hier ist alles zu haben, von verchromten Fußrasten zu kompletten Starrahmen und Motorteilen, die das Motor-rad wie einen Oldtimer aussehen lassen. Si-cherlich sind die Extremumbauten in der Min-derzahl, doch kaum eine Harley-Davidson dürfte heute noch so aussehen, wie damals, als sie die Fabrik verließ: Motorradfahren sind Individualisten.

Motorradfahrer betrachten in der Regel Gespanne als Kombination der schlechtesten Eigenschaften von Motorrädern und Autos zugleich – schlechte Leistung und wenig Wetterschutz für den Fahrer. Billigautos von heute machen es schier unmöglich, ein vernünftiges Argument für ein Gespann zu finden und trotzdem sind sie beliebter denn je. Das Argument ist dabei nicht der sinnvolle Einsatz, sondern weil sie – zugegeben nur einer kleinen Gruppe von Enthusiasten – einfach Spaß machen.

Dabei waren die Anfänge des Dreirads durch und durch vernünftig: Ein frühes Beispiel ist Edward Butlers Petrol-Cycle von 1888. In den 30ern produzierten Morgan und Coventry-Victor Maschinen mit zwei Rädern vorn und einem

Antriebsrad hinten, zumeist von einem vorn plazierten V-Zweizylinder getrieben. Diese Geräte boten viel Leistung für wenig Geld und erwarben einen tollen Ruf auch in Sportfahrerkreisen. Damals prognostizierten die Experten, daß diese Dreiräder irgendwann das Motorrad ganz ersetzen würden. Das Gegenkonzept zu diesen urtypischen Engländern präsentierte Indian mit der Despatch Tow und Harley-Davidson mit dem Servicar – beide kombinierten das Frontteil eines Serienmotorrads mit einem großen Kasten und zwei Hinterrädern, über eine Antriebsachse miteinander verbunden. In Großbritannien hatte das Gespann seine letzte Glanzzeit in den 50ern, als das typische

Transportmittel für die Familie eine einzylindrige Panther mit einem zweisitzigem Beiwagen angeschraubt war. Auch in Deutschland war die Gespannszene in den 50ern lebhaft, die große Mehrzahl mußte allerdings mit 250ern als Zugmaschine auskommen. Die großen Gespanne, etwa die Zündapp KS 601 oder die Boxer-BMW mit Steib-Seitenwagen rangierten preislich schon in Regionen, für die

■ *Links: Diese BSA war als Zugmaschine in den 20ern sehr beliebt. Das abgebildete Exemplar hat einen üppig ausgestatteten Beiwagen und war 1924 als Taxi eingesetzt.*

■ *Ganz links: Gespannfahren muß nicht langweilig sein, vor allem nicht, wenn der leichte Beiwagen mit einer BSA-500-Trialmaschine verbunden ist.*

■ *Unten: Der Princess-Beiwagen war für die Indian Chief, hier aus dem Jahr 1936, besonders geeignet. Die luxuriöse Innenausstattung aus Leder sowie ein hoher Federungskomfort machten dem Mitfahrer das Leben leicht.*

■ *Unten: Custom-Trikes mit V8-Motoren sind in den USA keine Seltenheit, und viele Besitzer schwören auf das Konzept _ je mehr desto besser. In Deutschland ist der Vierzylinder-Boxermotor aus dem Käfer die beste Wahl.*

■ *Oben: Mit dem Flexit-Schwenkergespann aus Kalifornien kann der Fahrer den gleichen Spaß wie beim Solofahren genießen. Die Zugmaschine hier ist eine Triumph 1200 Trophy.*

man einen VW bekam. Auch hierzulande fiel das Gespann Billigautos zum Opfer, als die erste Generation Kabinenroller wie Heinkel und Messerschmitt auf den Markt kamen. In den 60ern war dann ein richtiges Auto so billig, daß niemand mehr sich ein Gespann für den Alltagsverkehr hinstellte. In England hielten sich Dreiräder wie Bond Bug und Reliant Robin trotzdem recht lange, was allerdings an der Steuergesetzgebung und nicht an den Qualitäten der Vehikel lag. Heute sind die Dreiräder eindeutig in der Hand von Enthusiasten, und solche sind es auch, die die mit Käfer-Motor bestückten Trikes bewegen. Sogar der Morgan wird heute kopiert, mit einem Moto Guzzi V-Twin vorn und ganz im Stil der 30er aufgebaut. Doch das sind teure Randerscheinungen in der Dreirad-Szene. Andererseits kostet ein Gespann mit etwa einem BMW-Vierzylinder schnell das Doppelte eines Kleinwagens, was aber kein allzugroßes Hindernis darzustellen scheint: Ein echter Enthusiast hat seine Seele dem Gespannfahren verschrieben. Als Antriebsquellen taugen natürlich auch bestens große Japaner, wie etwa Hondas CBR 1000 oder die Yamaha FJ 1200. Zu den Exoten gehört die Krauser Domani, ein teures und futuristisches Experiment mit der Technik einer GP-Maschine. Versuche, das Fahrverhalten einer Solomaschine beizubehalten, führten oft zu sehr exotischen Schöpfungen, wie der Flexit aus Kalifornien. Über ein Gelenksystem lehnen

sich Maschine und Gespann zusammen in der Kurve und folgen damit Entwürfen aus den 20er Jahren, als ähnliche Konstruktionen für den Einsatz bei Rundstreckenrennen entwickelt worden waren.

■ *Unten: In den 20ern gehörte es sich für Frauen nicht, die Sozia zu spielen. Die einzige Hoffnung für junge Männer war dann einen Beiwagen Marke Gloria, hier an eine Triumph geschraubt.*

🏍 Armeemotorräder

Das Motorrad war wegen seiner Wendigkeit und Schnelligkeit ein wichtiges Instrument in zwei Weltkriegen und wird wegen dieser Eigenschaften auch heute noch regelmäßig eingesetzt. Die meisten Armeen verwenden entsprechende Motorräder. Diese basieren meist auf Straßenmodellen, tragen aber Tarnfarben und sind für den Einsatz im schweren Gelände präpariert. Es gab in der Vergangenheit auch Gespanne mit angetriebenen Seitenwagen und MG-Lafetten. Sogar Solomaschinen mit Gewehrhalterung waren im Ersten Weltkrieg zu sehen.

Im Ersten Weltkrieg lieferte Triumph 30.000 Einheiten des Model H an die Streitkräfte. P&M, Vorläufer der Panther, versorgte das britische Fliegerkorps mit seinem 3,5 PS starken Einzylinder mit Zweiganggetriebe. Natürlich setzte auch Deutschland Motorräder ein, unter anderem auch von NSU. Die meisten stammten jedoch aus den Fabriken der belgischen FN-Schmiede. Das bekannteste Militärmotorrad von allen ist womöglich die BMW R 75 vom Zweiten Welt-

krieg, in Gespannausführung der Urahn aller russischen und chinesischen Behördenkräder. Auch Moto Guzzi lieferte Motorräder an die Streitkräfte, wie die Alce und die Airone, die eine eine 500er, die andere eine 250er, beide mit liegendem Zylinder. Das größere Modell diente zumeist als Gespannmaschine; davon abgeleitet wurde ein Lastendreirad unter dem Name Trialce. Ein sehr früher Vorgänger von Guzzis späterem V7-Twin trieb einen kleinen Panzerwagen.

■ *Oben: Kanadischer Kradmelder und seine Harley-Davidson WLC (C für Canada) werden 1941 in einem Hof in England von neugierigen Kindern überfallen.*

Links: Diese britische Kradmelder gleiten auf ihren BSA-Einzylindern während einer Übung in der Grafschaft von Essex 1941 durch das Wasser.

■ Links: Ein deutsches Militärgespann, erbeutet in Lybien, diente den RAF-Mechanikern auf dem Luftwaffenstützpunkt Sidi Rezegh als Transportmittel.

■ Rechts: Die seitengesteuerte BSA M20 liefert hier als Postbote 1942 in der westlichen Sahara die Tageszeitung an südafrikanische Truppen.

■ Links: Zu einem Klassiker mit militärischer Vergangenheit gehört auch die passende Uniform. Ein stolzer Besitzer, stilecht in Kradfahrer-Montur des Ersten Weltkrieges, posiert hinter seiner Triumph Model C von 1914.

Wenn auch die britischen Einzylinder von BSA, Matchless, Norton und Triumph auf Seiten der Alliierten häufig zu finden waren, so stammte doch das bekannteste Militärmotorrad aus Milwaukee: die seitengesteuerte Harley-Davidson WLA 45, die in einer Auflage von rund 80.000 Stück für die alliierten Streitkräfte gebaut wurde. Allein 30.000 WLA gingen an die Rote Armee. Auch Indian erfüllte seine patriotische Pflicht und lieferte seine 500er 741 Military Scout, kam aber längst nicht auf solche Stückzahlen wie die Harley-Davidson WLA 45. In Milwaukee wurde teilweise bis zu 750 Motorräder die Woche produziert, und diese Harleys gingen nicht nur an Rußland, sondern auch nach England (nachdem Triumph ausgebombt worden war) und China. Harley-Davidson lieferte auch an die kanadischen Streitkräfte. Die meisten bei der Truppe befindlichen Harleys dürften nach dem Krieg auf den jeweiligen Kriegsschauplätzen geblieben sein, so läßt sich erklären, daß noch Jahrzehnte später etwa in der Normandie ungewöhnlich viele Harleys unterwegs waren.

Auch in diesen Tagen, in der die Kriegsführung so viel technischer ist und die Elektronik das Gefechtsfeld beherrscht, hat das

■ Unten: Französische Freiwillige warten mit ihren Maschinen in einem englischen Hafen im Juni 1944 auf die Einschiffung. Am rechten Gabelholm hängt ein Gewehr Marke Winchester.

normale Motorrad noch nicht ausgedient. Harley-Davidson baut immer noch Armeemaschinen, diesmal mit einem Rotax-Einzylinder-Zweitakter. Das Vorgänger-Modell hatte noch einen Viertakt-Rotax-Motor mit 500 cm³. Maschinen dieses Typs waren unter anderem im Golfkrieg im Einsatz, wie auch die in Italien gebauten Cagiva und Husqvarna. An ihrem Einsatzgebiet hat sich dagegen nichts geändert: Noch immer sind Motorräder ideale Erkundungs- und Kurierfahrzeuge.

🏍 Das Motorrad im Alltag

Für erstaunlich viele Menschen sind Motorräder nicht nur zum Vergnügen da, sondern schlicht Arbeitsinstrumente. Motorräder werden für verschiedene Aufgaben eingesetzt, meistens weil die Kombination aus Schnelligkeit auf öffentlichen Straßen und Wendigkeit im dicksten Verkehr von keinem anderen Fahrzeug übertroffen wird. Die Möglichkeit, als bezahlter Motorradkurier zu arbeiten, lockt viele Enthusiasten, aber der Gedanke, jahraus, jahrein bei jedem Wetter als Motorradbote unterwegs zu sein, verliert bei näherer Betrachtung doch erheblich an Reiz. In einigen Großstädten gibt es sogar Taxiunternehmen auf zwei Rädern, ein System, das die Fahrzeit verkürzen kann.

Polizisten sind wohl die bekanntesten berufsmäßigen Motorradfahrer, auf was für einem Untersatz sie sich fortbewegen, ist von Land und Einsatzzweck abhängig. International bekanntester Hersteller von Polizeimaschinen dürfte zweifellos Harley-Davidson sein, nicht zuletzt wegen der zahlreichen Filme, in denen

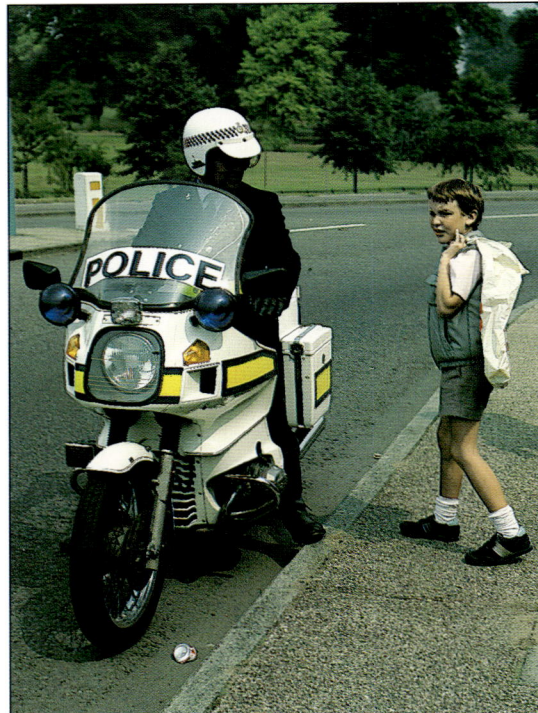

■ Links: Verarbeitung, Zuverlässigkeit und Fahrkomfort verhalfen den BMW-Boxern zu einer Sonderstellung unter den Polizeikräften auf der ganzen Welt, wie hier in England.

■ Links: Amerikanische Polizisten fahren aus Tradition Harley-Davidson, wie dieser Offizier der Californian Highway Patrol, obwohl diese Abteilung in den 80ern auch Kawasakis einsetzte.

■ *Oben links: »Riders for Health«: Die GP-Piloten Randy Mamola (links, halb versteckt) und Kevin Schwantz (rechts) besuchen 1992 Lesotho.*

■ *Oben rechts: Für Stadtverkehr setzen verschiedene Behörde oft kleine Motorräder ein, wie hier die einzylindrige Honda RS 250 im Einsatz bei der englischen Post.*

■ *Ganz rechts: Motorradboten mit ihren großen Koffern und dreistem Fahrstil sind in Großstädten kein seltener Anblick.*

■ *Rechts: Notärzte finden in England das Motorrad mehr und mehr attraktiv. Oft erreichen sie eine Unfallstelle viel früher als der normale Krankenwagen und gewinnnen oft entscheidende Minuten im Kampf um Leben oder Tod.*

Motorradcops auf Harleys über die Leinwand brausen. Jedes Polizeimotorrad basiert, schon aus Kostengründen, auf einem normalen Serienmodell. Allerdings wird die Basis ein hubraumstarkes Motorrad bilden, denn die erforderliche Ausrüstung – Funkgerät, Erste-Hilfe-Koffer, Feuerlöscher, Sirene und Verkleidung – bringen eine ganze Menge Gewicht auf die Waage. Dadurch sind die Maschinen wiederum vergleichsweise schwerfällig, mehr und mehr verwenden Polizeikräfte daher im Stadtbetrieb leichtere Maschinen oder Roller. In den 60ern fuhr die englische Polizei noch die weißlackierte »Saint«, eine 650er Triumph, die nach dem Roman-Detektiv Simon Templar benannt worden war. Auch die Vierzylinder-Kawasaki Z 1000 streifte eine Polizeiuniform über und patroullierte über die Highways verschiedener amerikanischer Bundesstaaten. Bekannt wurden die Kawa-Einsätze bei der California Highway Patrol, was nicht zuletzt der TV-Serie *CHIP* zu verdanken war. Auch BMW-Maschi-

nen sind oft im Fernsehen zu bewundern, allerdings eher in den Nachrichten: Bei Staatsbesuchen und Autokorsos setzt die Sicherheitstruppe auf Boxer-Eskorten. Auch Harley-Davdison kann in dieser Beziehung die deutsche Vormachtstellung nicht gefährden.

Eine weitere Berufskategorie auf zwei Rädern sind die Nothilfsdienste, und dazu gehören nicht nur die »Gelben Engel« der ADAC. In vielen Großstädten werden Blutkonserven ausschließlich per Motorrad transportiert. Notärzte kommen oft auch auf dem Motorradsitz zum Einsatzort, und besonders in Großbritannien ist dieses System weit verbreitet. In Entwicklungsländern ist oft das Motorrad die erste motorisierte Möglichkeit, entlegene Regionen zu erreichen, sei es von Ärzten, Entwicklungshelfern oder Lehrkräften. In dem Zusammenhang besonders erwähnenswert ist die Organisation »Riders for Health«. Sie geht auf eine Initiative des Motorrad-Stars Randy Mamola zurück und liefert nicht nur Motorräder in die Dritte Welt, sondern führt auch Lehrgänge durch und schult die Entwicklungshelfer im richtigen Umgang mit dem Motorrad. Das ermöglicht Mobilität in einer Welt, wo es sonst keine Hilfe gäbe.

Die Anatomie des Motorrads

Ein Motorrad besteht eigentlich nur aus zwei Rädern und einem Motor, doch die Optik wird nicht immer von den technischen Notwendigkeiten bestimmt. Im Alltagsverkehr tummeln sich reinrassige Rennmaschinen ebenso wie Enduros oder Retro-Bikes im Klassiker-Outfit. Hochtechnische Wunderwerke auf zwei Rädern mischen sich munter mit bodenständigen Mofas. In der Vergangenheit wurden Motorräder ja nicht nur von Benzinmotoren angetrieben, auch Batterien, Raketen und sogar Sonnenkraft haben die nötige Energie geliefert. Findige Konstrukteure untersuchten jede denkbare Lösung im Rahmen- und Fahrwerksbau, und in der Anfangszeit suchte der Motor noch seinen endgültigen Platz am Motorrad. Doch selbst die interessantesten Experimente führten nicht unbedingt zu einer Verbesserung der Alltagstauglichkeit: Das moderne Motorrad hat sehr viel mit der ersten »neuen Werner« von 1901 gemeinsam, und Kolbenmotoren, seien es Zwei- oder Viertakter, treiben ein Motorrad auch heute noch voran.

Vergessen sind die Tage, als der Motorradfahrer sein Motorrad von Innen und Außen kennen mußte, um es fahrtüchtig zu halten. Moderne Technik und Fertigungsmethoden garantieren Motorräder mit nie gekannter Zuverlässigkeit, mit öldichten Motoren und hoher Wartungsfreiheit. Immer mehr raffinierte Elektronik, elektronisches Motor-Management und Spezialinstrumente für ihre Reparatur machen den ausgebildeten Mechaniker notwendig, und der Besitzer muß sich zusehends nur auf grundlegende Pflege- und Wartungsarbeiten beschränken. Und trotzdem haben moderne Motorräder unter ihrer Vollverschalung viel mit ihren Vorgängern gemeinsam.

Die vielen Ducati-Erfolge in der Superbike-WM haben der Marke zu großer Popularität verholfen .

Unter dem Höcker versteckt sich ein Soziussitz, deshalb auch Beifahrergriff und Soziusfußrasten hinten.

Der Ducati-Rundrohrrahmen integriert den Motor als tragendes Teil.

Wie die Gabel kommt auch das Federbein vom japanischen Hersteller Showa, voll einstellbar in Zug- und Druckstufe sowie Federvorspannung.

Das Zentralfederbein ist direkt an der Schwinge angelenkt, nicht über einen Umlenkhebel, wie bei Sportmaschinen sonst üblich.

Hinten genügt eine kleine Bremsscheibe, da die Radlast sich beim Bremsen nach vorne verlagert und die Hinterradbremse fast nutzlos macht.

Nahezu jeder Hersteller zieht ab Werk bereits moderne Radial-Niederquerschnittsreifen auf. Der Hinterradpneu ist breiter, um die Kraft besser auf den Boden bringen zu können.

Die beiden Schalldämpfer erfüllen zwar die gesetzlichen Auflagen, tun aber dem traditionellen Ducati-Sound glücklicherweise keinen Abbruch.

■ *Unten: Ducati 900 SS, hier ohne Verkleidungsunterteil, kombiniert V-Zweizylinder und Rundrohrrahmen traditioneller Art mit der Technik moderner Sportmaschinen.*

Stummellenker ermöglichen eine rennmäßige Sitzhaltung.

Ohne Verkleidung und Scheibe hätte die 80 PS starke Ducati nie eine Spitze von 215 km/h.

Eine große Airbox ist dient der Ansauggeräuschdämpfung und findet Platz unter dem Tank, der größer aussieht als er ist.

Zwei Mikuni-Vergaser stehen im Zylinder-V.

Der Lenkkopfwinkel beträgt 65 Grad und verspricht schnelle Richtungswechsel. Obwohl relativ steil, ist der gewählte Winkel für ein modernes Spormotorrad nicht außergewöhnlich.

Die Gabel ist eine sogenannte Upside-Down-Variante und hat das verwindungssteifere Standrohr oben.

Die doppelten Bremsscheiben messen 320 Millimeter und sind schwimmend gelagert, was die Bremswirkung verbessert. Zwei Vierkolbenzangen sorgen für die nötige Verzögerung.

Die Nockenwelle wird von einem Zahnriemen getrieben.

Ein Ölkühler sorgt dafür, daß die Arbeitstemperatur des Motors nicht in den kritischen Bereich wandert.

er Zylinderwinkel beägt 90 Grad, der vorere Zylinder liegt fast orizontal.

Die 900 SS hat nur zwei Ventile pro Brennraum, im Gegensatz zu den rennbetonteren Vierventilern der Marke. Die Ventile werden aber auch hier vom Ducati-typischen Desmo-System zwangsgesteuert.

Wie fast alle Sportmaschinen rollt auch die Ducati auf Aluußfelgen mit einem Durchmesser von 17 Zoll.

Der Viertaktmotor trägt auch den Namen seines Erfinders Nikolaus Otto. In der Motortechnik hat kein anderes Arbeitsprinzip eine weitere Verbreitung gefunden als jenes. Obwohl die Ausführung, die Motor-Konstruktion, sich weitgehend geändert hat und auch die verwendeten Werkstoffe für den Ventiltrieb andere sind, funktionieren heutige Motoren im Prinzip noch genau so wie die ersten leistungsschwachen

■ *Rechts: Unterschiedliche Kolbenvarianten in Viertaktmotoren. Im Uhrzeigersinn von oben links: Moto Guzzi Zweiventiler; Harley-Davidson Zweiventiler; Suzuki GSX-R Vierventiler; Yamaha FZ 750 Fünfventiler.*

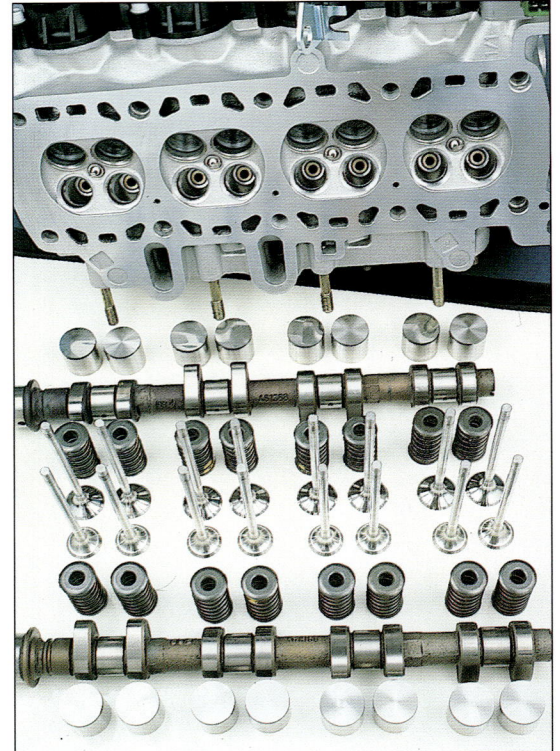

Das Viertaktprinzip

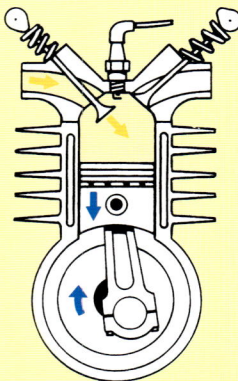

1 Einlaß
Wenn der Kolben sich nach unten bewegt, öffnet das Einlaßventil und das Luft/Benzin-Gemisch wird in den Zylinder eingesaugt.

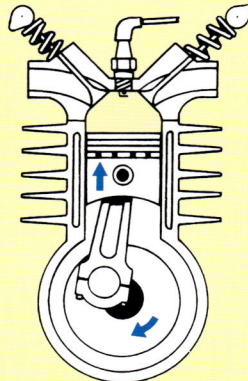

2 Verdichtungsphase
Das Einlaßventil schließt, der Kolben bewegt sich nach oben und verdichtet das Gemisch.

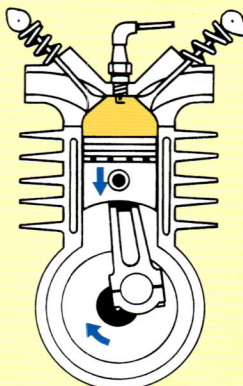

3 Verbrennungsphase
Bevor der Kolben den OT erreicht, zündet die Zündkerze das verdichtete Gemisch. Die entstehende Explosion zwingt den Kolben nach unten.

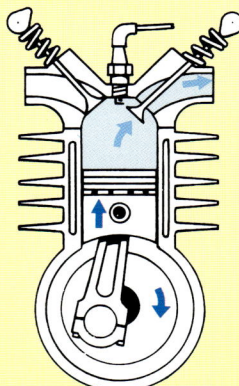

4 Auslaß
Wenn der Kolben sich dann wieder nach oben bewegt, drückt er die verbrannten Gase durch das dann offene Auslaßventil.

Triebwerke vor hundert Jahren. Straßen-Viertakter können heute bis zu 15.000 Touren drehen und liefern dabei phänomenale Leistungswerte. Die leistungsstärksten 600er aus Japan haben Mitte der 90er Jahren schon die 100 PS-Hürde überschritten – solche Literleistungen erreichen nicht einmal Autos mit viel größeren Motoren. Die allergrößten Sportmaschinen liefern mühelos 140 PS und mehr. Sie sind in vielen Ländern deshalb nicht mit voller Leistung zu haben.

Viertakttypen

Die erste und einfachste Auslegung eines Viertakters, der Einzylinder, dominierte den Markt in den 50ern und findet sich noch heute in den verschiedensten Fahrzeugtypen, von Mopeds bis zu Rennmaschinen. Obwohl die bauartbedingten Vibrationen mit immer ausgeklügelteren Mitteln reduziert werden konnten, begrenzt sich der Hubraum meistens auf 650 cm³. In den 60ern dominierten die Zweizylinder von BMW und diejenigen der englischen Hersteller. Der

■ Rechts: Das Schnittmodell einer Honda CBR 600 F zeigt bei den mit Gelb markierten Stellen den Weg, den die angesaugte Luft und später das Gemisch nehmen. Er führt vom Lufteinlaß über Luftfilter und Vergaser bis hin zum Brennraum. Die blaumarkierten Schnittstellen hinter dem Lenkkopf verdeutlichen den Aufbau der Rahmenrohre in dieser Sektion.

für diese Bikes typische Parallel-Zweizylinder hat entweder eine 360 Grad-Kurbelwelle oder um 180 Grad versetzte Hubzapfen. Im ersten Fall bewegen sich die zwei Kolben parallel miteinander auf und ab, im zweiter Fal befindet sich ein Kolben am oberen Totpunkt und der andere am unteren. V-Zweizylinder arbeiten mit verschiedenen Zylinderwinkeln. Harley-Davidson hat sogar versucht, den Zylinderbankwinkel von 45 Grad sich patentieren zu lassen. Der Harley-Motor wie auch der von Ducati ist im Rahmen längs eingebaut, Moto Guzzi hat aber seinen 90-Grad V-2 quer installiert. Dreizylindermotoren können quer wie bei Triumph (und früher Laverda und Yamaha) und längs (wie bei der BMW K) eingebaut werden. Alle Motoren der BMW K-Serie, sind in Längsrichtung eingebaut, allerdings liegend, nicht stehend wie frühe Vierzylinder-Entwicklungen von Henderson oder der daraus abgeleiteten Indian Four. Standard und damit am weitesten verbreitet sind die quer zur Fahrtrichtung eingebauten Reihen-Vierzylinder vornehmlich japanischer Provenienz, eine Bauart, die sich mit der Honda CB 750 durchsetzte.

Vierzylinder gibt es auch in V-Anordnung, prominentestes Beispiel einer V4 ist die Honda VFR 750. Honda machte mit der Gold Wing auch den Vier-, später den Sechszylinder-Boxer möglich. Ohne konstruktive Nachfolger blieb Ariels legendäre Square Four.

■ Rechts: Unterschiedliche Kolbenvarianten in Viertaktmotoren. Im Uhrzeigersinn von oben links: Moto Guzzi Zweiventiler; Harley-Davidson Zweiventiler; Suzuki GSX-R Vierventiler; Yamaha FZ 750 Fünfventiler.

Fünfzylinder sind selten, das bekannteste Motorrad war die Megola mit ihrem 640 cm³-Sternmotor im Vorderrad. Die moderne Gold Wing hat, wie erwähnt, einen Sechszylinder-Boxer mit 1500 cm³ Hubraum. Sechs Zylinder gab es auch in einer Reihe, die wichtigsten Vertreter stammen von Kawasaki (Z 1300), Honda (CBX) und Benelli (750/900 Sei) allesamt Schöpfungen der 70er.

Laverda meldete einen V6 zur Bol d'Or 1978, Landsmann Morbidelli hat einen Sporttourer mit V8-Motor vorgestellt. Zu den absoluten Exoten gehören Motorräder mit Auto-Motoren, etwa die deutsche Münch, die brasilianische Amazon oder die mächtige Boss Hoss mit Chevrolet V8-Motor.

Zweitakter und Wankel

Zweitaktmotoren sind leichter und effektiver als Viertaktmotoren mit dem gleichen Hubraum und werden deshalb für Rennzwecke verwendet. Sie sind aber auch mit weniger technischem Aufwand zu realisieren und daher kostengünstig in der Herstellung, was sie als billige Transportmittel geeignet machen. Das Arbeitsprinzip ist allerdings etwas komplizierter. Statt mechanischer Ventile verwendet der Zweitakter die Unterseite des Kolbens und zwingt damit die einströmenden Gasen zuerst in das Kurbelgehäuse hinein und dann über Überströmkanäle zum Brennraum hin. So kann der Zweitakter bei jeder Motordrehzahl eine Arbeitsphase durchführen – er zündet bei jeder Umdrehung, nicht bei jeder zweiten wie der Viertakter. Dadurch entsteht sein Leistungsvorteil. Der Schmierstoff kann allerdings nicht im Kurbelgehäuse gehalten werden, er muß dem Treibstoff beigemischt werden und verbrennt demzufolge beim Arbeitsvorgang. Das ist allerdings nicht gerade umweltschonend. Trotz der immer raffinier-

■ Oben: Suzukis RG 500 hat Drehschieber-Einlaß. Die Vergaser befinden sich auf jeder Seite des Kurbelgehäuses und Schieber mit Schlitzen drehen sich mit der Kurbelwelle und geben den Weg ins Kurbelgehäuse frei.

■ Oben rechts: Ein schlitzgesteuerter Zweitakter wie Yamaha TZ 750 hat ein Reed-Ventil an jedem Einlaß, das die Rückfuhr der Gase in den Vergaser verhindert.

teren Technik für die Abgasrückführung tritt immer ein Teil unverbrannter Gase über den Auspuff ins Freie. Ein ganz neuer Zweitakt-Typ ist allerdings in Entwicklung, der die Umweltbilanz erheblich verbessern soll.

Verschiedene Zweitaktmotoren

Viele berühmte Zweitaktmotoren hatten zwei Zylinder, von der Scott Squirrel der Pionierzeit bis hin zur Yamaha RD 350 LC. Die Kawasaki-Rennmaschinen in den 250er und 350er Klassen besaßen zwei Zylinder im Tandem, sie saßen hintereinander im Rahmen. Moderne GP-Maschinen haben üblicherweise V-Zweizylinder-Motoren, typischer Vertreter ist die erfolgreiche Aprilia RS 250. Dreizylinder-Zweitakter hatten ihre Blütezeit in den späten 60ern und frühen 70ern. Kawasaki präsentierte die 750 cm³ H2 und die 500 cm³ H1, Suzuki die wassergekühlte GT 750.
Freddie Spencer saß 1983 in der 500er Klasse auf einer Honda mit Dreizylinder-V-Zweitakter, Vorbild für das spätere Serienmodell NS 400. Unter den Reihen-Vierzylindern ragt vor allem die TZ 700 Rennmaschine von Yamaha heraus. Suzuki ordnete bei den Renn- und Straßenvarianten der Gamma die vier Zylinder im Quadrat an. Heute handelt es sich bei den Vierzylinder-Rennmaschinen der 500er Klasse ausnahmslos um V-Motoren. Suzuki und Yamaha verwenden zwei Kurbelwellen, Honda in seiner NSR 500 nur eine.

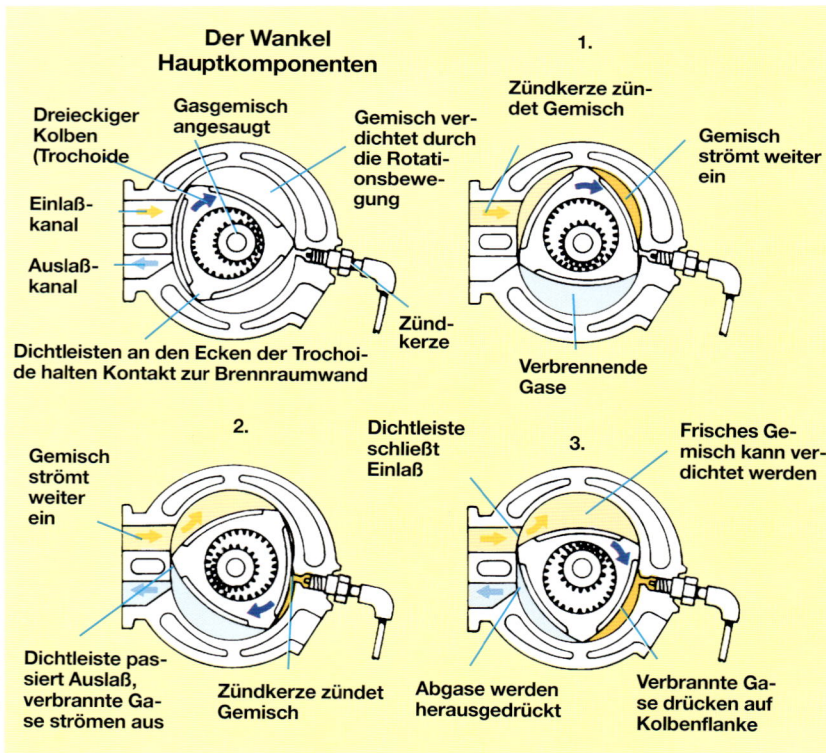

**Der Wankel
Hauptkomponenten**

1.

Dreieckiger Kolben (Trochoide

Gasgemisch angesaugt

Gemisch verdichtet durch die Rotationsbewegung

Einlaßkanal

Auslaßkanal

Zündkerze

Zündkerze zündet Gemisch

Gemisch strömt weiter ein

Verbrennende Gase

Dichtleisten an den Ecken der Trochoide halten Kontakt zur Brennraumwand

2.

Gemisch strömt weiter ein

Dichtleiste schließt Einlaß

3.

Frisches Gemisch kann verdichtet werden

Dichtleiste passiert Auslaß, verbrannte Gase strömen aus

Zündkerze zündet Gemisch

Abgase werden herausgedrückt

Verbrannte Gase drücken auf Kolbenflanke

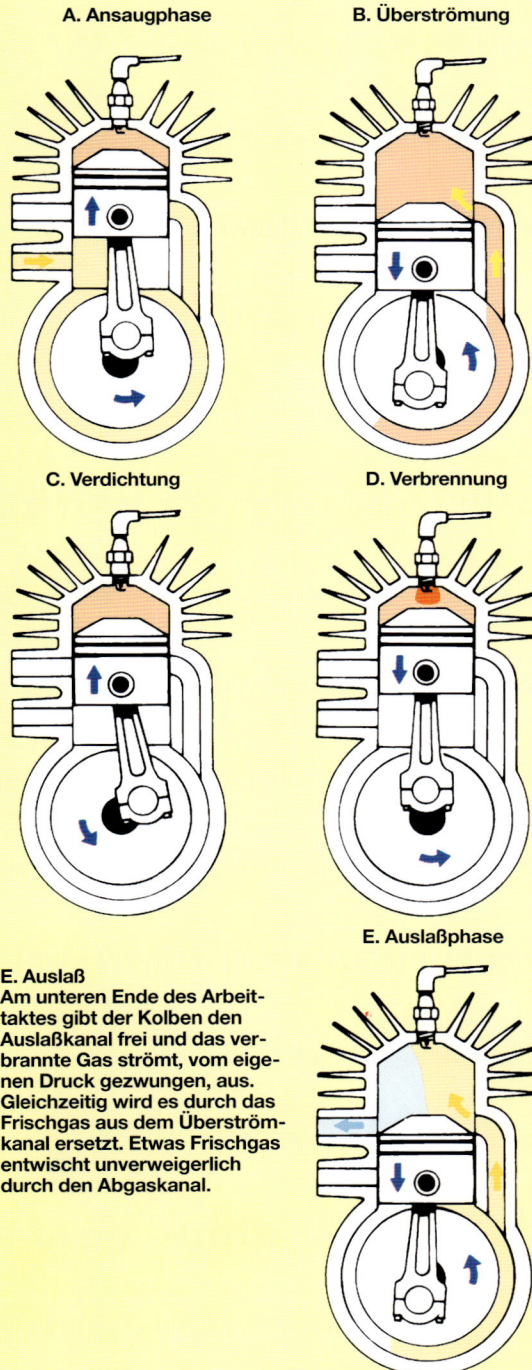

Der Zweitakter

A. Ansaugphase
Der Kolben geht nach oben und verdichtet das Gasgemisch, saugt aber gleichzeitig frisches Gemisch in das Kurbelgehäuse

B. Überströmung
In dieser Arbeitsphase geht der Kolben nach unten, komprimiert dabei das Gasgemisch im Kurbelgehäuse, öffnet gleichzeitig den Überströmkanal (rechts) und zwingt das verdichtete Gemisch in den Brennraum

C. Verdichtung
Das Gasgemisch wird im Brennraum weiter verdichtet.

D. Verbrennung
Kurz vor dem oberen Totpunkt wird das Gemisch gezündet, danach geht der Kolben wieder nach unten

E. Auslaß
Am unteren Ende des Arbeittaktes gibt der Kolben den Auslaßkanal frei und das verbrannte Gas strömt, vom eigenen Druck gezwungen, aus. Gleichzeitig wird es durch das Frischgas aus dem Überströmkanal ersetzt. Etwas Frischgas entwischt unverweigerlich durch den Abgaskanal.

A. Ansaugphase

B. Überströmung

C. Verdichtung

D. Verbrennung

E. Auslaßphase

Der Wankel

Der sanfteste (und erfolgloseste) Motortyp von allen ist der Wankel, benannt nach seinem Erfinder Felix Wankel. In einem ovalen Brennraum rotiert auf einer Exzenterwelle (die der Kurbelwelle im Hubkolbenmotor entspricht) ein dreieckiger, innenverzahnter Rotor, dessen Spitzen immer im Kontakt mit den Seiten des Brennraums stehen, so wie auch die Kolbenringe in einem konventionellen Motor im Kontakt zur Zylinderlaufbahn stehen. Der Trochoide (Rotor) rollt über die Exzenterwelle ab und gibt dabei ständig drei Kammern frei, die durch die Bewegung des Kolbens ihr Volumen ändern. Eine volle Umdrehung des dreieckigen Kolbens um sich selbst erfordert drei Exzenterwellenumdrehungen, dabei hat der Motor praktisch dreimal den kompletten Ablauf des Viertaktprozeses ausgeführt. Der Wankel ist kompakt, leistungsstark und absolut vibrationsarm, allerdings sehr durstig und war, früher zumindest, recht anfällig was die Dichtleisten betraf. Suzuki, Hercules und Norton hatten Wankel-Modelle im Programm, keines davon konnte allerdings reüssieren, die Van Veen blieben Einzelstücke.

■ Oben: Norton bewies mit der Rotary Classic, daß auch ein Wankel schön und leistungsstark zugleich sein kann. Vibrationsarm ist jeder Wankel.

Fahrwerke und Federung

■ *Unten: Die Bimota SB 6 ist ein typisches Beispiel modernen Fahrwerkbaus und verfügt über zwei kräftig dimensionierte Kastenträger aus Alu.*

Auch wenn die Fahrwerksauslegung im Grundsatz sich seit der Geburt des Motorrads wenig geändert hat, so gab es doch erhebliche Fortschritte in der Leistungsfähigkeit und im Zusammenwirken der einzelnen Komponenten. Eine kurze Fahrt mit einer Veteranenmaschine, vielleicht sogar noch ohne Hinterradfederung und oft schwer lenkbar, wird das schnell bestätigen. Schon daran läßt sich feststellen: Das Handling hängt von mehreren variablen Faktoren ab. Rahmenstärke und Lenkgeometrie gehören dazu, aber auch Gewichtsverteilung, Federung und deren Abstimmung. Das alles sind Gebiete, die in den Konstruktionsabteilungen der Motorradhersteller in den letzten Jahrzehnten ausgiebig erforscht worden sind. Moderne Motorräder sind nicht zuletzt wegen der großen Fortschritte auf dem Fahrwerksektor unter sehr unterschiedlichen Verhältnissen auch für Normalfahrer gut zu beherrschen.
Noch in den 50ern preßte man die Rahmen vielfach aus dünnem Blech; die Vordergabel, oft nur eine Trapezkonstruktion, hatte keine Dämpfung. Auch an der Hinterhand mußte sich der Fahrer manchmal nur mit der Eigendämpfung des Reifens begnügen, in manchen Fällen sorgte ein Schwingsattel noch für ein Mindestmaß an Dämpfung. Später folgten kräftigere Rahmenkonstruktionen, entweder aus Preßstahl oder aus Rundrohren. Wegbereiter unter den Rundrohrrahmen dürfte der berühmte Featherbed-Rahmen von Norton gewesen sein, eine Konstruktion aus gekreuzten und über Streben verstärkten Rohren. Mit diesem Rahmen hielten auch doppelte Federbeine und Hydraulikstoßdämpfer Einzug in den Motorradbau. Oft, wie bei den ersten GP-Maschinen von Honda Anfang der 60er, war der Motor ein tragendes Teil der Konstruktion. Bei den ersten Bigbikes war der Motor schneller als das Fahrwerk, so hohe Leistungen verkrafteten die Rahmenkonstruktionen nicht. Ein Ritt auf diesen ersten Maschinen – das galt für die Honda CB 750 ebenso wie für die Drei- und Vierzylinder von Kawasaki – war oft ernüchternd. Hier hat die Fahrwerksentwicklung der letzten 20 Jahre riesige Fortschritte gemacht. Heute hat das moderne Sportmotorrad eine sehr direkte Verbindung zwischen Lenkkopf und Schwinge oder ein Zentralrohr oberhalb des Motors. Dazu kommt ein Gitter aus dünnen Rundrohren, was die Bezeichnung Gitterrohrrahmen für das Ducati-Chassis verständlich macht. Japanische Sportmaschinen umschließen den Motor meist durch zwei Kastenträger aus Aluminium.

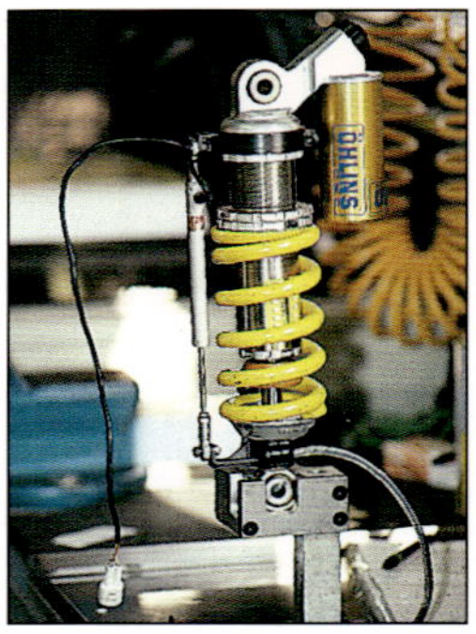

■ *Oben: Ein modernes Federbein entsteht nicht durch talentierte Bastelarbeit. Wie hier bei Öhlins in Schweden wird das Produkt vor den praktischen Versuchen auf den Prüfständen im Labor getestet.*

■ *Links: Harley-Davidson ist es gelungen, die Optik früherer Starrahmen beizubehalten, und einfach die Federelemente im Rahmen zu verstecken. Hier allerdings das ungefederte Original, eine WL45 von 1949.*

Radaufhängung

Gabel und Federbein funktionieren nach dem gleichen Prinzip. Über eine Schraubenfeder nehmen sie Energie auf, dämpfen aber die Anschlagkraft über hydraulische Stoßdämpfer. Wird das Federbein zusammengepreßt spricht man von einer Druckdämpfung, beim Ausfedern von einer Zugdämpfung und definiert damit die Geschwindigkeit, mit der die Feder ihre Originallänge wieder einnimmt. Die-

■ *Links: Nur BMW ließ sich von den schlechten Verkaufszahlen der Yamaha GTS 1000 nicht entmutigen und brachte eine neue Motorrad-Generation mit Achschenkellenkung auf den Markt – mit großem Erfolg.*

se Arbeit produziert Hitze, und moderne Federbeine haben deshalb separate Ausgleichbehälter, was zu einer bessere Kühlung des Hydrauliköls führt.

In den oberen Preisklassen sind die Federelemente voll einstellbar: in Federvorspannung, Zug- und Druckdämpfung. Um eine progressive Wirkung zu erhalten, kann ein Dämpferbein mit zwei Federn verschiedener Federraten versehen werden, was auch eine progressive Wirkung ergibt. Kleinere Schläge werden auf diese Weise ebenso abgefedert wie derbere Bodenunebenheiten. Hinten übernimmt eine progressive Umlenkung für das Federbein die gleiche Aufgabe, das Resultat ist das gleiche.

Alternative Radaufhängungen

Viele Konstrukteure halten die Telegabel für einen schlechten Kompromiß, da während des Brems- oder Beschleunigungsvorganges verschiedene Kräfte auf sie einwirken, für deren Aufnahme sie eigentlich gar nicht ausgelegt ist. Außerdem ist eine Telegabel nicht gerade stabil. Die Alternative dazu ist die Achsschenkellenkung. Diese gibt es in verschiedenen Varianten, üblicherweise wird das Rad über ein Lager in der eigenen Nabe gelenkt. Die eigentliche Aufhängung ist wie eine Schwinge fest mit dem Rahmen verbunden. Der größte Vorteil besteht darin, daß Bremswirkung und Federung voneinander getrennt arbeiten. Bimota Tesi und Yamaha GTS 1000 verwenden solche Systeme, haben sich aber auf den Markt nie richtig durchsetzen können. Ein System mit der gleichen Wirkung ist der Telelever der jüngsten BMW-Generation, wo aber die Telegabel wenigstens optisch noch vorhanden ist.

Chassisgeometrie

Die Fahrwerksgeometrie entscheidet, wie sich ein Motorrad verhält. Eine moderne Rennmaschine hat einen kurzen Radstand, steilen Lenkkopf, wenig Nachlauf und viel Gewicht auf dem Vorderrad und erhält so ein schnelles, wendiges Lenkverhalten, gelegentlich auf den Kosten der Geradeausstabilität

Am anderen Ende des Spektrums steht der Cruiser: ein sturer Geradeausläufer mit langem Radstand, flachem Lenkwinkel, viel Nachlauf und viel Gewicht über dem Hinterrad. Der Rest liegt zwischen diesen Extremen und bietet reichlich Möglichkeiten für die Feineinstellung.

■ *Rechts: Zu den ersten Anbietern von Serienmaschinen mit Brückenrahmen gehörte Bimota. Die YB4- und YB6-Modelle mit Yamaha-Motoren waren Wegbereiter dieses heute üblichen Konzepts.*

■ *Unten: Triumph entschied sich für eine Konstruktion mit einem Zentralrohr unter dem Tank.*

Räder, Reifen und Bremsen

Die konstruktionsbedingte Instabilität eines Motorrads macht seine Reifen und Bremsen um so wichtiger. In Schräglage haben auch Sportmaschinen mit überbreiten Reifen Kontaktflächen, die im Vergleich zum Auto extrem schmal sind. Bis in die Sechziger hatten Motorradreifen einen runden Querschnitt, vorn wie hinten etwa in gleicher Größe. Moderne Sportreifen dagegen erlauben mit ihren Radialkonstruktionen Schräglagen von weit über 45 Grad. Dabei ist der Hinterreifen viel breiter als der Vorderreifen, meistens um die gewaltige Motorleistung aufnehmen zu können. Dieses klebrige Gummi ist allerdings oft schon nach nur 3000 Kilometern am Ende und muß getauscht werden.

Die wachsende Spezialisierung in der Motorradszene hat zu einer großen Vielfalt von Reifen für alle Maschinentypen und Fahrbahnbeschaffenheiten geführt, von profillosen Slicks für maximal größte Kontaktfläche im Trocknen, dafür aber nutzlos im Regen, bis hin zu grob profilierten Reifen fürs Gelände. Dazwischen kommen Sportreifen mit wenig Profil (da die Bewegungen der Profilblöcke an sich Hitze erzeugen und die Leistung verschlechtern) und härtere Reifen für Reisemotorräder, die eine höhere Lebensdauer verlangen. On/Offroad-Reifen für Reiseenduros sind hauptsächlich für die Straße konzipiert und nützen im Gelände nur wenig. Regenrennreifen, mit ihrem tiefem Profil und weichem Gummi, können auf trockener Rennstrecke in nur Minuten zum Schrott gefahren werden. Die vielleicht wichtigste Neuerung auf dem Radsektor dürfte der Wechsel zum Gußrad darstellen, das bis Ende der 70er das Drahtspeichenrad weitgehend verdrängt hatte. Es besteht in der Regel aus Aluminium, bei Rennmaschinen jedoch aus dem viel leichteren Magnesium. Gußräder sind verwindungssteifer und ermöglichen die Verwendung von modernen schlauchlosen Reifen. Das Comeback der Drahtspeichenräder Mitte der 90er ist Ausdruck der Nostalgie und hat mit dem wachsenden Zuspruch zu tun, den Neoklassiker wie die Kawasaki Zephyr erfahren. Für Sportmaschinen hat sich mittlerweile die Größe 17 Zoll eingebürgert, wobei der 16-Zoll Vorderreifen der Honda CBR 900 RR Firebla-

■ *Links: Hier nur ein Teil der vielen Reifen und Felgen, die ein erfolgreiches Rennteam an einem Wochenende braucht.*

■ *Unten: In den 60ern wirkten Nortons Telegabel Roadholder, Drahstpeichenrad und doppelwirkende Trommelbremse schon beeindruckend.*

■ *Unten: Als die Honda CB 750 1969 vorgestellt wurde, sorgte auch die serienmäßig installierte Scheibenbremse für sehr viel Aufsehen.*

■ *Unten: Suzukis RGV 500 hat eine Upside-Down-Gabel und große Bremsscheiben aus Kohlefaser, die von Vierkolbenzangen gegriffen werden.*

■ *Unten: Die Ducati 916 hat eine Einarmschwinge und einen dicken 190er Hinterreifen für maximale Schräglagen.*

■ *Unten: BMW Paralever: Die Einarmschwinge mit Umlenkung für die Kardanwelle gleicht die Lastwechselreaktionen aus.*

de die Ausnahme von der Regel darstellt. In den frühen 80ern dagegen waren gerade Sechzehnzöller Mode. Sie stammten, wie die Fahrwerksentwicklung überhaupt, aus der Rennszene.

Bremsen

Vor nicht allzulanger Zeit wurden alle Motorräder über Trommelbremsen verzögert und diese Konstruktion ist noch heute auf vielen Kleinmotorrädern zu finden. Hier öffnen sich zwei Bremsschuhe, stemmen sich gegen die rotierende Trommel der Radnabe. So entsteht Reibung, und diese sorgt für Bremswirkung. Manche Trommelbremsen funktionierten bemerkenswert schlecht, die legendäre Brough Superior – sonst ein hervorragendes Motorrad – war wegen ihrer schlechten Bremsen berüchtigt. Andere Trommelbremskonstruktionern mit vier Bremsbacken und Belüftung, wie die großen Grimecas oder Oldanis, die auf den Rennmaschinen der 60er Verwendung fanden, verzögerten zwar optimal, erforderten aber eine ständige Wartung.

Scheibenbremsen wurden erst mit der Honda CB 750 populär. Dabei wird eine Stahlscheibe von zwei hydraulisch betätigten Bremsklötzen umklammert und entsprechend abgebremst. Dank der Hydraulik muß das System nicht nachjustiert werden – die Flüssigkeit gleicht den Verschleiß aus. Die Wärmeableitung war bei Scheibenbremsen besser als bei Trommeln und entsprechend auch die Fadingwirkung geringer, doch zeigten frühe Scheibenbrems-Systeme bei Nässe nur wenig Wirkung.

■ *Unten: Hier eine Auswahl von Michelin-Pneus für die Rennstrecke, von links nach rechts: Zwei Vorderradslicks; ein etwas breiterer Hinterradslick; Regenreifen hinten und vorn; ein leicht profilierter Intermediate fürs Vorderrad; zwei weitere Frontslicks.*

Moderne Superbikes haben zwei (geschlitzte) Bremsscheiben vorn – eine hinten – die von Bremszangen mit bis zu sechs Kolben verzögert werden. Moto Guzzi und auch Honda (bei der CBR 1000 F) haben Maschinen mit Integral-Bremssystem im Angebot. Dabei wird bei Betätigung der Hinterradbremse auch eine Scheibe vorn aktiviert.

Mehrere Hersteller haben sich in den letzten Jahren mit ABS-Systemen beschäftigt, BMW übernahm dabei die Vorreiterrolle. Aufwand und Kosten eines solchen Systems machen es aber bis jetzt nur bei größeren Modellen sinnvoll, neben BMW haben momentan nur Honda (ST 1100) und Yamaha (GTS 1000) entsprechende Maschinen im Programm.

Sport auf zwei Rädern

Die olympische Devise citius, altius, fortius – schneller, höher, stärker – gilt auch für alle Formen des Motorradsports.

Fast so lange wie es Motorräder gibt, haben ihre Besitzer Rennen gefahren, entweder mit dem Ziel, der schnellste zu sein oder die weiteste Strecke zurückzulegen _ oft auch einfach nur um zu sehen, wer die Spitze des größten Hügels erreichen kann.

Es kommt nicht immer nur auf die Schnelligkeit an. Trial, zum Beispiel, fordert auch Spitzenfahrer, und oft sind die besten auch die langsamsten. Durchhaltevermögen kann eine weitere wichtige Rolle spielen, sei es beim 24-Stunden-Rennen in Le Mans oder während der dreiwöchigen Wüsten-Rallye von Paris nach Dakar. Dennoch: Topspeed spielt in den meisten Wettbewerben die zentrale Rolle, und davon gibt es eine ganze Menge. Nicht nur die Sportler, auch Zuschauer sind davon immer wieder fasziniert.

Diese Wahrheit gilt überall auf der Welt und auf allen Bodenbelägen – von der Banking in Daytona zu den Sanddünen auf der Halbinsel Baja in Mexiko, von eisbedeckten Seen in Skandinavien bis zu den veralteten Teerstraßen auf der Isle of Man.

Frühe Rennen

■ Gegenüber: Der Texaner Eddie Hasha mit seiner Achtventil-Indian 1911 in effektvoller Pose vor der Steilwand. Ein Jahr später starb er beim berüchtigten Unfall von Newark, zusammen mit einem weiteren Konkurrenten und sechs Zuschauern.

Schon Ende des vorherigen Jahrhunderts fanden Motorrad-Rennen statt, die größten Gegner dabei waren aber nicht immer die Konkurrenten, sondern die Unzulänglichkeiten der eigenen Maschinen. Dazu gesellten sich ausgesucht schlechte Straßen. Deshalb wurden in jenen Anfangszeiten oft auch Dreiräder bei solchen Rennen eingesetzt, einige davon hatten Monstermotoren mit bis zu zwei Litern Hubraum. Die Fahrer sausten zwischen den verschiedenen Großstädten in Europa hin und her, ihre temperamentvollen Maschinen verzichteten auf jede Art der Federung. Die kühnen Piloten selbst trugen dabei nur Wollpullover, Knickerbocker, kräftiges Schuhwerk und eine Stoffkappe.

Mitteleuropa war nicht nur der Geburtsort des Motorrads, sondern auch der der Rennszene: Die allerersten Veranstaltung fand im Juli 1894 statt, eine Langstreckenfahrt zwischen Paris und Rouen. Im Jahr danach unternahmen Enthusiasten auch in Italien und den USA die ersten Rennen. Um die Jahrhundertwende wa-

■ Oben: Auf diesem Foto ist die Steilwand von Brooklands deutlich zu sehen. Ein Zenith-Gespann führt das Rennen für »cycles and sidecars« im Jahre 1913 an.

■ Links: Die Uhr läuft, als H.R. Davies mit seiner Sunbeam bei einem Bergrennen in Caerphilly in Wales Gas gibt. Der Fahrer gründete später seine eigene Marke HRD, die dann mit der »Vincent« weltberühmt werden sollte.

■ Rechts: Maldwyn Jones, Werksfahrer für Flying Merkel, wurde 1913 in Savannah, Georgia, bei einem Rennen über 300 Meilen (480 km) Zweiter.

■ Unten: Diese Indian erreichte 160 km/h, hatte weder Bremsen oder Federung, dafür aber Reifen, die sich jederzeit von der Felge lösen konnten.

ren die Distanzen länger geworden, die Fernfahrten führten von Paris nach Wien oder von Paris nach Madrid. Kurzstreckenrennen kamen eigentlich erst nach der Jahrhundertwende auf, als Steilwandstrecken in Lille und Paris – im »Parc des Princes« – sowie in Plymouth und in London (»Crystal Palace«) gebaut wurden.

Das erste große internationale Rennen fand 1904 in Frankreich statt. Dieser »Coupe International« lief über 273 Kilometern (170 Meilen) und erlaubte nur drei Maschinen aus jedem Land den Start. Der Franzose Demester siegte auf einer Griffon mit einem Durchschnitt von 72,5 km/h, ein Technischer Protest gegen der Siegermaschine führte allerdings zur Annullierung des Ergebnisses. Dazu kam, daß Zuschauer Hufnägel auf der Strecke gestreut und so das Resultat verfälscht hatten.

Im Jahre 1907 fanden zwei für den Motorsport wichtige Ereignisse in Großbritannien statt. Erstmals wurden auf der Isle of Man Rennen ausgetragen, und das zweite Ereignis von Bedeutung war die Eröffnung der welterstein permanenten Rennstrecke in Brooklands. Dieser betonierte, ovalförmige Rundkurs maß 4,5 Kilometer und war mit Steilwänden versehen, die noch heute zu besichtigen sind. Die Auslegung von Brooklands erlaubte hohe Geschwindigkeiten und hier wurden bis zum Vorabend des Zweiten Weltkrieges wahre Rekordschlachten ausgetragen.

In den USA waren es ebenfalls Steilwandstrecken, allerdings ganz anderer Art, die sich großer Beliebtheit erfreuten. Auf Bretterpisten

■ Oben rechts: Rem Fowler kämpfte mit mechanischen Problemen, gewann aber die Zweizylinderklasse 1907 beim ersten Rennen auf der Isle of Man mit dieser Peugeotmotorisierten Norton.

■ Unten: Drei Fahrer nebeneinander bei den Speed Trials in Brighton 1913, eine Veranstaltung, die bis heute überlebt hat.

donnerten Spezialmaschinen von Indian, Thor und Flying Merkel mit schmalen Reifen Steilhänge entlang, die einen Winkel von bis zu 60 Grad aufwiesen. Diese Rennen waren nicht ungefährlich und brave Männer wie »Fearless« Balke und »Dare Devil« Derkum erreichten vor Zehntausenden von Zuschauern Geschwindigkeiten von über 160 km/h. Dieser Sport starb im Jahre 1912 in Newark, New Jersey. Zwei Fahrer und sechs Zuschauer kamen an diesem Renntag ums Leben.

🏍 Straßenrennen

Viele Jahrzehnte galt die Tourist Trophy auf der Isle of Man als das prominenteste Rennen im Kalender. Auch heute behaupten Enthusiasten, die 60,6 Kilometer lange Gebirgsstrecke wäre die größte Herausforderung für Mann und Maschine. Obwohl heute der Straßenrennsport sich überwiegend auf permanenten Kurzstrecken abspielt, gibt es noch in verschiedenen Teilen der Welt Rennen auf abgesperrten Straßen. Auch wenn diese nie wieder ihre alte Bedeutung zurückerhalten werden, sind sie doch echte Zuschauermagneten, wie etwa die Veranstaltungen iNorth West 200 in Irland und Chimay in Belgien, wie auch Hengelo in Holland beweisen.

Die Geschichte der TT auf der Isle of Man reicht bis zum Jahr 1907 zurück. Die kleine Insel in der Irischen See hatte den Vorteil, daß dort Rennen gefahren werden durften, ansonsten war das überall auf der britischen Insel verboten. Und der Name »Tourist Trophy« geht auf das Reglement zurück, das nur Maschinen mit Schutzblechen, Bremsen und Werkzeugkasten an den Start durften. Rem Fowler hieß der erste Sieger, er schaffte in der Zweizylinderklasse einen Durchschnitt von 58,2 km/h. In den Bergen hatte er hart in die Pedale treten müssen, mehrmals Reifen geflickt oder gerris-

■ *Rechts: Charles Collier, zusammen mit seinem Vater und Bruder Gründer der Marke Matchless, siegte bei der ersten TT 1907 in der Einzylinderklasse und wiederholte den Triumph auch drei Jahre später.*

■ *Unten: Mike Hailwood stürzte bei der Senior TT 1965 mit seiner MV Agusta, fuhr aber mit blutender Nase, gebrochenem Finger, zerquetschtem Auspuff und gebrochener Windschutzscheibe als Sieger ins Ziel.*

sene Antriebsriemen gewechselt.
Anfang der 20er lag der Durchschnitt bei über 80 km/h und die Rennen erstreckten sich oft über fünf oder sechs Runden. 1922, bei seinem ersten Rennen auf der Insel, mußte Stanley Woods erleben, wie beim Tanken seine Klamotten in Brand gerieten. Außerdem bremsten ihn mehrere Reparaturaufenthalte auf freier Strecke, aber nicht einmal ein Sturz konnte seinen fünften Platz verhindern. Woods siegte zwischen 1923 und 1939 insgesamt zehnmal. In den 50ern stiegen die Rundenschnitte ganz gewaltig. Geoff Duke schaffte 1950 mit seiner Norton einen neuen Rundenrekord von 150,2 km/h. Damals war Duke mit sechs Siegen einer der ganz Großen, doch Bob McIntyre war derjenige, der mit einer vierzylindrigen Gilera 1957 den Rundenrekord auf über 100 Meilen pro Stunde (160 km/h) anhob.

Zu den Helden der 60er gehören Giacomo Agostini, der zehnmal siegte, und Mike Hailwood. Zu dessen 14 Siegen zählt auch das berühmte Rennen von 1967 zwischen »Ago« und »Mike the Bike« in der Senior-Klasse (500 cm³), das Fans noch heute als das größte Rennen überhaupt bezeichnen.

Hailwoods legendärster Sieg kam 1978, als er nach langer Pause ein Comeback mit einer

■ *Unten: Hailwood gab 1978 auf Ducati ein umjubeltes TT-Comeback und siegte in der Formel-1-Kategorie.*

Rechts: Joey Dunlop´s Erfolge machten den gebürtigen Iren zum »King of the Roads«.

■ *Unten: Um die Schönheiten der Umgebung oder das Tempolimit in Ginger Hall kümmert sich Steve Hislop wenig.*

Ducati gab – und gewann. Dann hatte die TT keinen WM-Status mehr und Stars wie Barry Sheene und Kenny Roberts weigerten sich, zwischen den Steinmauern Kopf und Kragen zu riskieren.

Trotzdem überlebte das Rennen, neue Helden halten die TT-Tradition aufrecht. Joey Dunlop hat mittlerweile 22 Siege auf der Insel, und für

Steve Hislop wurden Rundenschnitte von über 190 km/h notiert.

Die Königsklasse

Die wichtigste Motorrad-Rennklasse überhaupt ist die GP-Weltmeisterschaft für Maschinen mit 500 cm³ Hubraum. Wer heutzutage den WM-Titel bei den 500ern gewonnen hat, darf mit Fug und Recht als der beste Motorradfahrer der Welt bezeichnet werden. Als Rennserie mit den leistungsstärksten Motorrädern genießen die 500er schon seit jeher das größte Publikumsinteresse. Deshalb sind die größten Marken, die wichtigsten Teams, die besten Fahrer und die attraktivsten Sponsoren dort zu finden.

Diese Rennserie ist international, wird auf Rennstrecken rund um den Globus und über 12 oder 14 Rennen ausgetragen – was für ein Unterschied zum ersten WM-Jahr 1949! Damals tingelte eine kleine Bande von Amateuren zu verschiedenen europäischen Rennstrecken. Nach sechs Rennen wurde der Weltmeister gekürt, Les Graham hieß der erste bei den 500ern, und er pilotierte eine zweizylindrige AJS.

Diese AJS hatte wegen ihrer spitzen Kühlrippen den Spitznamen Stachelschwein – »Porcupine«. Das sollte der erste von nur zwei Titeln für englische Marken in der größten Soloklasse werden. Geoff Duke schaffte zwei Jahre später mit Norton noch einmal den Ti-

■ *Rechts: John Surtees war 1956 der erste 500er Weltmeister auf MV Agusta, sein erster Titel von vier für die italienische Marke.*

■ *Unten: Die AJS Porcupine war ursprünglich für Kompressorbetrieb konstruiert worden, verhalf aber als Saugmotor Les Graham zum ersten Titel in der ersten Weltmeisterschaft 1949.*

telgewinn, doch dann war Feierabend: Bis Anfang der 70er Jahre blieb die WM-Krone fest in italienischen Händen. Gileras Vierzylinder gewann sechs WM-Titeln, die ersten drei zwischen 1953 bis 1955 mit Duke im Sattel. Danach übernahm MV Agusta die führende Rolle.

Die silber-roten Renner von MV stellten Rekorde auf, die wahrscheinlich nie geschlagen werden können: 17 WM-Siege in Folge in der 500er Klasse zwischen 1958 und 1974, dazu 38 Fahrer-WM-Titel und 37 Titel in der Hersteller-WM. Die sogenannten Feuerwehrwagen aus Gallarate waren in der Königsklasse unschlagbar. John Surtees holte 1956 den ersten Titel für die Marke. 1957 mußte man sich zwar noch einmal Gilera beugen, doch dann war MV fast zwei Jahrzehnte lang mit Surtees, Gary Hocking und Mike Hailwood (der vier Jahre hintereinander Weltmeister wurde) dominierend.

Noch Mitte der 50er Jahre war die Konkurrenz unter den Italienern sehr lebhaft gewesen,

■ Unten: Giacomo Agostini holte acht WM-Titel in der 500er Klasse und sieben bei den 350ern. Er ist damit der erfolgreichste GP-Pilot aller Zeiten.

Links: Die Gilera-Vierzylinder veränderten nachhaltig das technische Gesicht des Motorrad-Rennsports. Zugleich war sie auch Vorbild für die MV Agusta.

Unten: Moto Guzzi zog sich von Rennen zurück, bevor die mächtigen V8 voll ausgereift waren. Hier eine Aufnahme aus dem Werksmuseum.

■ Unten: Neue Zeiten kündigen sich in diesem Foto von 1975 an. Barry Sheene (7) verfolgt auf der Zweitakt-Suzuki den amtierenden Weltmeister auf seiner MV Agusta, Phil Read.

aber nach der Saison 1957 zogen sich Mondial, Moto Guzzi und Gilera zurück. Moto Guzzi hatte leider nicht das Geld, um das Potential ihrer mächtigen V8 voll auszuloten. Dann beherrschte MV die Szene, so lange, bis Honda in den Ring stieg. Hailwood fuhr ab 1966 für die Japaner und hatte zweimal beinahe den Titel in der Tasche, mußte ihn aber jedesmal knapp an Agostini auf MV abgeben. Schließlich stellte Honda die Aktivitäten ein, und MV Agusta gewann ungestört mit Giaco-

mo Agostini weitere sieben WM-Titel. Phil Read siegte auf MV 1973 und 1974, doch nun drohten wieder die Japaner, die in anderen Klassen bereits tonangebend waren. Ironischerweise war es der italienische Volksheld Giacomo Agostini, der 1975 den ersten 500er Titel für Yamaha gewann und damit der langen Herrschaft der Italiener (und der Viertakter) ein Ende bereitete. Seitdem herrscht auch in der Königsklasse der Zweitaktmotor.

🏍 Die Ära der Zweitakter

Moderne 500er GP-Maschinen sind die schönsten und leistungsstärksten Motorräder der Welt. Auf den Geraden schaffen ihre 190 PS starken Motoren Spitzengeschwindigkeiten von über 320 km/h. In Kurven erlauben raffinierte Fahrwerktechnik, ausgefeilte Rahmengeometrie und fette Slicks immense Schräglagen, die den Gesetzen der Physik zu trotzen scheinen. Die Motorleistung dieser Maschinen ist so gewaltig, daß nur eine Handvoll begabter und hochbezahlter Fahrer sie kontrollieren können, Männer wie die ehemaligen Weltmeister Eddie Lawson, Wayne Gardner, Wayne Rainey, Kevin Schwantz und Michael Doohan.

Die Zweitakt-Revolution in der großen Klasse begann mit Yamaha: Der japanische Hersteller

■ *Links: Werkskonkurrenz! Shinichi Itoh (Honda, 7), Alexandre Barros (Suzuki, 6), Daryl Beattie (Yamaha, 3) und Doug Chandler (Cagiva, 10) kämpfen um die Ideallinie beim GP von Italien 1994.*

■ *Unten: Kevin Schwantz, 1993 Weltmeister, zog sich zwei Jahre später zurück – nach unzähligen Erfolgen und fast ebensovielen Verletzungen.*

nahm den existierenden 250er Zweizylinder, verdoppelte ihn und setzte ihn quer in den Rahmen ein. Ein Zweitakter hat gegenüber dem Viertakter immer einen Vorsprung, und daß das nicht in der Theorie der Fall war, be-

■ Links: Freddie Spencer (3) auf Honda und Kenny Roberts (4) auf Yamaha beharkten sich die ganze Saison 1983.

■ Unten: Die Suzukis von Barry Sheene und Wil Hartog führen vor der Yamaha Kenny Roberts.

■ Links: Freddie Spencer war in den 80ern zweimal Weltmeister.

■ Unten: Der Australier Mick Doohan schien Mitte 90er auf die Nummer Eins abonniert zu sein.

wies Yamaha praktisch sofort. Der Finne Jarno Saarinen siegte 1973 in Frankreich schon im ersten Rennen mit der neuen Maschine, kam aber in der 350er Klasse zwei Rennen später ums Leben. Giacomo Agostini siegte mit der 750er Yamaha in Daytona 1974 und holte den 500er WM-Titel 1975.

Suzukis kompakter, quadratisch ausgelegter Vierzylinder siegte unter Barry Sheene 1976 und 1977. Danach kam Kenny Roberts und sicherte drei Jahre in Folge den Titel für Yamaha. Sein Fahrstil mit driftendem Hinterrad, geprägt durch seine Erfahrungen bei amerikanischen Rundstreckenrennen, machte Schule. Suzuki schlug mit der RG zurück und kam auf je zwei weitere Meistertitel für Marco Lucchinelli und Franco Uncini. Erst 1983 konnte Honda mit seinem NS 500 Dreizylinder den ersten Titel gewinnen. Im Sattel saß ein junger Amerikaner namens Freddie Spencer. Danach steuerten die erfolgreichen Piloten

Maschinen mit V4-Motor. In den letzten Jahren kamen Hondas NSR, Yamahas YZR und Suzukis RGV verschiedentlich zu Meisterehren. Der italienische Hersteller Cagiva stemmte sich gegen die japanische Übermacht und war gerade konkurrenzfähig geworden, als die Marke sich vom GP-Sport Ende 1994 zurückzog.

Damals schien die Zukunft des Rennsports unklar, und trotzdem war die 500er Klasse nie so gesund gewesen. Die Teams arbeiteten hochprofessionell, das Fernsehen übertrug jedes Rennen, Sponsoren standen Schlange, die Starterfelder waren voll und die Strecken nie so sicher gewesen. Schwere Unfälle, wie der Sturz in Misano, der den Weltmeister Wayne Rainey in Rollstuhl verbannte, sind selten, aber leider wohl unvermeidlich. Das war aber nicht die eigentliche Gefahr für die prestigeträchtige Rennklasse mit den immer teurer werdenden Exoten. Nein, die größte Bedrohung kam von den Superbikes. Diese neue Klasse war billiger und seriennäher, was den Herstellern mehr Werbung für ihre Serienprodukte verhieß.

Die kleineren GP-Klassen

In den kleineren Hubraumklassen sind die Motorräder selbstverständlich langsamer als die in der 500er Klasse. Das heißt aber nicht, daß es dort weniger dramatisch zugeht. Die Variationen im Maschinenmaterial und das Potential mehrerer Fahrer mit Gewinnchancen sind viel größer. Der spannende Anblick eines halben Dutzends 125er, die Runde für Runde sich aneinander klammern und in jeder Kurve gleichsam auf Tuchfühlung gehen, fasziniert die Zuschauer seit Jahren. In Ländern wie Spanien oder Italien genießen große, kleine Fahrer wie Angel Nieto oder Jorge »Aspar« Martinez den gleichen Ruf wie Fahrer in der Königsklasse.

In den letzten Jahren dürfen laut Reglement 125er nur einen Zylinder haben, die 250er zwei. In beiden Fällen können Getriebe mit maximal sechs Gängen verwendet werden. In der Vergangenheit war das Regelwerk viel weiter gefaßt, und dadurch entstanden einige außergewöhnliche Konstruktionen. Hans-Georg Anscheidt holte 1966 den 50er WM-Titel auf einer Suzuki mit zwei Zylindern, 14 Gängen und 17,5 PS bei 17.300 Umdrehungen. In den

60ern folgten viele verschiedene Multizylinder von Honda und MV Agusta. Der japanische Hersteller rollte im Herbst 1964 die legendäre Sechszylinder-RC 166 mit 250 cm³ heraus, sie hatte eine Spitze von 240 km/h. Im Jahr darauf gewann der Schweizer Luigi Taveri den 125er Titel auf einer fünfzylindrigen Honda.

■ Unten: Haruchika
Aoki (12), später Welt-
meister, kommt im
Großen Preis von Spa-
nien 1995 in der 125er
Klasse am besten weg.
Dirk Raudies (4) ist weit
hinterher.

■ Oben: Hans-Georg Anscheidt war dreifacher Weltmeister bei den 50ern und springt hier mit seiner 50 cm∆ Kreidler mit 14 Gängen über Ballaugh Bridge auf der Isle of Man 1964.

■ Unten: Der Südafrikaner Kork Ballington war in den Jahren 1978 und 1979 Doppelweltmeister bei den 250ern und 350ern. Seine Marke: Kawasaki.

Seit einigen Jahren umfaßt die GP-Rennserie nur die Kategorien 125, 250 und 500, es gab aber früher auch eine Klasse für 350er, ebenso auch für 80er, die die 50er-Kategorie ablöste. Früher gingen Fahrer auch in verschiedenen Hubraumkategorien an den Start. In der Saison 1967 fuhr Mike Hailwood für Honda in den 250er, 350er und 500er Klassen. In Assen ist er nach drei Siegen vor Müdigkeit fast vom Motorrad gefallen. Bis die 350er Klasse 1983 eingestellt wurde, starteten Fahrer oft bei den 250er- und 350er-Rennen am gleichen Tag. Kork Ballington und Toni Mang siegten jeweils in beiden Kategorien und wurden Doppelweltmeister, jeweils auf Kawasaki.

Eine der tollsten Leistungen aller Zeiten waren 1985 Freddie Spencers WM-Titel in der 250er und 500er Klasse für Honda. Danach ließ die wachsende Spezialisierung solche Doppelerfolge nicht mehr zu. Die leichte Hand, die heute der Umgang mit den hochgezüchteten 250ern erfordert, läßt sich fast unmöglich mit dem Krafteinsatz und der Konzentration, die für den Umgang mit den mächtigen 500ern notwendig sind, kombinieren. Die 125er und 250er leben von hohen Kurvengeschwindigkeiten, die 500er dagegen müssen »langsam rein, schnell raus« gefahren werden, eine Technik, die Kenny Roberts prägte. Sogar frühere 250er-Weltmeister wie Christian Sarron und Sito Pons hatten nach ihrem Umstieg zu den 500ern Schwierigkeiten, an ihre früheren Erfolge anzuknüpfen. Allerdings haben Fortschritte in der Reifenentwicklung und eine neue Motortechnik den Umstieg in den letzten Jahren leichter gemacht.

Seitenwagenrennen

Moderne Renngespanne haben sehr wenig mit einem konventionellen Motorrad gemeinsam, nicht einmal mit einem Gespann für die Straße. Sie bestehen nicht mehr aus einem Solofahrwerk mit angeschraubtem Beiwagen, sondern sind als eine Einheit konstruiert und aufgebaut. Wie bei einem Formelwagen besteht der Rahmen aus einem Aluchassis, das auf drei kleinen Breitreifen ruht.

So war es aber nicht immer. Als diese Sportart in den 20er Jahren ihre erste Blütezeit erlebte, waren die Gespanne seriennahe Solomaschinen mit Beiwagen. Das erste Gespannrennen auf der Isle of Man 1923 gewann Freddie Dixon. Sein Beifahrer Walter Perry konnte mit

einem Hebel die Maschine entsprechend der Kurvenneigung in Schräglage bringen. Ähnliche Konstruktionen waren damals auch in den USA bei Rundbahnrennen zu sehen. Als der Engländer Eric Oliver 1949 den ersten WM-Titel in dieser Kategorie eroberte, war sein Gespann tiefergelegt und sein Beifahrer Denis Jenkinson konnte in Linkskurven sich aus dem Wagen herauslehnen.

Die meisten Gespannweltmeister kommen aus der Schweiz und Deutschland. Max Deubel und Emil Hörner waren in den 60ern vier Jahre in Folge Weltmeister. Der Schweizer Fritz Scheidegger holte sich zwei WM-Titel und entwickelte auch die Gespanntechnik weiter. Der Deutsche Helmut Fath war 1960

■ *Gegenüber oben links: Rolf Biland (links im Bild) feiert mit Beifahrer Kurt Waltisperg den Sieg beim GP Frankreich 1984.*

■ *Gegenüber ganz rechts: Beifahrer Freddy Henriksen kontrolliert 1970 mit dem Lenkrad die Schräglage, eine Konstruktion, die später verboten wurde.*

■ *Links: Ralf Biland nutzt mehr als die Bahnbreite in dieser Linkskurve 1990.*

■ *Links: Fritz Scheidegger und John Robinson in einer Rechtskurve in Brands Hatch. Die zwei waren 1965 und 1966 Weltmeister.*

■ *Links: Egbert Streuer führt vor Rolf Biland und Markus Eglof in Assens Strubben-Kurve bei der Dutch TT 1988.*

■ *Oben: Die Aussicht von Alain Michels LCR-Gespann auf der Mistral-Gerade in Paul Ricard.*

■ *Unten: Owen Greenwood fuhr 1966 mit einem umgebauten Austin Mini in der Gespannklasse, hier mit Nummer 7 in Mallory Park vor Weltmeister Scheidegger (4).*

Weltmeister auf BMW, verunglückte schwer und gab nach acht Jahren ein spektakuläres Comeback. Mit seinem vierzylindrigen URS-Eigenbau holte er den zweiten Titel.

Die Zweitakter kamen erst in den 70ern, zuerst mit Königmotoren aus Berlin, dann von Yamaha-Aggregaten angetrieben. Das Seymaz-Chassis aus der Schweiz revolutionerte mit seiner Monocoque-Bauweise und Radaufhängung aus der Automobilwelt den Gespannsport. Die neue Spezies war viel tiefer und leichter als noch die Vorgänger mit ihren Rundrohrrahmen und Schwinggabeln.

Der Schweizer Louis Christen entwickelte in den 80ern mit seinem LCR-Chassis das Konzept weiter.

Der größte Fahrer aller Zeiten ist der Schweizer Rolf Biland, der 1994 sieben WM-Titel gewonnen hatte. Er half auch mit der Entwicklung eines zunächst wenig erfolgreichen V4-Motors, der aber später in der Soloklasse unter dem »elf«-Label eingesetzt wurde. Heute gehört die Gespannklasse nicht zu der offiziellen GP-WM, hat aber immer noch eine treue Fangemeinde.

■ *Oben: Drei Ducati in der ersten Reihe _ Carl Fogarty, Doug Polen und Raymond Roche _ bei der WM 1992 in Donington.*

Superbikes

Superbikes haben in den letzten Jahren viel Zuspruch erhalten. Sie sehen Serienmodellen sehr ähnlich und sind auch in der Technik den Straßenmaschinen eng verwandt. Das Reglement setzt enge Grenzen, die zudem strikt kontrolliert werden. Daß die Rennen deshalb sehr spannend ablaufen, versteht sich von selbst. Die Ducati-Zweizylinder konnten sich gegen die japanischen Vierzylinder lange behaupten, und nahezu alle Motorradhersteller engagieren sich in diese Klasse. Fahrer wie Scott Russell und Carl Fogarty haben fast legendäre Kämpfe um die Weltmeisterschaft geführt, Duelle, die jenen in der 500er-WM nicht nachstehen.

Der Sport stammt aus Amerika, wo sich Mitte der 70er Rennen mit seriennahen Motorrädern durchsetzten. Fahrer wie Reg Pridmore, Wes Cooley und Steve McLaughlin kämpften Lenker an Lenker auf ihren BMW, Suzuki und Kawasaki. In den frühen 80ern hießen die neuen Stars Freddie Spencer (Honda) und Eddie Lawson (Kawasaki), beide setzten ihre Vier-

taktkarriere dann auf 500er Werksmaschinen fort. Auch die späteren Weltmeister Wayne Rainey und Kevin Schwantz fingen in der amerikanischen Superbike-Serie an. Übrigens nahmen die GP-Piloten damals die Superbikes und ihre Technik nicht ernst, »Dieselmaschinen« spötteln sie.

Diese Einstellung änderte sich 1988, als der ehemalige Rennfahrer Steve McLaughlin eine Superbike-Weltmeisterschaft organisierte. Steve hatte zwölf Jahre zuvor das allererste Rennen, das für den Titel »Superbike« in der Ausschreibung führte, gewonnen. Ein weiterer wilder Amerikaner, »Flying« Fred Merkel, war

■ *Links: Der Kalifornier Fred Merkel fuhr für das italienische Rumi-Team diese RC 30 zu zwei WM-Titeln.*

■ *Links: Carl Fogarty kämpfte 1994 eine Saison lang hart mit dem amtierenden Weltmeister Scott Russell (Kawasaki, 1), um Ducati den Titel zurückzugeben.*

■ *Unten: Freddie Spencer, hier in Daytona 1980, fuhr eine Vierzylinder-Honda Bol d'Or 900, bevor er GP-Fahrer wurde.*

■ *Ganz unten: Steve McLaughlin wechselte Ende der 70er von BMW zu Suzuki und hatte in den Anfangsjahren mit seiner GS 1000 viele Erfolge.*

der erste Weltmeister in dieser Kategorie, er wiederholte seinen Triumph im Jahr darauf. In beiden Fällen saß er im Sattel einer werksunterstützten Honda RC30. Kein Zweifel, die neue Rennserie war auf Anhieb ein Erfolg. Nach Merkel und Honda übernahm Ducati das Zepter in dieser Kategorie – mit freundlicher Unterstützung des Regelwerks, das Zweizylindermaschinen etwas weniger Gewicht bei bis zu einem Liter Hubraum erlaubte (mithin 250 cm³ mehr als die Vierzylinder). Der Franzose Raymond Roche siegte für Ducati 1990, der Amerikaner Doug Polen 1991 und 1992, ebenfalls für Ducati.

Der wachsende Verkaufserfolg der Italiener überzeugte die anderen Hersteller von der Werbewirksamkeit dieser Rennserie. Entsprechend stieg die Beteiligung der Werke. Scott Russell konnte 1993 für Kawasaki mit der ZXR 750 den WM-Titel holen, wurde aber von Carl Fogarty auf Ducati 1994 abgelöst, der auch 1995 siegte. Honda hatte bis dahin kein großes Glück mit der RC45, dem Nachfolger der RC30, und auch 1996 wurde Ducati Weltmeister, diesmal mit Troy Corser als Fahrer. Mittlerweile waren aber auch Yamaha und Suzuki mit Werksteams aufgetaucht. Gerüchte über weitere italienische Werksteams von Aprilia und Cagiva hielten sich hartnäckig. Der tolle Sport, den diese Rennserie bietet und der direkte Einfluß auf die Verkaufszahlen hat das Niveau der Superbike-WM in den 90ern erheblich gesteigert.

Langstreckenrennen

Kurzstreckenrennen faszinieren durch ihre Geschwindigkeiten und die packenden Überholmanöver. Wird das Rennen aber über 24 Stunden ausgetragen, kommt eine neue Dimension dazu – ohne daß sich das Tempo wegen den langen Distanzen sonderlich verlangsamt, nicht einmal in der Nacht. Reifenwechsel und Tanken können ausschlaggebend sein und werden in nur Sekunden ausgeführt. Bei einem Sturz muß der Fahrer das Motorrad eigenhändig an die Box zurückschieben. Dort warten geschickte Mechaniker, die aus einem Wrack schnell wieder ein fahrtüchtiges Motorrad machen können.

Es ging vielleicht weniger hektisch, aber bestimmt nicht weniger dramatisch zu, als im Jahre 1922 außerhalb von Paris das allererste Langstreckenrennen mit dem Namen »Bol d'Or« ausgetragen wurde. Der Sieger legte mit seiner 500er Motosacoche damals schon 1206 Kilometer zurück. Schon 1930 lockte Bol d'Or, jetzt auf der Rennstrecke Monthléry westlich von Paris veranstaltet, mehr als 50.000 Zuschauer und war damit für Hersteller und Industrie sehr interessant. Der bekannteste und härteste Fahrer war Gustave Lefèvre, der mit einer Norton Manx fünf Mal und nach 1954, als ein zweiter Fahrer erlaubt wurde, weitere zweimal siegte.

In den 70ern duellierten sich in der Langstreckenszene die großen Sportmaschinen. Ein Dreizylinder von BSA/Triumph siegte 1970 und 1971, danach übernahmen Vierzylinder von Honda und Kawasaki die Macht. Teams mit Fahrern wie Godier/Genoud und Chemarin/Léon fuhren Maschinen mit werks-

■ Unten: Langenstreckenrennen fangen immer mit einem Spurt über die Rennstrecke an. Die schnellsten des Zeitttrainings stehen links in dieser Aufnahme von Le Mans 1987.

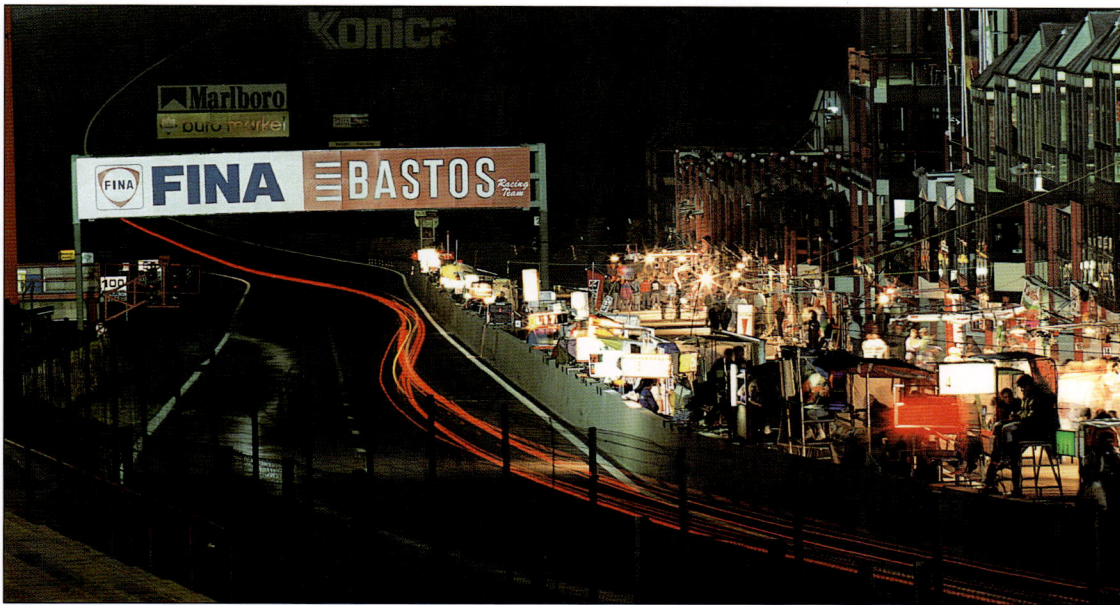

■ Rechts: Langstreckenass Jean-Claude Chemarin war für Honda und Kawasaki siegreich, hier mit einer 1000er Kawasaki beim Bol d'Or 1983 unterwegs.

■ Ganz rechts: Honda RVF 750 V4 dominierte die Szene Mitte der 80er und diente so als Basis für das spätere Serienmodell RC30.

präparierten Motoren bis zu einem Liter Hubraum. Die Experimentierfreude war unter Langsteckenfahrern sehr groß und viele Innovationen flossen später in die Serienfertigung ein.

Heute sind für 24-Stunden Rennen drei Fahrer erlaubt. Die Motorräder waren zunächst auf 750 cm³ begrenzt, danach entsprechend des gültigen Superbike-Reglements. Leider verschwanden damit auch die wildesten Experimente und Prototypen. Obwohl das Zuschauerinteresse oft schwankt und das dabei Gebotene nicht immer Weltmeisterschaftsniveau hat, sind die großen Klassiker (Le Mans im Frühjahr und Bol d'Or im Herbst) sowohl bei Werksteams wie Zuschauern gleichermaßen beliebt. Das 8-Stunden-Rennen im japanischen Suzuka hat oft über 100.000 Zuschauer, die den spannenden Kampf zwischen den stärksten Werksteams gespannt verfolgen.

■ Rechts: Rennen werden oft an der Box gewonnen oder verloren, wie Scott Russell 1994 bei den 8 Stunden von Suzuka bitter feststellen mußte, wo er den Sieg um eine dreiviertel Sekunde verpaßte.

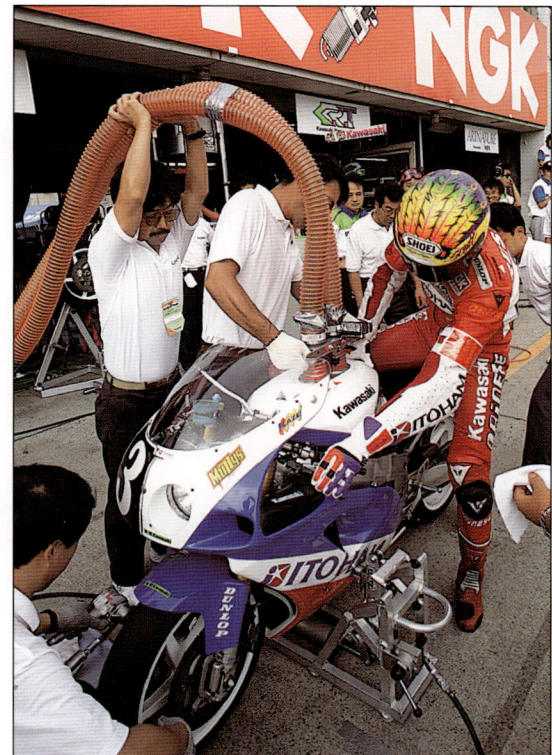

Motocross

Heute ist Hallencross genauso üblich wie Motocrossrennen über eine natürliche Piste mit Staub, Sand und Lehm. Der alte englische »Scrambling«-Sport entwickelte sich nach dem Krieges zum Motocross, und das Hallencross mit seinen fast zirkusartigen Schaustücken von Artisten in papageienbunter Kleidung ist ein würdiger Nachfolger. Die Kunststückchen scheinen manchmal die Schwerkraft zu überwinden.

Seit dem ersten Geländerennen 1924 ist der Umzug in Hallen und Sportarenen nicht die einzige Veränderung, die der Sport gesehen hat. Im allerersten Jahr wollte eine Enthusiasten-Gruppe im südenglischen Surrey eine Art Trial veranstalten, aber ohne Sektionenbewertung, wie man das in Yorkshire so machte. Dann durfte die Veranstaltung allerdings nicht Trial genannt werden und ein Teilnehmer meinte, es würde wohl ein »scramble«, ein Durcheinander geben. Das war die Geburtsstunde einer neuen Sportart.

Ende der Vierziger verbreitete sich das Scrambling von England aus über ganz Europa, 1947 wurde die erste Mannschaftwertung ausgetragen. Je fünf Mann aus Frankreich, Belgien, Holland und England nahmen bei diesem ersten »Moto-Cross des Nations« teil. In den 60ern und 70ern dominierten Belgier und Schweden jenen Sport, die bekanntesten Vertreter waren Joel Robert, Roger de Coster und Torsten Hallman.

Jetzt hieß die Disziplin zwar »Motocross«, unterschied sich aber nicht vom altehrwürdigen »Scrambling«. Ende der 60er Jahre fuhren die Stollenreiter auch in den USA. Die Amerikaner sahen allerdings noch viel mehr Möglichkeiten: der erste Hallencross fand 1972 im Olympic Coliseum in Los Angeles statt.

Damit war das »Supercross« geboren, und vier Jahre später kämpften die Amerikaner sogar bei acht Veranstaltungen um einen natio-

■ *Oben: Kurt Nicholl, mehrfacher britischer Crossmeister und führender GP-Fahrer springt mit seiner Werks-Honda in seinem typischen, beinahe spielerisch zu nennendem Fahrstil.*

■ *Links: Greg Albertyn aus Südafrika siegte 1994 mit dieser Suzuki in der 250er Cross—WM. Die langen Federwege sind für die hohen Sprünge notwendig.*

■ *Rechts: Der dreifache Weltmeister Dave Thorpe nutzt den aufgeworfenen Sand als Banking in der Kurve.*

nalen Titel in dieser Disziplin. Die Zuschauer strömten in Massen, und Hallencross war plötzlich das größte Forum dieser Sportart. In den zwei vergangenen Jahrzehnten haben Amerikaner mehr und mehr Einfluß auf den Sport gewonnen. Namen wie Bob Hannah, Rick Johnson und Jeremy McGrath sind mittlerweile nicht nur Insidern ein Begriff. Die amerikanischen Sportler waren aber nicht nur in überbauten Sporthallen gut, sondern siegten im Moto-Cross des Nation 13 Jahre lang, von 1981 bis 1993, in Folge. Heute hat sich Hallencross auf der ganzen Welt verbreitet, die berühmteste Veranstaltung findet in Bercy, Paris, jeweils im November statt, ein Spektakel mit Feuerwerk und viel Action.

■ *Links: Der französische Supermotard-Sport, eine Kombination aus Cross und Straßensport, hat sich über die Grenzen Frankreichs hinaus verbreitet. Hier Gilles Salvador auf Circuit Carole.*

■ *Unten: Die erste Kurve nach dem Start ist reine Nervensache. Jeder kämpft um die gleiche Spur auf dem tückschen Untergrund.*

Trial, Enduro und Wüstenrennen

Das niedrige Gewicht einer Trialmaschine und Reifen mit sehr wenig Luftdruck erlauben es, ein Gelände zu bewältigen, das nicht einmal eine Gemse besteigen könnte, geschweige denn ein Motorrad. Senkrechte Felswände oder mannstiefe Löcher, aber auch künstliche Hindernisse wie Drainagerohre gehören zu den Herausforderungen, denen sich ein Trialfahrer zu stellen hat. Manchmal bleiben die Fahrer stehen, ohne einen Fuß auf den Boden zu setzen, hüpfen herum und studieren die Sektion haargenau, bevor sie losfahren. Fehlerpunkte gibt es, wenn die Füße den Boden berühren oder bei Stürzen.

Moderne Sektionen bewerten die Geschicklichkeit des Fahrers, aber um die Jahrhundertwende war es ein Test der Maschinen. Zu den berühmtesten Veranstaltungen gehört der Scottish Six Days Trial, schon 1910 das erste Mal ausgetragen. Die Veranstaltung lockt noch heute Teilnehmer aus aller Welt, obwohl sie nicht mehr zur WM zählt. Auf den Heiden von Yorkshire findet er statt, anfangs eine geschlossene Veranstaltung für Angestellte im örtlichen Scott-Werk.

Der berühmteste Trialfahrer in den 50ern und 60ern war zweifellos Sammy Miller. Der Ire gewann über 1000 Trial-Veranstaltungen, darunter fünf Mal die Scottish Six Days. Und seine Leichtgewicht-Ariel mit dem Kennzeichen GOV132 wurde fast so berühmt wie er selbst. Mitte der 60er entwickelte Miller Trialmaschinen für Bultaco, vor allem die Sherpa 250, die endgültig die Herrschaft der Viertakter brach. Aus Spanien kamen später weitere ruhmreiche Marken wie Gas-Gas und Montesa. Zu den erfolgreichen spanischen Fahrern gehört der mehrfache Weltmeister Jordi Tarrés. Auch Honda hat sich in dem Sport einen Namen gemacht, wie auch Aprilia und Beta. Enduroveranstaltungen befinden sich irgendwo zwischen Trial und Motocross, im Grunde ein Rennen gegen die Uhr mit für die Straße zugelassenen Motorrädern. Der Fahrer muß dabei eine strikte Zeitlimit einhalten und in der Zeit auch nötige Reparaturen vornehmen. Hier

■ Links: Anfang der 60er lösten kleinere Zweitakter, wie diese 250er Greeves Anglian, die Viertakter im Trial ab. Mit diesem Motorrad siegte Bill Wilkinson im Scottish Six Days Trial 1969.

■ Links: Enduroveranstaltungen werden sogar mit Gespannen bestritten, auch wenn es so aussieht wie hier bei der Zweitagefahrt in Llandrindod Wells in Wales.

ist die größte Veranstaltung die International Six Days Enduro ISDE: Sechs Tage über schwerstes Terrain, wobei Mannschaften aus der ganzen Welt an den Start gehen.

Zu den Geländedisziplinen zählen auch Wüstenrennen wie die legendäre Rallye Paris-Dakar. Seit 1997 starten die Teilnehmer in Afrika, und heißt eigentlich auch anders, doch im Volksmund bleibt man bei der alten Bezeichnung. Diese Veranstaltungen sind die Domäne

großer, zweizylindriger Viertakter mit langen Federwegen und zusätzlichem Benzinbehälter am Heck plus Satellitennavigationssystem. Die Fahrer legen in drei Wochen über 10.000 Kilometer zurück, zum Teil in der Sahara. Meistens kommt nur ein Drittel ins Ziel. Andere bekannte Wüstenrennen sind die Pharaonen-Rallye in Ägypten und Baja California in Mexiko. Viele Motorradhersteller haben im Programm Modelle, deren Namen auf solchen Rennen anspielen, wie Honda mit der Africa Twin oder Yamaha mit der Ténéré. In der Regel handelt es sich dabei um sogenannte Reiseenduros. Die erfolgreichsten Erscheinungen, die GS-Modelle von BMW konnten fünf Siege beim Marathon Paris-Dakar verbuchen. Diese Motorräder haben in der Szene neue Maßstäbe gesetzt.

■ Gegenüber: Der fast unschlagbare Jordi Tarrés aus Spanien holte sich 1995 seinen siebten WM-Titel mit einer Gas-Gas.

■ Rechts: Im Stehen durch die Sahara: Stephane Peterhansel mit einer zweizylindrigen Yamaha ist ein alter Rallyefuchs und war schon mehrmals ganz vorne mit dabei – wie auch bei der Paris-Dakar 1994.

Speedway, Sandbahn und Eisspeedway

Speedwaymaschinen haben mit anderen Motorradtypen kaum etwas gemeinsam. Sie sind ausschließlich für Rundstrecken mit Linkskurven und einer Rundenlänge von etwa 400 Metern konstruiert, Die Einzylinder-Viertaktmotoren haben einen Hubraum von 500 cm³, laufen mit Methanol und übertragen ihre Leistung über nur eine einzige Übersetzung ans Hinterrad – ein Getriebe im eigentlichen Sinne fehlt. Die Vorderradfederung ist nicht der Rede wert, eine Hinterradfederung fehlt ganz. Bremsen gibt es auch keine und die einzige Fußraste – auf der rechten Seite – sitzt sehr tief und erlaubt dem Fahrer die typische Driftposition.
Der Sport kam im Australien der 20er Jahre auf und schwappte dann nach England, wo in Essex 1928 das erste Rennen stattfand. Speedway ist in Europa ein Teamspor, ein Match findet zwischen zwei Mannschaften statt, mit je zwei Fahrern in jedem Heat, das über vier Runden läuft. Höhepunkt der Speedway-Saison war das Weltfinale um den WM-Titel in der Fahrerwer-

tung, das bis 1995 ausgetragen wurde. In den 50ern und 60ern siegten der Schwede Ove Fundin und der Neuseeländer Barry Briggs je fünf Mal. Ivan Mauger, ebenfalls Neuseeländer, hält den Rekord und holte sich 1979 seinen sechsten WM-Titel. Heute wird der Fahrer-Titel in einer Serie von GP-Rennen ermittelt.
Sehr ähnlich sind Langbahnrennen, vor allem in Deutschland populär. Diese Strecken sind län-

■ Links: Der Däne Tommy Knudsen auf seiner einzylindrigen Weslake demonstriert in dieser Kurve die hohe Kunst des Driftens.

ger und die höheren Geschwindigkeiten verlangen Motorräder mit Zweigang-Getriebe. In den 70ern war Ivan Mauger dreimal Weltmeister, der erfolgreichste Fahrer war aber der Engländer Simon Wigg, der 1994 seinen fünften Titel gewann. Gras- und Sandbahnrennen sind dem Speedway gleichermaßen ähnlich, bieten aber wegen des ständig wechselnden Bodenbelags den Zuschauern mehr Drifteinlagen.

Ganz verrückt ist Eisspeedway, ausgetragen auf gefrorenen Seen oder Kunsteisbahnen. Die Reifen mit ihren langen, spitzen Spikes erlauben sehr starke Schräglagen und die Fahrer stützen sich mit dem linken Knie in den Kurven ab. Dabei liegt das Motorrad fast horizontal. Obwohl die Spikes zum größten Teil abgedeckt sind, führen die spektakulären Stürze nicht selten zu durchgerissenen Kombis und Folgeverletzungen bei den Fahrern. Das Eisspeedway wurde in der Vergangenheit meist von russischen Fahrern dominiert. Überhaupt erfreut sich dieser Sport in ganz Osteuropa und in Skandinavien größter Beliebtheit.

Japan hat eine eigenartige Art von Rundbahnrennen: Autorace. In jedem Rennen auf der betonierten Piste nehmen acht Fahrer mit 600 cm³ ein- oder zweizylindrigen Viertaktmaschinen teil und erreichen Geschwindigkeiten von bis zu 200 km/h. Die Fahrer können astronomische Summen verdienen, oft so viel wie GP-Stars in der Straßen-WM. Die Zuschauer wetten, etwa nach dem gleichen System wie bei Pferderennen. Um Manipulationen zu verhindern, werden die Fahrer vor einem Rennen von der Öffentlichkeit abgeschottet.

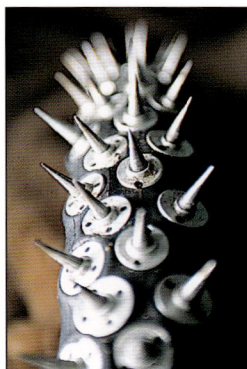

■ Oben: Besser kann der dramatische Fahrstil mit den gewaltigen Schräglagen beim Eisspeedway nicht demonstriert werden als von diesen drei Fahrern.

■ Links: In Eisspeedway wird nicht gedriftet. Die Spikes beißen sich im Eis fest und geben Grip ohne Ende. Bei Unfällen bedeuten sie allerdings für den Fahrer eine zusätzliche Gefahr.

■ Unten: Die kurzen Heats beim Speedway machen den Start besonders wichtig. Wer zuerst wegkommt, ist oft der Sieger.

Dirttrack und Hillclimbing

Der spektakulärste Sport in den USA ist Dirttrack, besonders auf den Meilenovalen – 1,6 Kilometer lang –, wo bis zu 16 Fahrer auf großen Harley-Davidson ohne Vorderradbremsen herumdonnern. Die V-Motoren produzieren fast 100 PS und die Hinterreifen werfen in den Kurven wilde Sandfontänen hinter sich, wenn die Fahrer mit fast 160 km/h ihre Maschinen querstellen. Auf den Geraden erreichen sie Rad am Rad fast 200 km/h. Die amerikanische Motorföderation (AMA) veranstaltet den Kampf um den Nummer Eins-Titel und die Fahrer müssen in der Meisterschaft auch Half Mile- und Viertel-Meilen-Rennen fahren, also 800 bzw. 400 Meter zurücklegen. Bei letzteren werden 600er Einzylinder verwendet. Zu der Meisterschaft gehören auch TT-Rennen, eine Mischung aus Motocross und Dirttrack.

Das Dirttrack fing auf Pferderennbahnen vor dem Ersten Weltkrieg an. Die erste Nennung für Harley-Davidson war am 5.Juli 1914 zu den 300 Meilen in Dodge City, Kansas. In den 30ern

■ Oben: Jay Springsteen (1) führt mit seiner XR 750 Harley-Davidson und nutzt den aufgeworfenen Sand als Banking, um schneller um die Kurve zu kommen.

gehörte der Sport zu den populärsten amerikanischen Sportarten überhaupt, doch erst 1946 veranstaltete man eine nationale Meisterschaft. Der Titel wurde nach einem Rennen, dem Springfield Mile, vergeben. Erster Titelträger war der Norton-Fahrer Chet Dykgraff. 1954, dem ersten Jahr, als der Titel nach mehreren Rennen vergeben wurde, gewann der Harley-Fahrer Joe Leonard. Seitdem beherrscht Harley-Davidson diese Szene und hat nur einige wenige Male den Titel abgeben müssen.

Die berühmteste Dirt Track-Maschine ist die Harley-Davidson XR 750, 1970 vorgestellt und seitdem gleich dutzendfach in den Siegerlisten vertreten. Unter dem mehrfachen AMA-Meister Scott Parker feierte die XR die spektakulärsten Triumphe. Honda blies 1984 mit dem speziell gebauten RS 750 V-Zweizylinder zur Attacke und holte den Titel vier Jahre hintereinander. Als die AMA neue Regeln einführte, die zur Drosselung der Honda-Leistung führten, zogen sich die Japaner zurück, Harley war wieder ganz vorne.

Ein ähnliches Schicksal erlebte auch das größte Dirt Track-Monster aller Zeiten, ein Vierzylinder-Zweitakter, der auf der erfolgreichen TZ 750, einer Yamaha-Rennmaschine, basierte. Immerhin siegte Kenny Roberts damit beim Indianapolis Mile 1975. Zum Ende der Saison wurde die Zylinderzahl im Regelbuch auf zwei Zylinder begrenzt, und nicht einmal Kenny Roberts beschwerte sich...

■ *Links: Europäische Bergrennen führen oft durch wunderschöne Landschaften, wie hier in Devon in England.*

■ *Unten: Die erfolgreichste Maschine überhaupt in der amerikanischen Dirt Track-Szene, die Harley-Davidson XR 750.*

■ *Gegenüber: Scott Stump plaziert seine linke Hand beim Herausbeschleunigen am Gabelholm und verbessert so seine Aerodynamik.*

Bis 1986 gehörten auch Straßenrennen zu der AMA-Meisterschaft, erst danach wurden die Serien getrennt ausgetragen. Angeblich waren die Erfahrungen aus dem Dirt Track, die perfekte Beherrschung von Slides und Drifts, für die späteren Erfolge von Fahrern wie Roberts, Eddie Lawson und Wayne Rainey nicht unwichtig gewesen. Eine andere typisch amerikanische Sportart sind Hillclimbs. Dabei gilt es, eine Steilstrecke zu bewältigen. Die schnellste Zeit ist nicht ausschlaggebend, da die meisten Fahrer die Spitze überhaupt nicht erreichen können, denn die Strecken werden zum Schluß immer steiler und sorgen für manch spektakulären Abstieg. Strecken wie Widowmaker (»Witwenmacher«) erfordern den Einsatz von sehr langen Motorrädern mit Schneeketten hinten. Hillclimbs haben also nichts mit der europäischen Form der Bergrennen zu tun, wo die Fahrer eine asphaltierte Strecke auf Zeit bewältigen.

■ *Oben: Ricky Graham, Bubba Shobert und andere hatten mit der Honda RS 750 viele Erfolge. Eine unnötige Regeländerung zwang die Marke zu Aufgabe.*

■ *Rechts: Kenny Roberts siegte 1975 auf der Meile in Indianapolis mit diesem vierzylindrigen Zweitaktmonster auf Basis der TZ 750.*

Dragrennen

Die schnellste und brutalste Form des Motorsports sind Dragsterrennen – ein Duell geradeaus zwischen zwei Fahrzeugen vom Stillstand bis ins eine Viertelmeile (402 m) entfernte Ziel. Die schnellsten Top Fuel-Dragster liefern fast 1000 PS und bewältigen die Distanz in nur 6,5 Sekunden. Dabei erreichen sie Geschwindigkeiten von 350 km/h – etwa die gleiche Zeit, die ein moderner Sportwagen benötigt, um von Null auf 100 km/h zu beschleunigen. Um das Vorderrad am Boden zu halten und die Leistung des Hinterrads auf den Boden zu bringen, sind die Fahrwerke sehr lang ausgelegt und mit sehr dicken Hinterradwalzen versehen. Ein Wheelie-Bar hinter dem Motorrad hindert es am Überschlag. Dragrennen kommen selbstverständlich aus den USA, wo noch heute die schnellsten Zeiten ausgefahren werden. Der Sport erfreut sich allerdings seit zehn Jahren einer wachsenden Beliebtheit auch in Europa. In den frühen Jahren kämpften Harleys V-Twins gegen leichtere Triumph, aber ab 1970 übernahmen japanische Motoren mehr und mehr die Regie, als zuerst der Kalifornier Russ Collins zwei- und sogar dreimotorige Hondas baute. Ein anderer Star aus den 70ern war der Holländer Henk Vink, genannt »Big Spender«. Er gewann mit seiner 400 PS starken Kawasaki viele Rennen. Die hohe Motorleistung zerreißt gelegentlich die Motoren, viele Ersatzteile und ein großes Budget sind deshalb unerläßlich.

Heute wird gern mit sogenannten »Billets« gearbeitet, Sondergußteile, die nur für diesen Zweck hergestellt werden. Als Billet sind sämtliche Motorteile einer Harley-Davidson zu haben, ebenso auch Motorblöcke für Vierzylinder. Inzwischen gibt es auch eine Vielzahl von professionellen Dragsterfahrern, besonders in Amerika.

Zuschauer mögen auch Funny Bikes beson-

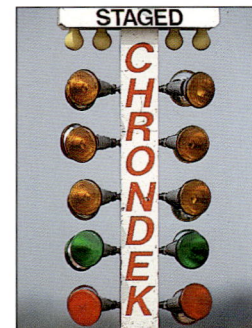

■ Oben: Die Lichter flammen nacheinander auf. Die Reaktionsfähigkeit des Fahrers ist dabei entscheidend.

■ Unten: Terry Vance rollt zur Startline. Mit seiner superschnellen Suzuki agierte er in den 80ern erfolgreich.

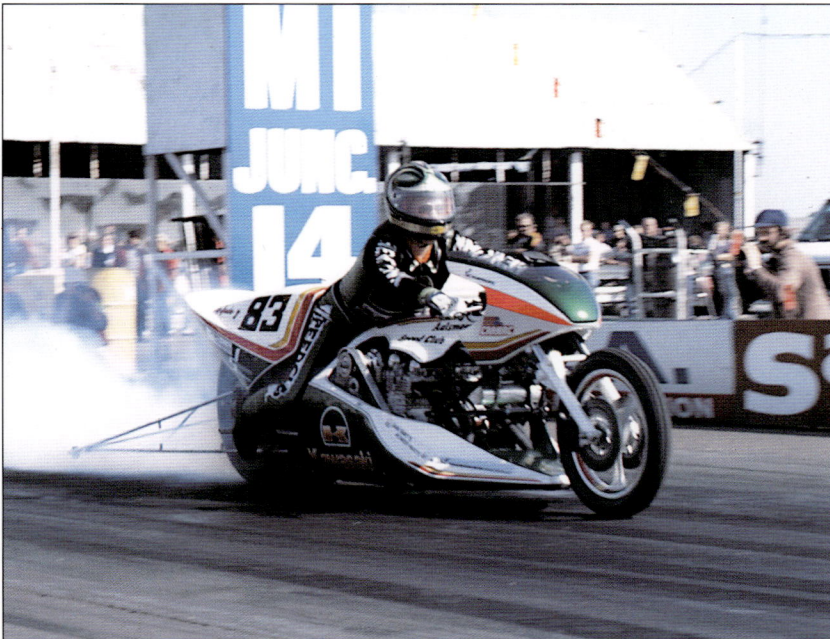

■ *Links: Der Holländer Henk Vink war mit seiner Kawasaki der bekannteste Dragfahrer im Europa der 70er: Immer spektakulär, immer erfolgreich.*

■ *Unten: Unter der Schale arbeitet ein Suzuki GSX-Vierventiler, aber im Motor selber sind kaum Serienteile zu finden.*

■ *Unten: Zweizylinder-Konstruktionen wie dieser doppelte Weslake-Dragster des Engländers John Hobbs, dominierten die britische Szene in den 70ern, sind aber heute nicht mehr erlaubt.*

ders gerne, Spezialmaschinen, die, oberflächlich betrachtet, die Optik eines Serienmodells aufweisen. Diese Wölfe im Schafspelz sind in der Regel allerdings mit Turboladern bestückt und wollen mit Nitro gefüttert werden. Die Klasse Pro Stock ist seriennäher, dort werden die Motoren mit Benzin getrieben. Selbstverständlich gibt es außerdem auch Klassen für

Serienmotorräder, die, ohne High-Tech-Tuning, auch ganz ordentlich gehen und im oft noch vom Tempolimit geplagten Amerika dem Besitzer die Chance geben, seinen Geschwindigkeitsrausch ganz legal zu genießen.

Rekordfahrten

Die absolut schnellsten Motorräder sind Spezialmaschinen für regelrechte Rekordfahrten, Spezialmaschinen mit nur einer Aufgabe, nämlich der, schnell zu sein. Hier ist die Aerodynamik genauso wichtig wie die Motorleistung, und nur die Allerschnellsten begeben sich auf den öden Salzseen von Bonneville in Utah, USA, auf Rekordjagd. In diesen zigarrenförmigen, vollgekapselten Projektilen liegt der Fahrer, mit den Füßen voraus, auf dem Rücken.

Die Motorräder waren technisch noch etwas unkomplizierter, als William Cook 1909 mit seiner NLG mit Peugeot-Motor 122,14 km/h in Brooklands erreichte und damit den ersten offiziellen Rekord aufstellte. Der Indian-Fahrer Jake de Rosier erhöhte an gleicher Stelle zwei Jahre später auf 143,06 km/h, wurde aber kurz danach vom Matchless-Gründer Charles Collier mit 146,92 km/h geschlagen. Indian holte 1920 den Rekord zurück, als Ernie Walker in Daytona Beach 167,36 km/h fuhr. Dieser Wert gilt als der erste offizielle Weltrekord,

da die Teilnehmer erst jetzt innerhalb einer gewissen Zeit die Meßdistanz in beiden Fahrtrichtungen durchquert hatten.

In Europa fanden in den 30ern regelrechte Rekordschlachten statt. Ernst Henne fuhr für BMW mehrmals neue Rekorde, seine Spitzennotierung von 1937 blieb mit 279,21 km/h fast 14 Jahre ungeschlagen. Sein größter Rivale war der Engländer Eric Fernihough, der etwas früher in jenem Jahr mit einer Brough Superior

■ *Links: In den 30ern fuhr Ernst Henne für BMW mit einer Kompressormaschine mehrere Rekorde auf den damals neuen Autobahnen nach Hause.*

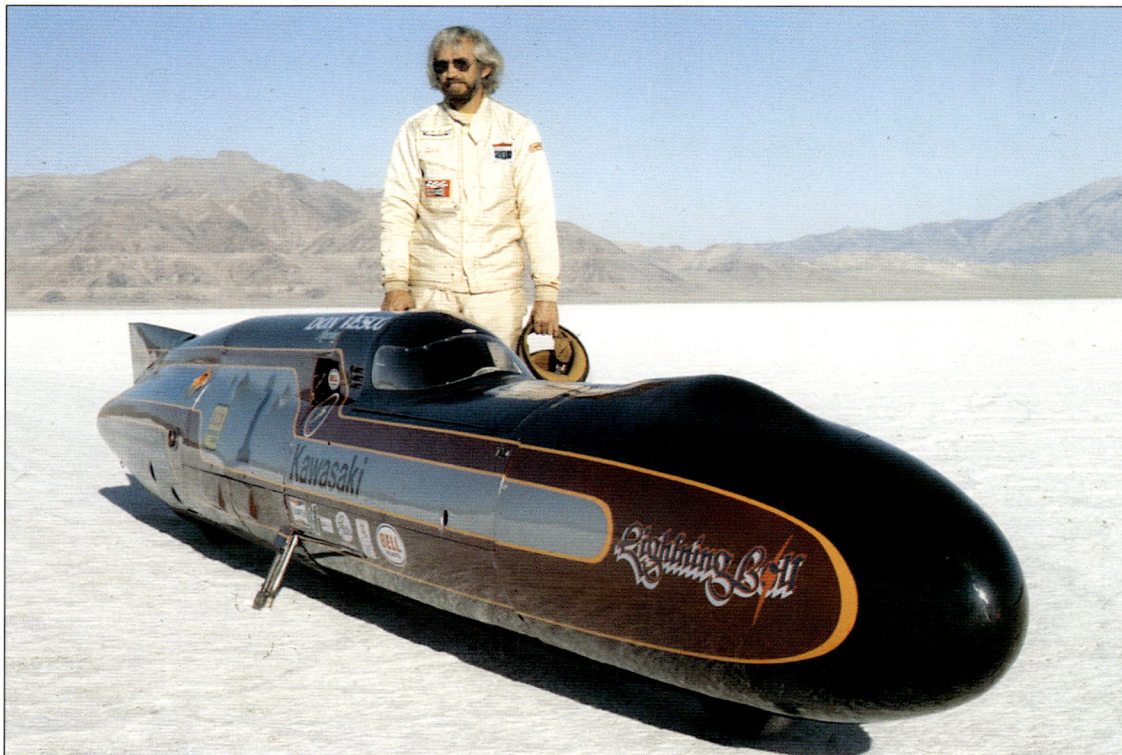

■ *Gegenüber: Bob Leppan 1966 auf der London Motorcycle Show mit seinem Gyronaut X-1. Der Motor stammt aus einer Triumph 650, die Geschwindigkeit betrug 395,2 km/h.*

■ *Links: Don Vesco auf dem Salzsee hinter seinem Lightning Bolt mit doppelten Kawasaki-Motoren. Sein Rekord von 1978 lag bei 512,5 km/h.*

mit JAP-Motor und Kompressor 273,09 km/h schaffte. Ein Jahr später kam er ums Leben, als er bei Tempo 290 die Kontrolle über seine Maschine verlor.

Wilhelm Herz fuhr 1956 mit einer aufgeladenen 500er NSU 340,2 km/h und war damit der erste, der die 200 mph-Hürde überwand. Ein Jahr zuvor hatte der Amerikaner Johnny Allen mit einer zweizylindrigen Triumph 650 die 300 km/h-Marke geknackt, doch sein Rekord von 311 km/h wurde wegen einer geringen Regelwidrigkeit nicht als Weltrekord an-

■ Oben: Bert Munro aus Neuseeland baute in Eigenarbeit diesen Munro Special auf, wobei als Organspender eine Indian 596 Scout von 1920 diente. Er schaffte 1967 damit 295,3 km/h – die schnellste Indian der Welt!

■ Rechts: Bert Le Vack mit seiner Brough Superior SS 100 Pendine V-Twin, mit der er in den 30ern mehrere Rekorde aufstellte.

■ Unten: NSU Delphin III, die Rekordmaschine von 1956. Daneben, zum Vergleich, die Rennmaschine, aus der der Motor stammt.

zwei Motoren und kam auf 2400 cm³. Dave Campos saß in ihrem Liegestuhl, den Versuch hatten die Leser der Zeitschrift *Easyrider* gesponsert. Der dabei erzielte Rekord von 518,19 km/h stand auch 1997 noch.

erkannt. Trotzdem machte Triumph damit sehr viel Werbung und die Bonneville wurde später zum berühmtesten Modell des Herstellers.

In den letzten Jahren tobte der Kampf auf dem Salzsee zwischen Harley-Davidson und Japan. Der Amerikaner Don Vesco brachte 1970 seine Stromlinien-Zigarre mit zwei Yamaha TZ 700-Rennmotoren auf 404,8 km/h. Einen Monat später notierte sein Landsmann Cal Rayborn 427, 26 km/h, ihn katapultierte ein 1480 cm³ Harley-Davidson-Motor nach vorn. Vesco stellte 1978 mit 512,5 km/h einen neuen Rekord auf. Sein Lightning Bolt wurde von zwei Kawasaki Z 1000-Triebwerken mit Turbo befeuert. Harley-Davidson holte 1990 den Rekord zurück, die Harley-Rakete trug

Zweiter Teil

Motorräder von A bis Z

Auf den folgenden Seiten werden die wichtigsten Motorradhersteller präsentiert, seit Gottlieb Daimler 1885 seinen Reitwagen auf die Räder stellte. Wir haben nicht versucht, alle Namen aufzulisten, da es schier unmöglich ist. Die Geschichte ist voll von Namen, die nur einzelne Motorräder bauten und dann wieder verschwunden waren, oft vor dem Jahre 1930. Hier finden wir Firmen wie Abako, Abbotsford, ABC, Scootamota, Abendsonne, Aberdale und Abe-Star.

Die wichtigsten Marken und ihre größten Verkaufserfolge – und einige Mißerfolge – sind aber zumindest erwähnt, von AJS und Bimota zu Yamaha und Zündapp. Dazwischen wird die Geschichte einer Industrie erzählt, mit vielen großen Erfolgen und herben Rückschlägen, eine Industrie, die einige wunderschöne Motorräder produziert und dadurch Enthusiasten auf der ganzen Welt begeistert hat. Einige dieser Motorräder waren intelligente, zukunftsweisende Konstruktionen, andere sahen einfach nur gut aus. Die Meisterstücke verknüpften beide Eigenschaften miteinander, boten Design und Leistung zugleich und vermittelten so ihren Fahrern dieses besondere Gefühl, das es nur auf einem Motorrad geben kann.

AJS

AJS MODEL 30

Wie die meisten Straßenmodelle von AJS litt auch das Model 30, eine 600er, die Ende der 60er Jahre gebaut wurde, unter einer Persönlichkeitspaltung. Das identische Motorrad gab es auch als Matchless mit der Modellbezeichnung G11, nur mit anderem Auspuff, Lack und Emblem versehen. Matchless in London hatte AJS in Wolverhampton schon 1931 übernommen. Das neue Unternehmen ging 1938 seinerseits in den AMC (Associated Motor Cycles) auf, die Namen AJS und Matchless blieben aber, sehr zur Freude der Markenfreunde, erhalten.

AJS war ursprünglich von A.J. Stevens um die Jahrhundertwende gegründet worden und siegte 1914 bei

AJS MODEL 30 (1957)	
Motor	Luftgekühlter 2-Ventiler Ohv-Parallel-Zweizylinder
Hubraum	593 cm3 (72x72,8 mm)
Leistung	33 PS/6800 U/min
Gewicht	180 kg
Spitze	152 km/h

der Junior TT. Die größten Rennerfolge stellten sich aber erst viel später ein, 1949 gewann Les Graham die allererste 500er-Weltmeisterschaft mit dem Porcupine-Zweizylinder.

Die populärste AJS-Rennmaschine war die einzylindrige 350er 7R, zuerst als »Boy Racer« bekannt. Vorgestellt

1948, wurde die AJS 7R sehr erfolgreich und erschien später, mit mehr Hubraum, als Matchless G 50.

Die meisten Serienmodelle waren weniger spektakuläre Ein- und Zweizylinder, wie die fast quadratisch ausgelegte und sehr laufruhige Model 30. Ihre Höchstleistung betrug zwar nur etwa 33 PS, der Twin lief aber mühelos, zuverlässig und vibrationsarm 110 km/h, und das den ganzen Tag lang. Das Handling ging in Ordnung, insgesamt war die Maschine ein sehr komfortables Reisemotorrad. Weitere Pluspunkte bestanden in der Wirtschaftlichkeit und der hohen Verarbeitungsualität. Leider konnten solche Eigenschaften die Marke nicht am Leben halten. Schlechte Verkaufszahlen ließen 1967

■ *Unten: Die AJS »Boy Racer« machten sich in den 50ern einen guten Ruf. Diese Werksmaschine von 1954 hat zwei Auslaßventile, deshalb die Bezeichnung 7R/3.*

■ *Unten: Zu den bekanntesten AJS der 20er Jahre gehört dieser »Big Port«, ein Einzylinder mit einem Hubraum von 350 cm³.*

AMC – also AJS und Matchless – zum Teil der Norton-Villiers-Gruppe. Danach folgten einige AJS mit Norton-Teilen, der Erfolg blieb aber aus, und kurze Zeit später schlossen die Werkstore endgültig.

ANDERE MARKEN

ACE

Das bekannteste unter mehreren ABC-Modellen der 20er war ein 398 cm³ Zweizylinder-Boxer, den der Flugzeughersteller Sopwith gebaut hatte. Diente angeblich als Vorbild für die erste BMW, die Unzuverlässigkeit des Motors führte aber zu einem frühen Tod.

Der Amerikaner Bill Henderson gründete diese Marke, nachdem er 1917 seine Firma Henderson an Schwinn verkauft hatte. Er produzierte dann Henderson-ähnliche Vierzylinder. Bekanntestes Modell war die XP-4, die mit 209 km/h 1923 einen Geschwindigkeitsrekord aufstellte. Die Rechte wurden später an Indian verkauft, die den Vierzylinder als Indian Four vermarktete.

ADLER

Adler baute ab 1902 Motorräder, konzentrierte sich allerdings kurz darauf auf Fahrräder und Autos. Erst 1949 baute man in Frankfurt wieder Motorräder. Das populärste Modell war die MB 250, ein luftgekühlter Zweizylinder-Zweitakter. Trotz Erfolge in Straßen- und Enduroren-

■ *Oben: Die Vierzylinder-ACE von 1923 gehörten zu den schnellsten Rennmaschinen ihrer Zeit.*

nen führten nachlassende Verkaufszahlen zu der Übernahme durch Grundig, und heute ist der Name nur noch auf Büromaschinen zu finden.

AERMACCHI

Der ehemalige Flugzeugsteller am Lago Varese in Norditalien baute in der Nach-

kriegszeit einige schöne 250er- und 350er-Einzylinder. Die 160 km/h schnelle 250er Ala d'Oro erschien 1959. Nach der Übernahme durch AMF (Besitzer von Harley-Davidson) wurde die Produktion schrittweise in den 60ern auf Zweitakter umgestellt. Walter Villa siegte zwischen 1974 und 1976 vier Mal in der 250er- und 350er-WM auf Zweizylinder-Rennmaschinen. Zwei Jahre danach wurde die Marke von den Brüdern Castiglioni gekauft und in Cagiva umbenannt.

Oben: Eine Einzylinder-Aermacchi 350 stellte für viele Privatfahrer eine gute Alternative zu den britischen Rennmaschinen Mitte der 60er Jahre dar.

🏍 # APRILIA

APRILIA RS 250

Im letzten Jahrzehnt gehörte Aprilia zu den dynamischsten Motorradherstellern und verbuchte auch entsprechende Zuwachsraten. Die forsche Modellpolitik mit frechem Design prägt auch die RS 250, ein Straßenmodell, das Max Biaggis WM-Maschine von 1994 wie aus dem Gesicht geschnitten scheint. Dieser quirlige Zweizylinder-Zweitakter steckt in einem stabilen Alurahmen, trägt feinste Fahrwerksteile und schmückt sich mit einem Design, das seine Herkunft vom Rennsport nicht verheimlichen kann.

Der Motor, ein V-Zweizylinder, stammte ursprünglich von Suzuki und wurde bei Aprilia gründlich modifiziert. Stramme 70 PS entlockten die Techni-

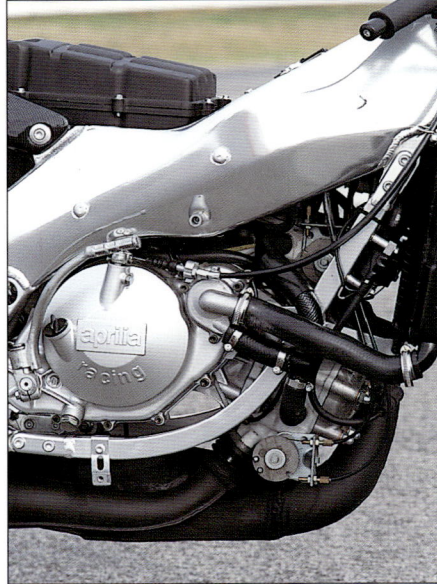

APRILIA RS 250 (1995)	
Motor	Wassergekühlter 90-Grad V2 Zweitakter
Hubraum	249 cm³ (56x50,6 mm)
Leistung	70 PS/11.900 U/min
Gewicht	141 kg
Spitze	209 km/h

ker dem leer gerade 140 kg schweren Kurvenräuber, nach Einbau eines ungeregelten Katalysators – Serie für 1997 – blieben davon noch 56 PS bei 11.000 U/min übrig. Die aggressive Sitzposition und die spitze Leistungskurve machen die RS fast zu einer echten Rennmaschine. Entsprechend

■ *Links: Das niedrige Gewicht und das perfekte Fahrwerk macht die RS 250 in Kurven fast unschlagbar.*

■ *Unten: Max Biaggis WM-Maschine diente als Vorlage für das hierzulande knapp 13.000 Mark teure Straßenmodell RS 250.*

beherzt bewegt, läßt sich die kleine RS 250 auf eine Spitze von über 200 km/h treiben. Vorne wie hinten verzögern hochwirksamen Brembo-Stopper die in Chesterfield-Schwarz oder Silber erhältliche Aprilia.

Auch auf der Rennstrecke war die Marke von Noale außerhalb Venedig nicht zu schlagen, in der 250er wie auch in der 125er Klasse. 1994 holte die Marke mit Biaggi und dem Japaner Kazuto Sakata beide Titel. Mit der Einführung einer Viertaktreihe, einer Gemeinschaftsentwicklung mit BMW, bislang nur Einzylinder, erhöhte sich die Jahresproduktion auf 100.000 Motorräder. Diese Entwicklung ist um so erstaunlicher, da Ivano Beggio erst 1973 die im Familienbesitz befindliche Fahrradfirma übernahm und sich auf Motorräder konzentrierte.

Ein Teil des Erfolges beruht auf der Tatsache, daß Aprilia die meisten Komponenten von Unterlieferanten einkauft und sie in Noale montiert. Für Entwicklung und Rennbetrieb sorgen in Noale aber rund ein Viertel der etwa 500 Angestellten. Rennen nahm Aprilia immer sehr wichtig, da sie technisches Feedback für die Entwicklung liefern.

Die Aprilia-Produktpalette basierte anfangs auf kleinen Einzylinder-Zweitaktern mit Modellnamen wie Futura, Extrema und Pegaso. Anfang der 90er folgten die erfolgreichen großen Viertakter und 1995 die RS 250 mit wassergekühltem Suzuki RGV-Motor. Gleichzeitig wurde publik, daß sich die Marke mit der Entwicklung eines Zweizylinder-Superbikes beschäftigt. Diese Maschine soll von einem V-Twin getrieben, und später sowohl Sportmaschinen wie Tourer vorantreiben.

ANDERE MARKEN

AJW

Der britische Hersteller produzierte seit den 20ern Ein- und Zweizylindermaschinen. Die bekannteste Maschine, die 500er Grey Fox mit JAP-Motor, wurde auch nach dem Zweiten Weltkrieg weitergebaut.

■ *Rechts: Der Aprilia Moto 6.5 von 1995 verhalf der französischen Designer Philippe Starck zu ihren unkonventionellen Linien.*

■ *Gegenüber: Die Aprilia RS 250 hatte die gleiche Lackierung wie die 400er, mit der Loris Reggiani in der 500er WM an den Start ging.*

■ *Oben: In den 30ern baute AJW Einzylinder mit 500 cm³. Die Motoren lieferten Stevens und JAP.*

AMAZONAS

Mehr bekannt für ihre üppigen Dimensionen denn für ihre Leistung, erschien die Amazonas in Brasilien Mitte 80er Jahre. Die 56 PS starke Maschine mit 1,6 Liter-VW-Boxermotor wurde gelegentlich auch nach Deutschland exportiert. Hierzulande zählt das 385 kg schwere Monster allerdings zu den absoluten Exoten.

■ Links: Die Ariel 650 Huntmaster erschien 1954 und war bei Solo- wie Gespannfahrern gleichermaßen beliebt.

■ Unten: Nicht einmal eine Neukonstruktion konnte 1954 die 500 cm³ KH retten.

ARIEL

ARIEL RED HUNTER

Ariel gehört zu den ersten Motorradherstellern und baute Fahrräder, bevor die Herstellung sich um die Jahrhundertwende auf Motorräder konzentrierte. Ihre Blütezeit erlebte die Marke in Selly Oak in den 30ern, Ariel hatte drei der berühmtesten englischen Konstrukteure – Edward Turner, Val Page und Bert Hopwood – unter Vertrag.

Ende der 30er litt Ariel unter finanziellen Problemen und mußte sogar eine Weile schließen. Jack Sangster, der Sohn des Firmengründers Charles, kaufte schließlich die Firma und kurbelte die Produktion an. Flaggschiff des Programms war die von Val Page konstruierte Red Hunter mit einem sportlichen Einzylinder-Motor. Sie war bereits ab Werk für weitere Tuningmaßnahmen vorbereitet und stand seit 1932 mit 350 oder 500 cm³ im Programm. Der »Rote Jäger« ging, wenn auch in etwas geänderter Form, bis Ende der 50er auf die Pirsch und erwies sich im Gespann-Trial noch in den 70ern als Treffer. Sammy Millers legendäre Trialmaschine mit Kennzeichen »GOV 132« basierte auf einer Red Hunter 500 von 1955.

Eine Red Hunter gehörte in den späten 30ern zu den Topmotorrädern jener Zeit. Sie war zuverlässig und hatte eine Spitze von 120 km/h. Trotz Trapezgabel und Starrahmen galten die Fahreigenschaften als gut. Eine Hinterradfede-

ARIEL VH500 RED HUNTER	
(1937)	
Motor	Luftgekühlter 2-Ventil ohv-Einzylinder
Hubraum	497 cm³ (81,8x85 mm)
Leistung	26 PS/5600 U/min
Gewicht	170 kg
Spitze	131 km/h

rung kam erst 1939, nur eine der vielen Modifikationen, die vor dem Zweiten Weltkrieg vorgenommen wurden. Als nach dem Krieg die Produktion wieder aufgenommen wurde, bekam die Hunter eine Telegabel, Anfang der 50er einen Aluzylinderkopf und einen neuen, schwinggefederten Rahmen.

Nach dem Verkauf an BSA 1944 baute Ariel zwei Zweizylinder, zuerst die mild getunte 500 cm³ KH, die nicht reüssieren konnte. Bedeutend leistungsstärker und erfolgreicher war die 650 cm∆ Huntmaster, eigentlich eine modifizierte BSA 650 A10. Der Jägermeister war allerdings, trotz der Baugleichheit, von ganz anderem Kaliber als die BSA, denn die meisten Teile, einschließlich des Rahmens, waren eigens für die Ariel hergestellt worden. Das Ergebnis war ein nettes Motorrad, das vor allem

die Gespannfahrer in den 50ern sehr schätzten und solo über 160 km/h lief. Das berühmteste Modell der Nachkriegszeit ist zweifellos die Square Four, das mutigste wahrscheinlich die Leader, ein innovativer, vollgekapselter Zweizylinder-Zweitakter mit 250 cm³ der 1959 vorgestellt wurde. Der auf einer Adler-Konstruktion fußende Motor lieferte 18 PS. Er saß in einem Preßstahlrahmen und war mit Beinschild, Windschutzscheibe und Koffern ausgestattet. Die Leader war zweifelsohne gut, auch die Spitze von etwa 115 km/h ging in Ordnung. Selbst am Handling gab es wenig auszusetzen, Schwachstelle war das Design. Außerdem kam gleichzeitig der Austin Mini auf den Markt, und der kostete außerdem weniger. Die Leader litt außerdem unter schlechten Bremsen, zweifelhafter Ver-

arbeitung und ständigen Startproblemen. Später lief Ariel die Karosserie weg und bekam so die Arrow. Daraus entwickelten sich (und durch etwas Tuning auf 20 PS erstarkt), die Super Sports und Golden Arrow. Sie verkaufte sich gut, konnte aber den Niedergang der Marke nicht retten. 1967 verschwand der Name vom Markt.

■ *Rechts: Die Ariel Leader war kein Verkaufserfolg, auch in den USA nicht, wo 30 Jahre später die ähnlich konzipierte Honda PC 800 »Pacific Coast« großen Erfolg hatte.*

ARIEL

ARIEL SQUARE FOUR

Einer der berühmtesten Roadster aller Zeiten hatte auch eine der längsten Produktionsgeschichten: Er stand von 1931 bis 1958 in der Lieferliste. Die Square Four, praktisch zwei Parallel-Zweizylinder hintereinander, wurde von Edward Turner konstruiert, kurz nachdem er 1928 zu Ariel gestoßen war (und lange bevor er Chef von Triumph werden sollte). Der ursprüngliche Hubraum von 500 cm³ wurde bald auf 600 cm³ erhöht und später auf 997 cm³. In allen drei Ausführungen war es ein ausgezeichnetes Motorrad, litt aber immer unter der Neigung des hinteren Zylinderpaares, zu überhitzen. Die 1000er schaffte zwar 160 km/h, daß es nicht mehr wurde, lag am etwas zu hohen Gewicht der Konstruktion.

Nach dem Zweiten Weltkrieg wurde die Square Four erheblich aufgefrischt. Den Anfang machte der neue Motorblock aus Aluminium, 1954 kamen ein neuer Zylinderkopf und vier einzelne Auspuffkrümmer. Jetzt hatte die Square Four auch eine Telegabel und hinten eine Geradewegfederung. Trotzdem ließ sie sich nur unwillig um die Kurven zwingen, und die fatale Neigung zum Hitztod war geblieben. Wer es sich leisten konnte, griff dennoch weiterhin zur Ariel. Sitzposition, Optik und Laufruhe machten alle Nachteile wieder wett.

ARIEL SQUARE FOUR (1958)	
Motor	Luftgekühlter 2-Ventil Ohv-Vierzylinder
Hubraum	997 cm³ (65x75 mm)
Leistung	45 PS/5500 U/min
Gewicht	211 kg
Spitze	168 km/h

■ *Unten: Die Optik der späteren Modelle, wie bei diesem Exemplar von 1958, war ausgesprochen geglückt – was nicht zuletzt an den vier einzeln geführten Auspuffkrümmern lag.*

■ *Gegenüber: Das Handling gehörte nicht zu den stärksten Seiten der schweren Square Four. Wenn sie allerdings erst einmal in die Kurve gezwungen worden war, lag sie sehr ruhig.*

■ *Unten: Diese Square Four von 1937 schaffte immerhin eine Spitze von fast 160 km/h und lief sehr ruhig.*

■ *Unten und unten rechts: Die 997 cm³ Square Four von 1937 – mit Instrumentierung auf dem Tank – lieferte 36 PS.*

ANDERE MARKEN

ARMSTRONG

Armstrong ist als Zulieferer der englischen Automobilindustrie bekannt und begann in den 80ern, nach der Übernahme von Barton und CCM, mit der Motorradproduktion. Es entstanden Trial-, Renn- und Militärmotorräder, zumeist mit Rotax-Motoren aus Österreich versehen. Die CF 250 Rennmaschine, 1983 präsentiert, hatte einen Rotax Reihen-Zweizylinder, der längs in einem Kohlefaserfahrwerk saß. Niall Mackenzie und Donnie McLeod dominierten damit die englische 250er-Szene und erzielten auch einige gute Ergebnisse in der Weltmeisterschaft. Armstrong produzierte auch eine sehr fähige Armeemaschine, angetrieben von einem Rotax-Einzylinder. Die Rechte an dieser Konstruktion wurden später an Harley-Davidson verkauft.

ATK

ATK in Utah, USA, machte sich mit der Herstellung von Zwei- und Viertaktmotoren einen Namen. Unter neuer Leitung wurden 1994 straßentaugliche Gelände-

■ *Oben: Der spätere Weltstar Niall Mackenzie errang seine ersten Lorbeeren auf einem schnellen Twin von Armstrong.*

maschinen vorgestellt, eine Produktion im großen Stil fand nicht statt.

BAKKER

Nico Bakker in Nord-Holland hat viele interessante Projekte und Neubauten vorgestellt. Bakkers Augenmerk gilt dabei innovativer Fahrwerkstechnik, die Antriebs-

technik ist da nicht so wichtig. Die verwendeten Motoren stammen aus den unterschiedlichsten Modellen, so etwa aus der Yamaha RD 350, der Harley-Davidson 1200 oder der BMW R 1100. Seine fortschrittliche QCS-Konstruktion (Quick Change System) hatte vorn Achsschenkellenkung und in der ersten Ausführung einen Yamaha FZR 1000-Motor. Bakker hat auch Prototypen für verschiedene Hersteller wie BMW und Laverda gebaut.

■ *Unten: Nico Bakkers Bomber wird vom Boxermotor aus der BMW R 1100 beflügelt.*

BENELLI

BENELLI 750 SEI

Das extreme Design, die unverkennbar italienische Ausstrahlung, und die
sechs verchromten Auspuffkrümmer
mit ihren Megafonen – bei der Vorstellung 1975 schien die Benelli 750 Sei

■ Links: Die Sei war
extrem laufruhig und
war ein komfortables
Motorrad. Die
Höchstgeschwindig-
keit konnte allerdings
weit weniger beein-
drucken.

■ Unten und ganz
unten: Der luft-
gekühlte Motor mit
seinen sechs Zylin-
dern und sechs
Megafonen domi-
niert aus jedem
Winkel die Optik.

BENELLI 750 SEI	
Motor	Luftgekühlter Sohc-Reihen-Sechszylinder
Hubraum	748 cm³ (56x50,6 mm)
Leistung	71 PS/8900 U/min
Gewicht	220 kg trocken
Spitze	189 km/h

eine glanzvolle Zukunft vor sich zu haben. Allerdings zeigte sich schnell,
daß die Leistung der Sei nur etwa auf
dem Niveau der sechs Jahre älteren
Honda CB 750 lag. Dieses Manko
stellte das Motorrad recht schnell in
den Schatten der damaligen Superbikes, vor allem seiner italienischen Rivalen von Ducati, Moto Guzzi und Laverda.
Die Sei war kein schlechtes Motorrad,
und in vieler Hinsicht sogar recht gut.
Der Motor, von Kritikern als andert-
halbfaches Honda CB 500-Triebwerk
bezeichnet, baute trotz der sechs Zy-

Rechts: Der 250er Vierzylinder heimste in den 60ern unter Fahrern wie Renzo Pasolini und Kel Carruthers viele Erfolge ein.

lindern sehr schmal. Nur drei Dell'Orto-Vergaser für die sechs Einlaßkanäle ließen dem Fahrer genügend Beinfreiheit, bei Sechszylindern sonst immer ein Problem. Die Motorleistung von 71 PS reichte gerade für eine Spitze von knapp über 190 km/h, zu wenig für Kunden, die sich für italienische Superbikes interessierten, auch wenn Handling und Bremsvermögen überdurchschnittlich ausfielen.

Diese Armut in der Leistungsabteilung ist um so erstaunlicher, wenn man die Renngeschichte der Marke Benelli kennt. Die Firma wurde von sechs Brüdern in Pesaro gegründet, die

1921 ihr erstes Motorrad fertig hatten. Tonino, der jüngste der Brüder, war der erste Rennfahrer dieser Marke und bewegte vor allem einen 175er Einzylinder-Viertakter, den sein älterer Bruder Giovanni präpariert hatte. Tonino zog sich kurze Zeit später zurück, die Benelli-Brüder agierten dennoch sehr erfolgreich. Dario Ambrosino gewann 1950 in der 250er Klasse den ersten WM-Titel für die Marke.

Doch Ambrosinis Tod ein Jahr später schockte und stoppte Benelli, erst 1960 war eine 250er Vierzylinder-Rennmaschine bereit. Italienische Stars wie Tarquinio Provini und Renzo

Pasolini waren in den 60ern damit sehr erfolgreich, doch erst 1969 wurde dank des Australiers Kel Carruthers ein weiterer Titel in der 250er-WM errungen.

Leider konnte dieser Erfolg geschäftlich nicht umgemünzt werden, Anfang der 70er verkaufte die Familie das Unternehmen an den Argentinier Alessandro de Tomaso. Bei der Neueinführung sollte die Sei als Flaggschiff vorausfahren, aber weder sie noch die leistungsstärkere 900 Sei konnte an frühere Glanzzeiten anknüpfen.

ANDERE MARKEN

BARIGO

Gegründet von Patrick Barigault in La Rochelle an Frankreichs Westküste, hat sich diese kleine Firma auf Supermotos spezialisiert, ein ausgesprochen französisches Phänomen. Barigo stellte 1992 eine Straßenversion ihrer erfolgreichen Supermoto-Maschine vor, zum Einsatz kam ein Rotax-Einzylinder, Alurahmen und lange Federwegen. Zwei Jahre später erschien die Onixa mit gleichem Rahmen und ähnlichem Motor, jedoch in Sportausführung mit Vollverkleidung und entsprechenden Federelementen.

■ *Links: Die Barigo 600 Onixa Sportmaschine sah etwas merkwürdig aus, war aber leicht und sehr wendig.*

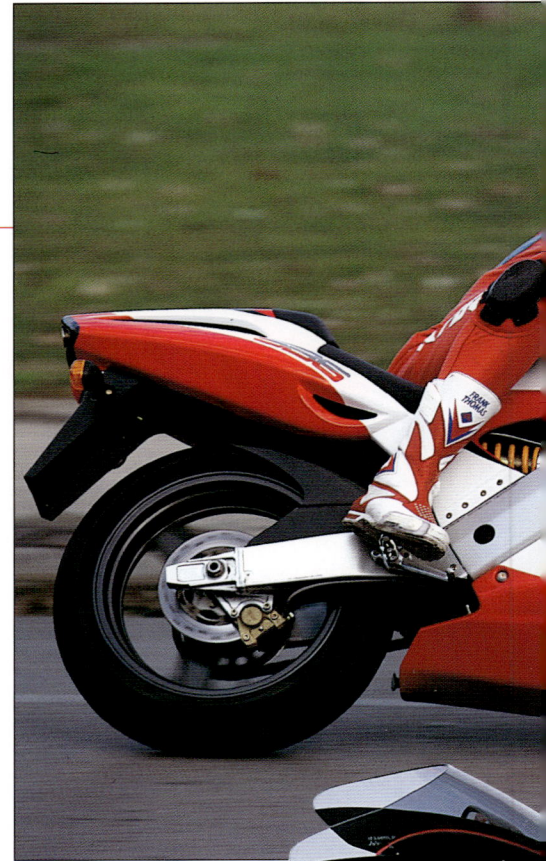

BIMOTA

BIMOTA SB6

Siebzehn Jahre und Lichtjahre technischen Fortschrittes trennen die Bimota SB6 von 1994 von ihrer Vorläuferin SB 2 – und trotzdem haben die beiden mehr gemeinsam als nur einen Vierzylinder-Motor von Suzuki. Die SB 6 mit dem GSX-R 1100-Motor zeigt eine kühn geschwungene Vollverkleidung, einen technisch hochmodernen Rahmen, eine selbsttragende Sitzbank sowie ein über alle Kritik erhabenes Fahrwerk – ohne Frage das begehrteste Motorrad, das es in dem Jahr zu kaufen gab.

Der zeitliche Abstand zwischen beiden Modellen offenbart sich beim Studium der Leistungswerte. Die SB 6 mit wassergekühltem 16-Ventiler, getunt und mit zwei hochgezogenen Auspuffrohren unter der Sitzbank, drückte angeblich 156 PS ab und verhilft der Maschine zu einer Höchstgeschwindigkeit von über 270 km/h. Der verwindungssteife Rahmen – Bimotas Straight Connection Technology –, mächtige 46 mm Gabelbeine, Öhlins Federbein hinten, dicke Michelin Radialreifen und

BIMOTA SB 6 (1994)	
Motor	Wassergekühlter 16-Ventiler Dohc-Reihen-Vierzylinder
Hubraum	1074 cm³ (75,5x60 mm)
Leistung	156 PS/10.000 U/min
Gewicht	190 kg
Spitze	280 km/h

ANDERE MARKEN

BETA
Die italienische Marke Beta baute Ende der 50er eine schnelle 175er, konzentriert sich in moderner Zeit auf Geländemaschinen, vor allem für Trialwettbewerbe.

BFG
Angetrieben von einem 1,3 Liter-Automotor aus dem Citroën GS sollte die französische BFG Frankreichs Antwort

auf die Luxustourer von BMW werden. Gewöhnungsbedürftiges Styling und hohes Gewicht hemmten den Verkauf, nur die Polizei fuhr eine Weile auf dem großen Motorrad herum. Pleite Mitte der 80er.

BIANCHI
Bekannt für einige der schönsten Rennmaschinen der 60er Jahre. Der Fahrradhersteller baute sein erstes Motorrad 1897 und verzeichnete in den 20ern einige Rennerfolge. Ein beeindruckender, kompressorgeladener 500 cm³ Vierzylinder erschien 1938. Neben Motocrossmaschinen wurden vor der Stillegung 1967 auch Straßenmotorräder gebaut.

■ *Links: In den frühen 60ern baute Bianchi Rennmaschinen, aber auch Straßenmodelle wie diese 300 cm³ MT 61.*

große Brembo-Scheibenbremsen ermöglichen der Bimota ein der Leistung angemessenes Handling und Bremsverhalten. Die SB 2 wirkt dagegen wie aus der Steinzeit, war aber zu ihrer Zeit nicht minder radikal.
Bimota wurde 1973 in Rimini von den Herren Bianchi, Morri und Tamburini gegründet, deren Anfangsbuchstaben auch den Firmennamen bilden. Die SB 2 war die erste in Serie hergestellte Straßenmaschine der Marke und wurde von einem luftgekühlten, 75 PS

starken GS 750-Motor getrieben. Federung, Bremsen und Reifen markierten die Spitze dessen, was für Geld überhaupt zu bekommen war. Die Sitzbank/Tank-Kombination aus Kunststoff war innen mit Alu verstärkt und machte ein Rahmenheck unnötig. Heute wäre die Spitze von nur 209 km/h und das etwas träge Handling für eine Superbike schlicht unmöglich, aber, wie gesagt, zu ihrer Zeit war auch die SB 2 eine optimale Sportmaschine.

■ *Oben: Tolle Optik, prima Fahrwerk und ein bärenstarker Motor machen aus der Bimota SB 6 ein echtes Superbike. Allerdings nervte der Supersportler durch eine nachlässige Verarbeitung, weshalb zum Modelljahr 1997 die SB 6 R erschien: mit überarbeiteter Technik, neuem Styling und besserer Qualität.*

■ *Rechts: Das erste Serienmotorrad aus Rimini: die Bimota SB 2 von 1977. Ihr folgte alsbald die über Suzuki-Händler vertriebene SB 3.*

■ *Links: Die elegante und schnelle SB 6, getrieben von einem GSX-R 1100, war ein großer Erfolg für Bimota.*

BIMOTA

BIMOTA TESI 1D

Als Bimota 1991 die Tesi vorstellte, sollte diese Sportmaschine mit Achsschenkellenkung die Motorradtechnik in ein neues Zeitalter führen. Der Name bedeutet auf italienisch

BIMOTA TESI 1D (1991)	
Motor	Wassergekühlter 8-Ventiler desmodromischer 90-Grad Dohc-V2
Hubraum	904 cm³ (92x68 mm)
Leistung	113 PS/8500 U/min
Gewicht	188 kg
Spitze	245 km/h

»These« und war das Resultat zehnjähriger Forschungen durch den Chefkonstrukteur Pierluigi Marconi, der während seines Studiums eine Arbeit über alternative Vorderradaufhängungen an Motorrädern geschrieben hatte. Bei der Tesi sitzt das Vorderrad in einer rahmenfesten Doppelschwinge und federt über ein einziges Federbein. Ein Umlenkhebel vom Lenker zum Kugelgelenk in der Radnabe sorgt dafür, daß sich die Fuhre lenken läßt.

Als Antriebsquelle diente ein Ducati 851-Twin, bei Bimota mit verlängertem Hub versehen und so 113 PS leistend.

■ Gegenüber: Auch ohne Te-legabel war die Tesi in Kurven ein sehr stabiles Motorrad. Allerdings gestaltete sich die Abstimmung der Achsschenkellenkung nicht gerade einfach.

■ Links: Virginio Ferrari gewann 1987 den WM-Titel in F1, Bimotas größter Erfolg.

■ Oben: Diese Langstreckenmaschine von 1984 wurde von einem Honda V4-Motor getrieben.

Die Tesi war ein schnelles Motorrad. Obwohl die neuartige Radaufhängung Vorteile beim Einlenken in Kurven hatte, litt die Tesi unter vielen Kinderkrankheiten, gerade bei der Federung. Dadurch konnten die theoretischen Vorteile des Lenksystems – Trennung von Brems- und Federungwirkung – nie richtig ausgelotet werden. Zudem fiel auch nach Bimota-Standards der Verkaufspreis sehr hoch und der Absatz gering aus. Nicht einmal die schlankere Tesi ES von 1993 konnte die Käufer überzeugen, daß hier die Zukunft lag.

Zukunftsträchtig verspricht dagegen die brandneue 500 V Due zu werden, die 1997 die Riege der Bimota-Super-

sportler erweitern soll. Der flüssigkeitsgekühlte V2-Zweitakter mit Benzineinspritung ist eine Eigenentwicklung des Hauses und soll die Rennszene revolutionieren: Back to the roots, denn Bimota machte sich zuerst im Rennsport einen Namen. Begonnen hatte man mit Rahmenkonstruktionen, die Johnny Cecotto (Yamaha) und Walter Villa (Harley) fünf WM-Titel bei den 250ern und 350ern bescherten. Jon Ekerold gewann 1980 noch einmal bei den 350ern, sein Yamaha TZ-Motor saß in einem Bimota-Rahmen. Einen Yamaha-Motor hatte auch Virginio Ferraris WM-Maschine von 1987, mit der YB4 wurde Bimota Weltmeister in der Formel Eins.

■ Oben: Die DB1, eine Konstruktion von Federico Martini mit Ducati-Motor, erhöhte den Bimota-Umsatz 1986 erheblich.

■ Gegenüber: Unter der Verkleidung der Tesi befindet sich ein Ducati-Zweizylinder, von U-förmigen Aluplatten gehalten.

■ Rechts: Ein interessanter Versuch, neue Käuferschichten zu erschließen: Bimota präsentierte 1995 die Mantra. Auch hier kommt ein Ducati-Motor zum Einsatz.

BMW R 60/2

Heute produziert BMW Motorräder mit einem, zwei, drei und vier Zylindern, früher allerdings meinte, wer von BMW sprach, Motorräder mit Zweizylinder-Boxermotor. Lange Jahre gab es bei BMW nur Maschinen nach diesem Strickmuster. Die allererste BMW, die R 32 von 1923, war ein Boxer mit 8 PS bei 3300 Umdrehungen und Kardanantrieb. Sie war teuer, aber von hoher Qualität und verkaufte sich gut. Zu den populärsten BMW-Modellen der 50er und 60er gehörte die R 60 und deren Nachfolger, die R 60/2, 1960 vorgestellt. Diese Maschinen, aber auch die etwas langsameren R 50 und 50/2, verhalfen ihren Besitzern zu vielen entspannten, völlig problemfreien Kilometern. Mit 28 PS lief der Motor der R 60/2 sehr ruhig, schaffte aber trotzdem eine Spitze von etwa 145 km/h. In den 30ern hatte BMW eine Vorreiterrolle bei

BMW R 50/2 (1960)	
Motor	Luftgekühlter Ohv-Zweizylinder-Boxer
Hubraum	494 cm³ (68x68 mm)
Leistung	26 PS/5800 U/min
Gewicht	195 kg
Spitze	135 km/h

der Einführung der Telegabel übernommen, die R 60/2 hatte aber eine Langschwinggabe, die für den Gespannbetrieb besonders geeignet war. Träge Lenkeigenschaften und weich abgestimmte Federelemente vorn wie hinten verhinderten zwar sportliches Fahren und verschafften den BMW-Boxern den Spitznamen »Gummikuh«, doch für Langstrecken war die BMW unschlagbar.

Im Rennsport trat BMW in den letzten Jahrzehnten nicht in Erscheinung, kann aber in der Vergangenheit auf einige große Erfolge verweisen, auch bei Rekordfahrten. Zu den frühen Stars gehörte Ernst Henne, der in den 30ern mehrere Weltrekorde in zigarrenförmigen Projektilen aufstellte. Schorsch Meier war der erste Ausländer auf einer ausländischen Marke, der die 500er-Wertung auf der Isle of Man gewann, 1939 war das. Bei seinem Gerät handelte es sich um die berühmte Kompressor-Boxer. Werksfahrer Walter Zeller siegte in den 50ern bei vielen internationalen Rennen und belegte 1956 sogar in der 500er-WM einen zweiten Rang. In der Gespannklasse dominierte die Marke mit ihren Königswellen-Motoren und gewann zwischen 1954 und 1974 unter Fahrern wie Max Deubel und Klaus Enders 19 von 21 WM-Titeln.

R 50

■ *Links: Die R 50/2 mit 494 cm³ und Schwingsattel war mit der R 60/2 baugleich.*

■ *Unten links: Schorsch Meiers Siegesmaschine bei der TT 1939 wurde mit einer Spitze von über 200 km/h gestoppt.*

■ *Unten: Fritz Scheideggers WM-Titel von 1965 und 1966 waren nur zwei von 19 für die Marke.*

■ *Rechts: Diese R 52 mit 500 cm³ und 12 PS stammt von 1928, dem ersten Modelljahr, das serienmäßig mit Beleuchtung aufwarten konnte.*

■ *Gegenüber: Mit Earles-Langschwinggabel, seidenweich laufendem 30 PS-Motor und hohem Komfort war die R 60/2 ein exzellenter Tourer.*

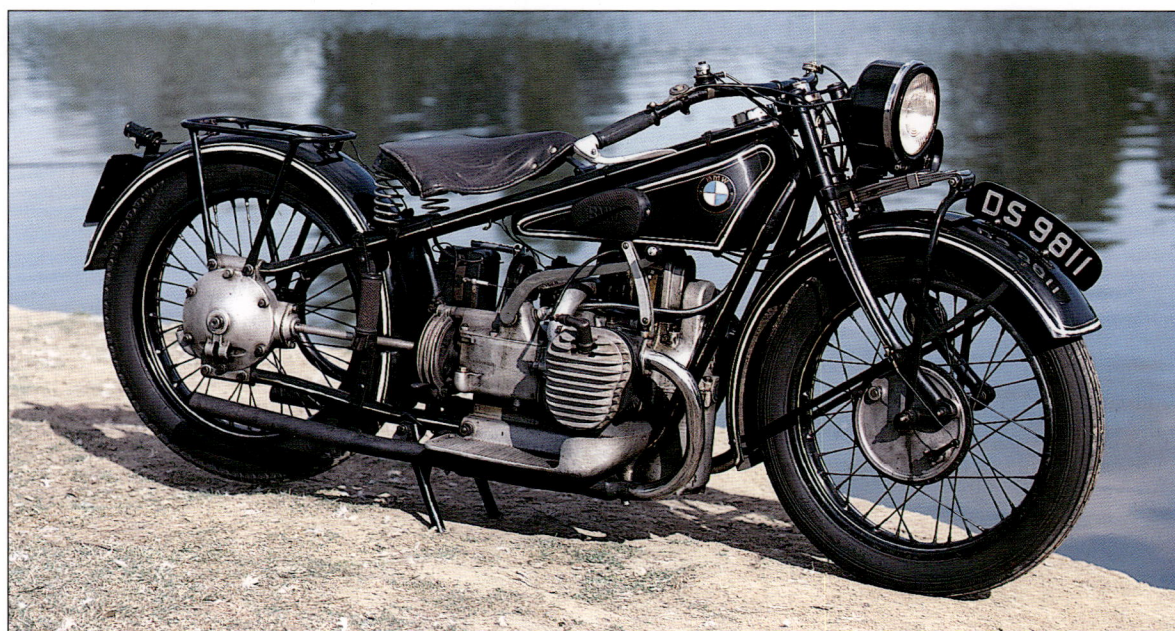

BMW

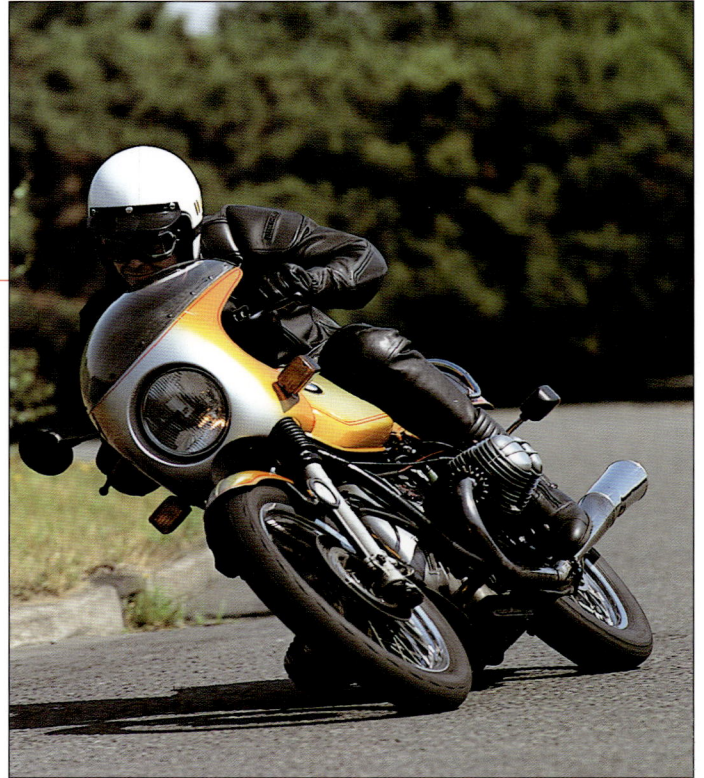

BMW R 90 S

Der traditionsreiche Boxer wurde von BMW über die Jahre ständig verfeinert und erreichte mit der R 90 S des Modelljahres 1974 einen neuen Höhepunkt. Als Basis diente das 898 cm³-Triebwerk der R 90/6, das im S-Trimm nun 67 PS bei 7000 Umdrehungen leistete. Das neue BMW-Flaggschiff hatte außerdem eine kleine Cockpit-Verkleidung, doppelte Scheibenbremse vorn und eine schön gestylte Tank-/Sitzbanklinie. Zweifarbig lackiert und komplett instrumentiert – im Cockpit fand sich auch eine Zeituhr – ver-

■ *Rechts: Ausgelegt auf hohen Komfort, gehörte die R 90 S dennoch zu den Motorrädern, mit denen sich Mitte der 70er die Kurven besonders zügig umrunden ließen.*

■ *Unten: Die kleine Cockpitverkleidung und die elegante Zweifarben-Lackierung unterstrichen die Kombination von Leistung und Luxus.*

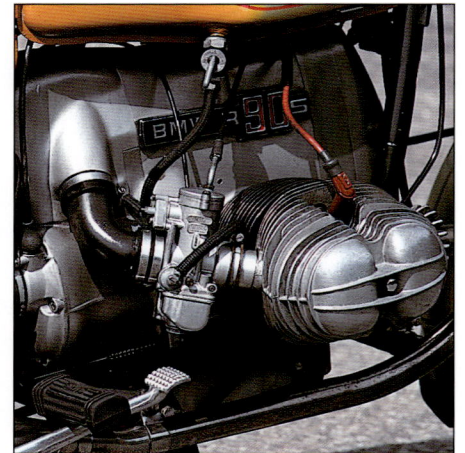

■ *Oben: Höher verdichtet und von zwei 38 mm Dell'Orto-Vergaser beatmet, leistet der ehrwürdige Boxermotor, im Prinzip damals schon 50 Jahre alt, 67 PS.*

■ *Gegenüber: Auf die schicke und handliche F 650 entfielen 25 Prozent der BMW-Produktion.*

BMW R 90S (1974)	
Motor	Zweizylinder Ohv-Boxer
Hubraum	898 cm³ (90x70,6 mm)
Leistung	67 PS/7000 U/min
Gewicht	215 kg
Spitze	201 km/h

strömte die S einen Hauch von Luxus. In der Motorleistung lag BMW etwa gleichauf mit der Honda CB 750, allerdings unter der Kawasaki Z1. Auch in punkto Fahreigenschaften gab es Maschinen, die besser auf der Straße lagen. Doch die Kombination aus beidem war es, die die R 90 S zu einem sehr attraktiven Motorrad geraten ließ. Die Zuverlässigkeit und der Komfort machten die R 90 S in den Augen vieler Fahrer zum besten Motorrad der Welt – auch auf bestimmten Exportmärkten, wo sie bei ihrer Einführung doppelt so viel kostete wie die Honda CB 750.

In den frühen 80ern sah die Zukunft für den Boxer nicht besonders rosig aus, da BMW nach und nach neue Modelle mit zuerst Vierzylindermotoren, dann auch Dreizylindermotoren einführte. Erfreulicherweise riß die Nachfrage nach den klassischen Boxern nicht ab. Einige wurden deshalb aufgefrischt und durften im Programm bleiben. 1993 kam dann die R 1100 RS, getrieben von einem luft/ölgekühltem Vierventil-Boxer mit 1085 cm³ Hubraum und 90 PS: Die Gabelholme, die eine konventionelle Telegabel vortäuschen, sind allerdings leer, gefedert wird über eine am Motor angelenkte Dreieckschwinge mit Federbein. Das System funktioniert tadellos und bietet die gleichen praktischen Vorteile wie eine Achsschenkellenkung. Mit viel Power im mittleren Drehzahlbereich und einer Spitze von über 210 km/h wurde der Vierventilboxer auf Anhieb ein Erfolg. Die Vollverkleidung, der große Aktionsradius und die kräftigen ABS-

Bremsen ergaben einen richtigen Sporttourer in bester BMW-Tradition. Schon 1925 hatte BMW ein einzylindriges Motorrad im Programm, die R 39. Damals basierte das Konzept auf einem halbierten Zweizylinder-Boxer, den man aufrecht in den Rahmen stellte. Im Prinzip hatte sich daran bis zum letzten BMW-Single, der R 27 von 1967, nichts geändert. Als mit der F 650 1994 wieder ein Eintopf erschien, war sie die erste Maschine mit

Kettenantrieb in der 70jährigen Geschichte der Marke. Doch sie brach auch mit anderen Traditionen. Der Motor wurde zwar von BMW entwickelt, war aber bei Rotax in Österreich gebaut und das ganze Motorrad dann bei Aprilia in Italien zusammengebaut worden. Das Endprodukt stellte sich als äußerst zuverlässig und handlich heraus. Der ungeheure Erfolg überraschte dennoch selbst das Werk.

BMW K1

Die K1 verschwand fast völlig unter ihrer grellbunten Plastik-Karosserie. Sie wurde 1989 präsentiert und erregte erhebliches Aufsehen, zum Teil sicher auch, weil sie eben von einem sonst konservativen Hersteller kam. Das vordere Schutzblech teilte keilförmig den Windstrom und leitete ihn an die Seiten der großen Vollverkleidung, von wo er dann an die große Sitzbank weitergereicht wurde: Die Aerodynamik spielte bei der K1 eine entscheidende Rolle.

BMW K 1 (1989)

Motor	Wassergekühlter 16-Ventil Dohc längsliegender Vierzylinder
Hubraum	987 cm³ (67x70 mm)
Leistung	100 PS/8.000 U/min
Gewicht	234 kg (fahrbereit)
Spitze	233 km/h

Hinter dem Kunststoff werkelte eine Weiterentwickelung des liegenden Vierzylinders mit 987 cm³, jetzt mit 16 Ventilen. In dieser Ausführung lieferte der Motor runde 100 PS, genug um der windschlüpfrigen Maschine eine Spitze von 225 km/h zu verleihen. Der Rahmen basierte auf dem der normalen K 100, hier glich aber die sogenannte Paralever-Schwinge die Lastwechselreaktionen aus. Drei massive Bremsscheiben sorgten für vorher bei BMW unbekannte Bremsleistungen. Die K1 war zwar zu groß und schwer, um eine echte Sportmaschine zu sein, sorgte aber als Aushängeschild der Marke für sehr viel Wirbel.

■ *Unten: Mit agressivem Design brach die K1 mit dem bis dahin üblichen Bayern-Barock.*

■ *Links: Der Motor der K-Reihe liegt seitlich und hat in der K1 16 Ventile.*

■ *Unten: Die K1 war nicht so sportlich wie sie aussah, ließ sich aber dennoch ganz handlich bewegen.*

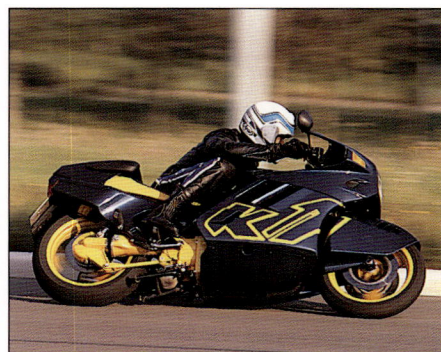

ANDERE MARKEN

BÖHMERLAND

Bekannt für Modelle mit sehr langem Radstand und Platz für bis zu drei Personen, wurde die Böhmerland in der Tschechoslowakei zwischen 1923 und 1939 gebaut. Konstruiert und gebaut von Albin Liebisch, verfügte das Motorrad über einen 600 cm³ Einzylinder-Viertakter mit 16 PS. In gleicher Linienführung, aber mit weniger Radstand gab es auch die Jubilee sowie eine Sportmaschine.

BOSS HOSS

Harley-Davidson erhob Einspruch, und so wurde aus der Boss Hog die Boss Hoss. Geblieben war der Chevrolet V8 mit sechs Litern Hubraum und 300 PS, der das Ungetüm voranschob: Wahrscheinlich das stärkste und sicher das schwerste in Serie hergestellte Motorrad der Welt, garantiert auch das unvernünftigste. Das Getriebe hat nur einen Gang und eine Kette treibt das Hinterrad. Die Höchstgeschwindigkeit von 240 km/h kann mit dem unhandlichen Fahrwerk und dem nahezu profillosen breiten Hinterrad nicht ausgelotet werden. Die Firma aus Tennessee baut etwa 50 Maschinen im Jahr – und jede wiegt schlappe 450 kg.

Da denkt man doch gerne an die japanischen Führerscheinbestimmungen, die verlangen, daß man sein Motorrad auch wieder aufrichten können muß.

■ *Oben: Die erstaunliche Böhmerland hatte eine Spitze von etwas über 110 km/h.*

■ *Oben und rechts: Der große Chevrolet V8 macht die Boss Hoss sehr schnell – aber nur geradeaus!*

BRITTEN V-1000

Wo in den letzten Jahren die V2-Britten auf den Rennstrecken der Welt auf- tauchte, sorgte sie für Furore – und kam alsbald in den Ruf, zwar das exo- tischste, aber auch am sorgfältigsten durchdachte Rennmotorrad zu sein. Konstruiert und fast in Handarbeit von dem 1995 verstorbenen Neuseeländer John Britten und seinem kleinen Team zusammengesetzt, wurde die Britten von einem 60 Grad V2-Einspritzer vor- angetrieben. Die erste Ausführung hieß V-1000 und zog in Daytona 1991 eine große Show ab, danach wurde der Motor auf 1108 cm³ vergrößert und lie- ferte dann erstaunliche 171 PS. Für Superbikerennen stellte der Erfinder dann einen Kurzhuber mit 985 cm³ vor. Das stabil aufgebaute Triebwerk ist nicht nur mittragend, sondern über- nimmt zum großen Teil auch gleich selber die Rahmenfunktionen. Die Vor-

BRITTEN V-1000 (1995)	
Motor	Wassergekühlter 8-Ventil 60-Grad V2
Hubraum	985 cm³ (99x64 mm)
Leistung	155 PS/12.400 U/min
Gewicht	145 kg (fahrbereit)
Spitze	296 km/h

dergabel gleicht in ihrer Konstruktion eher einer Trapezgabel und ist, wie die Hinterradschwinge, aus Kohlefaser gebacken. Ein Öhlins-Federbein dient

über Umlenkhebel als Federelement für das Hinterrad und ist wegen bes- serer Kühlung vor (!) dem Motor pla- ziert. Ein computergesteuertes Mo- tormanagement ändert Einspritzungmenge und Zündzeit- punkt während der Fahrt. Als krönen- der Abschluß ist die Britten außerdem elegant und gefällig geformt. Und überdies sehr, sehr schnell: In Daytona attestierte man der Maschine eine Höchstgeschwindigkeit von 289 km/h.

Neben den hauseigenen Maschinen, die von Fahrern wie Paul Lewis und Andrew Stroud gesteuert wurden, entstand die sündhaft teure Maschine auch im Kundenauftrag. Die aufwendige Konstruktion verhinderte wirkungsvoll den Bau einer zulassungsfähigen Britten für die Straße.

Verhandlungen mit einem Geschäftsmann über eine eventuelle Zusammenarbeit bei der Wiedergeburt der Marke Indian folgten 1995, Britten hatte gerade wieder in Daytona gewonnen. Leider kam das Projekt nicht recht voran. Als sechs Monate später John Britten an Krebs im Alter von nur 45 Jahren starb, wurde auch das Indian—Projekt zu Grabe getragen. Die Motorradszene hatte einen der begabtesten Konstrukteure aller Zeiten verloren.

■ *Oben: Dank der ausgetüftelten Motorsteuerung konnte sich der Britten-Motor den jeweiligen Umständen anpassen. Hier unter Jim Moodie im Regen.*

■ *Gegenüber: Die bauchigen Formen machten die V-1000 zu einem der schönsten (und schnellsten) Motorräder aller Zeiten.*

ANDERE MARKEN

BRIDGESTONE
Zwar betrachtete der Reifenhersteller Bridgestone die Motorradproduktion immer nur als Nebengeschäft, doch hatte man in den 50ern und 60ern eine schöne, komplette Zweiradpalette im Angebot, vom Mofa bis zu Zweizylinder-Zweitakt-Sportmaschinen. Flaggschiff war die exklusive 350 GTR, die dank ihres 40 PS starken Drehschieber-Zweitakters mit einer Spitze von über 145 km/h glänzen konnte.
Mit Sechsganggetriebe versehen, feierte die anspruchsvolle 350er in den USA

1966 Premiere. Die gummigelagerte Motoraufhängung, der Doppelschleifenrahmen aus Rundrohren, eine gut abgestimmte Telegabel sowie die hintere Doppelschwinge verliehen der GTR vorzügliche Fahreigenschaften bei hohem Komfort. Der üppige Preis stand dem Verkauf im Wege und zum Jahresende beschloß Bridgestone, nicht zuletzt aus wirtschaftlichen Gründen (Honda, Kawasaki, Suzuki und Yamaha waren Konkurrenten und konnten deswegen nicht mit Pneus beliefert werden), ganz aus dem Motorradgeschäft auszusteigen.

■ *Links: Die Drehschieber-350 GTR Bridgestone war ein schnelles Motorrad und eine sehr ausgereifte Konstruktion. Die Firma konzentrierte sich aber danach ganz auf die Reifenherstellung und auf die Tätigkeit als Zulieferer der Big Four, der großen vier Motorradhersteller.*

BROUGH SUPERIOR

■ *Unten und ganz unten: Die letzte Ausführung der SS100 von 1939 war zweifelsohne zu ihrer Zeit das beste Motorrad der Welt.*

BROUGH SUPERIOR SS 100

Die Firma von George Brough baute Fahrgestelle und komplettierte sie dann mit zugekauften Motoren anderer Hersteller. Die so entstandenen Motorräder waren nicht nur sehr hochwertig verarbeitet und sehr exklusiv, sondern vor allem schnell. Mit dem Motorradbau hatte sein Vater William begonnen, er produzierte zweizylindrige Boxermaschinen unter dem Namen Brough und mußte jetzt miterleben, wie George seine Maschine unter dem Label »Brough Superior« vermarktete.

Söhnchens Motorräder waren überlegen, was unzählige Rennsiege in den 20ern und 30ern bestätigten. Im Sattel saß oft George persönlich, aber auch Rennlegenden wie Eric Fernihough, Freddie Dixon und Bert LeVack. Als

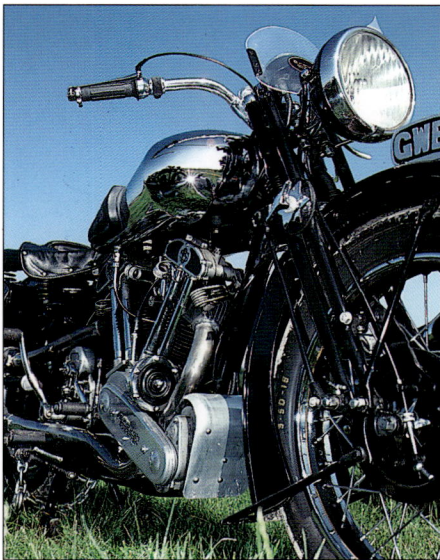

■ *Links: Für Modelljahr 1939 hatte die SS 100 einen Matchless 50-Grad V-Twin-Motor und Vierganggetriebe.*

■ *Unten: Frühere SS 100, wie dieses Exemplar von 1926, verwendeten JAP-Motoren von JA Prestwich im Londoner Stadtteil Tottenham.*

■ *Ganz unten: Wäre der Zweite Weltkrieg nicht ausgebrochen, hätte die vierzylindrige Dream ein neues Kapitel in der Firmen-, vielleicht sogar in der Motorradgeschichte aufgeschlagen.*

BROUGH SUPERIOR SS 100 (1939)

Motor	Luftgekühlter 50-Grad Ohv-V2
Hubraum	988 cm³ (85,5x86 mm)
Leistung	45 PS/5000 U/min
Gewicht	180 kg (trocken)
Spitze	160 km/h

die Zeitschrift »The Motor Cycle« in einem Bericht die Superior als »Rolls Royce unter den Motorrädern« bezeichnete, griff George den Slogan sofort auf, und nicht einmal der Autohersteller legte sein Veto ein.
Die SS 100, gebaut zwischen 1925 und 1940, war die berühmteste Superior. Ursprünglich von einem 980 cm³ JAP V-Twin geflügelt, wurde das Motorrad mit Zertifikat geliefert, in dem Brough garantierte, daß die SS 100 mit einer Spitze von 100 Meilen pro Stunde (160 km/h) über die 400 m gestoppt worden sei, und davon leitete sich auch die Modellbezeichnung ab. Der Prospekt pries auch den guten Geradeauslauf, der es dem Fahrer erlaube, bei über 150 km/h die Hände vom Lenker zu nehmen.
Insgesamt entstanden noch nicht einmal 400 SS 100, die meisten mit JAP-Motoren. Die letzten 100 Einheiten erhielten Matchless V-Twin-Motoren. Die technischen Spezifikationen änderten sich ständig und kaum zwei SS 100

waren identisch. Auf Wunsch gab es ab 1928 eine Hinterradfederung. Eine Fußschaltung gab es ab 1935, ein Jahr später wurde ein Viergang-Getriebe von Norton angeboten. Zu den Innovationen gehörten Windschutzscheibe, Doppelscheinwerfer, Sturzbügel und Koffer.
T.E. Shaw, besser bekannt als Lawrence von Arabien, besaß mehrere Brough Superior und verunglückte

1935 tödlich – auch auf einer Superior. Die Dream von 1938 war wohl als Nachfolger der SS 100 konzipiert worden. Die Dream hatte einen exotischen Vierzylinder-Boxermotor mit 990 cm³ und verfügte über zwei Kurbelwellen, die per Zahnräder miteinander gekoppelt waren. Die Entwicklung kam nach dem Ausbruch des Zweiten Weltkriegs zum Erliegen und Brough baute nie wieder Motorräder.

BSA

BSA GOLD STAR DBD34

Birmingham Small Arms, der größte britische Motorradhersteller, war in den ersten Nachkriegsjahren mit jährlich über 75.000 Maschinen der größte Motorrad-Produzent der Welt. Doch der Konzern interessierte sich nicht nur für Motorräder, Waffen, Taxis und die Erzeugung von Stahlblechen gehörten ebenfalls in die Produktpalette. Zu den Tochtergesellschaften zählten auch Sunbeam und Arie. Die Waffenherstellung fing schon 1863 an und in den 1880ern kam die Herstellung von Fahrrädern dazu. Das Werk in Small Heath präsentierte 1905 sein erstes Motorrad, noch mit Minerva-Motor. Alsbald genossen die BSA-Produkte einen guten Ruf, in den 20ern lancierte man eine Reihe von erfolgreichen und zuverlässigen V-Zweizylindern.

■ *Links: Für Sportfahrer der 50er und 60er war die Gold Star Clubman genau das richtige Gefährt.*

■ *Unten und ganz unten: Schlank, zweckmäßig und trotzdem elegant machte die DBD34 dem BSA-Stern alle Ehre.*

BSA GOLD STAR DBD34 (1956)	
Motor	Luftgekühlter Ohv-Einzylinder
Hubraum	499 cm³ (85x88 mm)
Leistung	42 PS/7000 U/min
Gewicht	159 kg
Spitze	177 km/h

■ *Links: Über 125.000 der seitengesteuerten BSA 500 cm³ M20 wurden für die Alliierten im Zweiten Weltkrieg gebaut.*

■ *Unten links: Diese Gold Star in Endurotrim war bei der Internationalen Sechstage-Fahrt 1954 erfolgreich.*

■ *Unten: Sloper, wie dieses Exemplar aus den frühen 30ern, waren solide, leise und schafften über 100 km/h.*

Zu den populärsten der frühen BSA-Modelle gehörte die S 27 Sloper. Die Maschine mit dem charakteristisch geneigten Zylinder erschien 1927 mit 500 cm³ und war später auch als 350er und 600er erhältlich. Die Sloper galt damals als sehr modern und auffallend leise. Der BSA-Bestseller kam auf eine zehnjährige Produktionsgeschichte.

Im Zweiten Weltkrieg war BSA mit der Rüstungsproduktion voll ausgelaste. Die berühmteste BSA ist zweifelsohne die legendäre Gold Star, ein Einzylinder, der in den 50ern als Sport-, Trial- und Crossmaschine geliefert wurde. Die »Goldie« kam zu ihrem Namen, da Walter Handley 1937 den »Gold Star« erhalten hatte, verliehen für einen Rundendurchschnitt von mehr als 100 Meilen pro Stunde in Brooklands. Sein Motorrad war eine BSA 500 Empire Star, und dieses Modell trug dann im folgenden Jahr den neuen Namen. Nach dem Krieg lebte die Gold Star in neuer Form wieder auf, zunächst als 350er, später auch als 500er. Ab Werk waren mehrere Tuningsätze lieferbar

und die Leistung variierte von 18 PS für das Trial-Modell bis hin zu den über 30 Pferdestärken für die Renn-Goldie. Jede Maschine wurde mit einem Leistungsprotokoll ausgeliefert. Die sicher bekannteste Gold Star kam 1956. Die neue DBD34 hatte einen halben Liter Hubraum, Stummellenker, polierten Tank und ausgeprägte Kühlrippen am Zylinder. Ein großer, offener Amal GP-Vergaser und die nach hin-

ten gezogener Auspuffanlage ließen das Motorrad eine Spitze von fast 180 km/h erreichen. Gold Stars dominierten die Serienklasse bei der Clubmans TT auf der Isle of Man in dem Jahr, was mit dazu beitrug, daß auch nach dem Produktionsende 1963 die Gold Star bis heute unvergessen ist.

BSA

BSA 650 A10

BSA brachte den typisch britischen Nachkriegs-Twin in zwei Varianten. Zuerst kam die 1946 vorgestellte 500 cm³ A7 (die nach fünf Jahren erheblich modifiziert wurde), vier Jahre später erschien die A10 mit 650 cm³. Beide hielten sich in verschiedenen Versionen bis 1962 im Programm und erfreuten sich bester Reputation, vor allem wegen ihrer öldichten Motoren, ihrer Wirtschaftlichkeit und der allgemein guten Zuverlässigkeit. Gründe wie Optik oder Leistung spielten erst in zweiter Linie eine Rolle. Erst 1962 erschien eine neue Zweizylinder-Modellreihe mit Blockmotoren, die 500 cm³ A50 und die 650 cm³ A65. Die erste A10 hieß Golden Flash. Ihr bulliger Motor leistete 35 PS und kam auf eine Spitze von fast 160 km/h. Im Jahre 1954 spendierte BSA der Mo-

BSA 650 A10 GOLDEN FLASH (1958)	
Motor	Luftgekühlter Ohv-Twin
Hubraum	646 cm³ (70x84 mm)
Leistung	34 PS/5750 U/min
Gewicht	195 kg
Spitze	155 km/h

dellreihe eine Doppelschwinge hinten, dafür fiel die Geradewegfederung weg. Die modifizierten Flash, allerdings getunt, wurden als Road Rocket vermarktet, die verschärfte Version von 1958 hieß dann Super Rocket. Sie hatte 43 PS und eine Höchstgeschwindigkeit von 168 km/h. Damals konnte sich das durchaus sehen lassen.
Der beste und heute begehrteste BSA-Zweizylinder ist die Rocket Gold Star von 1962. Sie besaß den leicht

Unten: Die 646 cm³ A 10 war Mitte der 50er Jahre ein schönes Motorrad und verkaufte sich sehr gut.

■ Links: John Cooper verbuchte mit der BSA Rocket-3 im Rob North-Fahrgestell einige beachtliche Erfolge.

■ Gegenüber: Diese BSA Lightning A65L gehörte Mitte der 60er zu den schnellsten Sportmaschinen auf dem Markt.

■ Links: John Cooper verbuchte mit der BSA Rocket-3 im Rob North-Fahrgestell einige beachtliche Erfolge.

■ Oben: Die 500 cm³-Baureihe der ersten Zweizylinder-Serie hieß A7, wie diese Shooting Star von 1956.

frisierten Motor der Super Rocket, das Fahrwerk samt Gabel, Rädern und Bremse stammten aus der Gold Star. Der Klassikerboom der letzten Jahre führte dazu, daß unzählige Super Rocket entsprechend umgebaut wurden.

Das letzte Sportmotorrad der Marke BSA war die 750 cm³ Rocket-3, ein 58 PS starker Dreizylinder, nahezu baugleich mit der gleichzeitig eingeführten Triumph Trident 1969. Die Motorkonstruktion basierte eher auf früheren Triumph-Zweizylindern, als daß sie irgendwelche BSA-Traditionen fortgeführt hätte. Der einzige technische Unterschied lag im geneigten Zylinderblock und dem Doppelschleifenrahmen der BSA. Beide Maschinen waren schnell, dennoch kam 1971 BSA in massive Schwierigkeiten und ging in der neuentstandenen Norton-Villiers-Triumph-Gruppe auf. Die letzten BSA-Dreizylinder verließen 1973 das berühmte Werk in Small Heath in Birmingham.

■ Unten: Das heute begehrteste Modell von BSA ist diese A10 Rocket Gold Star, hier ein Exemplar von 1963.

BUELL

BUELL RS 1200

Heute hat Harley-Davidson mit der Renn- und Sportszene nicht besonders viel am Hut. Deshalb etablierte sich eine Vielzahl von Kleinbetrieben, die gerade solche Kunden bediente. Einer davon ist Buell, eine Gründung des ehemaligen Rennfahrers und Harley-Konstrukteurs Erik Buell. Sein erster Strecih war, noch in den 80ern, die vollverkleidete RR 1000 mit einem neuen, selbst entwickeltem Fahrwerk, und dieses Motorrad war bei Zweizylinderrennen in den USA sehr erfolgreich. Ihre Nachfolge trat 1989 die RS 1200 an, eine Straßenmaschine mit Halbschale, die ihren bildschönen V-Motor zur Schau stellte.
Der Schlüssel zur Fahrwerksleistung lag

BUELL RS 1200 (1989)	
Motor	Luftgekühlter 45-Grad Ohv-V2
Hubraum	1200 cm³ (88,8x96,8 mm)
Leistung	70 PS/5000 U/min
Gewicht	205 kg
Spitze	196 km/h

im Rundrohrrahmen mit dem in Gummi gelagerten Motor. Ferderung und Dämpfung übernahmen vorn eine Gabel des italienischen Zulieferers Marzocchi, für die Hinterhand war ein unter dem Motor horizontal liegendes Federbein zuständig. Die RS 1200 lief über

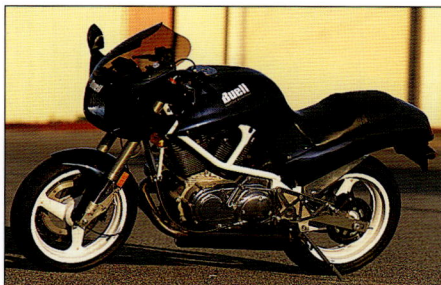

■ *Rechts: Keine Harley war fahraktiver. Enge Kurven wurden auf der RS 1200 zum Genuß, für den richtigen Sound sorgte der Großkolben-Motor aus Milwaukee.*

■ *Unten: Die Buell S2 Thunderbolt wurde in Zusammenarbeit mit Harley-Davidson entwickelt und vermarktet.*

190 km/h, der hohe Anteil an Handarbeit trieb aber den Preis in die Höhe. Harley-Davidson suchte inzwischen nach Rezepten, um neue Käuferschichten zu erschließen und nahm 1993 mit Erik Buell Kontakt auf. H-D übernahm 49 Prozent der Aktien der neu gegründeten Buell Motorcycle Company.

Das erste Motorrad in der neuen Werksanlage unweit des Harley-Stammsitzes in Milwaukee erschien 1994 und hieß S2 Thunderbolt. Zum neuen Styling und den neuen Fahrwerkskomponenten gesellte sich ein überarbeitetes Auspuffsystem, was die S2 zur bislang schnellsten, besten und erfolgreichsten Buell werden ließ.

Das nötige Kleingeld, für Entwicklung, Finanzierung und Vermarktung, steuerte Harley-Davidson bei.
Die erweiterte Modellpalette gibt Hoffnung für die Zukunft.

ANDERE MARKEN

BULTACO
Francisco Bulto, Mitgründer der Marke Montesa, gründete 1958 zusammen mit früheren Mitarbeitern in der Nähe von Barcelona die neue Marke Bultaco. In den nächsten zehn Jahren entstanden eine Reihe von Sport- und Rennmaschi-

■ *Links: Angel Nieto gewann für Bultaco zwei WM-Titeln in der 50er Klasse.*

■ *Ganz links: Unter den Trial-Stars auf Bultaco befand sich auch der Weltmeister Yrjö Vesterinen.*

nen. Unter den Straßenmodellen stach die 250 cm³ Metralla mit einer Spitze von 160 km/h hervor. Bultaco nahm sehr früh auch die Herstellung von Geländemaschinen auf. Sammy Millers Sieg 1965 im Schottisch Six Days Trial kündete das neue Zeitalter des Zweitakters an. Nachdem dieser Sport Weltmeisterschaftsstatus erhielt, konnte Bultaco fünf Jahre hintereinander die Lorbeeren nach Hause fahren. Im Rennsport gewannen Angel Nieto und Ricardo Tormo in der 50er Klasse bis 1981 vier WM-Titel. Zu der Zeit

legte ein Streik den spanischen Arbeitsmarkt lahm, die Produktion kam zum Erliegen. Kurze Zeit später war auch Bultaco am Ende.

CABTON
Einer der vielen japanischen Firmen, die in den 50ern Motorräder englischer Art bauten. Die Marke überlebte die konkurrenzintensiven 60er allerdings nicht.

CAGIVA

CAGIVA C 593

Nach vielen, vielen Jahren hoffnungslosen Kampfes in der 500er Weltmeisterschaft konnte die italienische Marke Cagiva 1992 und 1993 endlich Siege verbuchen. Und während der Saison 1994 führte der Amerikaner John Kocinski im Sattel seiner feuerroten V4 sogar die WM an, wenn auch nur kurzfristig. Dann zog sich Cagiva allerdings vom Rennsport zurück: Die gesamte Industriegruppe, zu der außerdem Ducati, MV Agusta, Morini und Husqvarna gehörten, steckte finanziell in der Klemme.

Die Cagiva-Eigentümer, die Brüder Claudio und Gianfranco Castiglioni hatten sich zunächst nur auf einige wenige, wenn auch interessante Straßenmodelle konzentriert, nachdem 1978 das alte Aermacchi-Werk im norditalienischen Varese übernommen worden war. Dabei markierte die

■ Oben: John Kocinski siegte 1993 beim Großer Preis der USA in Laguna Seca und führte 1994 kurzfristig sogar die WM-Tabelle an.

CAGIVA C 593 (1993)	
Motor	Wassergekühlter 80-Grad V4 Zweitakter
Hubraum	498 cm³ (56x50,6 mm)
Leistung	178 PS/12.500 U/min
Gewicht	132 kg
Spitze	306 km/h

rennbetonte 125er Mito, eine sehr geglückte Mischung aus Optik, Fahrleistungen und Renntechnik mit einer Spitze von über 160 km/h, das obere Ende des Angebots neben den großen Reiseenduros Elefant und Canyon mit Hubräumen von 900 cm³ und 750 cm³. Nach dem Rückzug aus der GP-Szene konzentrierte Cagiva sich auf die Entwicklung eines neuen Vierzylinders Als Ende 1996 eine texanische Investorengruppe die Aktienmehrheit an Ducati erwarb, scheint die Zukunft der ganzen Cagiva-Gruppe auch finanziell gesichert zu sein.

CASAL

Die Marke Casal entstand Mitte der 60er und begann damit, Zündapp-Motoren in eigene Fahrgestellen zu verpflanzen. Später stellte die portugiesische Firma eigene Motoren her und beschickt heute mit ihren 50ern den heimischen Markt.

CCM

CCM setzte in den 70ern modifizierte BSA B50-Motoren in Fahrgestelle eigener Herstellung ein. Die Firma wurde

bald darauf von der Industriegruppe Armstrong übernommen, doch CCM-Gründer Alan Clews konnte Mitte 80er seine Marke zurückkaufen. Seitdem baut er Cross- und Trialmaschinen mit Rotax-Motoren.

COTTON

In den 50ern und 60ern bestand die Cotton-Produktion aus bescheidenen Straßenmaschinen mit Villiers-Zweitaktern. Die Zeiten früher waren eindeutig besser gewesen, dort hatte man einige Rennerfolge verbuchen können, woran auch noch das Tankemblem erinnerte. Das »coTTon« leitete sich her von Stanley Woods Sieg bei der TT von 1923 – natürlich auf einer Cotton.

CYCLONE

Berühmt für ihren exotischen 1000 cm³ V-Zweizylinder mit obenliegenden

Nockenwellen, nahm die Marke Cyclone 1913 die Motorradherstellung auf. Die Straßenmodelle waren nicht sonderlich erfolgreich und Konkurrenten wie Harley-Davidson und Indian konnten mit ihren Achtventilern bald auch auf der Rennstrecke die Cyclone überflügeln. Die Produktion dauerte nur ein paar Jahre.

CZ

Die tschechische Marke CZ entstand in den 30ern, gewann aber erst in den 60ern mehrere WM-Titel im Motocross. Nach dem Zweiten Weltkrieg wurde die Marke in staatlicher Regie geführt und baute zusammen mit Jawa Zweitakt-Gebrauchsmotorräder. Cagiva übernahm 1992 die Kontrolle und beschickt mit den dort produzierten 125ern neuerdings auch den deutschen Markt.

■ Links: Die Cotton Telstar-Rennmaschine aus der Mitte der 60er Jahre hatte einen 30 PS starken Einzylinder-Zweitaktmotor von Villiers.

■ Unten links: Trialfahrer Dave Thorpe 1979 in Aktion, er fährt eine 250er CCM-Viertakter.

■ Oben: Die Cagiva 125 Mito von 1994 mit einem 30 PS starken, wassergekühlten Zweitaktmotor, Aluminium-Kastenrahmen und einer Vollverkleidung, die Stilelemente der Konzernschwester Ducati 916 aufweist.

■ Gegenüber: Die Cagiva V4 war immer die schönste, aber nicht die schnellste aller Werks-500er.

■ Rechts: Die Großenduro Cagiva 900 Elefant war eher Tourer als Geländemaschine. Als Antrieb diente ein Ducati V-Zweizylinder.

DOUGLAS DRAGONFLY

Zweizylinder-Boxermotoren waren auch typisches Kennzeichen der Motorräder aus dem Hause Douglas. 1906 fing die Familie Douglas in Bristol an, diesen Motorentyp zu bauen und blieb diesem Konzept bis zum Ende der Firma in den ausklingenden

DOUGLAS DRAGONFLY (1955)	
Motor	Luftgekühlter Ohv-Zweizylinder-Boxer
Hubraum	348 cm³ (60,8x60 mm)
Leistung	17 PS/6000 U/min
Gewicht	166 kg
Spitze	120 km/h

50ern treu. Die ersten Modelle – Typ Fairy – hatten die Kurbelwelle quer eingebaut, ein Zylinder wies nach vorn, einer nach hinten. Mit dieser Auslegung siegte Freddie Dixon seinen Sieg in der Gespannklasse auf der Isle of Man 1923. Straßenmodelle wie die K32 gehörten zu den exklusivsten Möglichkeiten, in den 30ern ein Motorrad zu bewegen.

Spätere Boxer, wie die 350er T35 von 1947, hatten ihre Motoren wie BMW quer im Rahmen eingebaut, jedoch mit Kettenantrieb. Ihre Leistung war zwar hoch, sie hatten aber einen schlechten Ruf wegen mangelnder Zuverlässigkeit und zweifelhafter Verarbeitungsqualität. Das letzte und beste Modell war die 350er Dragonfly.

1955 vorgestellt, bildeten dabei Tank und Scheinwerfergehäuse eine Einheit. Leider lief Motor bei niedrigen Geschwindigkeiten rauh, und eine Spitze von 120 km/h war eindeutig zu wenig. Deshalb blieb auch der Verkauf weit hinter den Erwartungen zurück und Douglas verschwand.

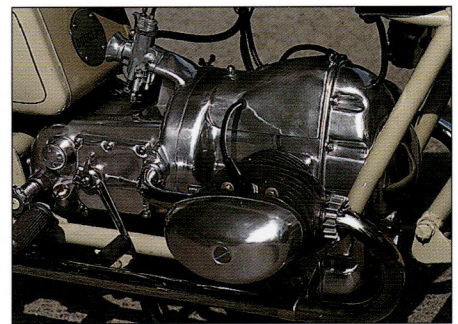

■ Oben: Der Boxermotor der 350er Dragonfly war nicht sonderlich erfolgreich, da der Motor bei niedrigen Drehzahlen sehr rauh lief.

■ Links: Ein typisches 50er-Jahre-Design und die Earles-Gabel verliehen der Dragonfly eine sehr eigenwillige Optik.

■ Rechts: Frühe Douglas-Zweizylinder, wie dieses 2,75 PS starke Modell von 1914, trugen den Motor in Längsrichtung, mit quer eingebauten Kurbelwellen

■ Ganz rechts: Auf dieser 6 PS-Rennmaschine von 1922 installierte Douglas als Pionier die Scheibenbremse vorn.

ANDERE MARKEN

DAIMLER

Gottlieb Daimler ist der Urvater des Motorrads, mit seinem hölzernen Reitwagen wagte sein Sohn Paul 1885 die erste Motorradausfahrt der Welt. Der Reitwagen diente als Versuchsträger für den Benzinmotor und die weitere Entwicklung konzentrierte sich auf vierrädrige Fahrzeuge. Was daraus wurde, ist bekannt.

DERBI

Der Name dieser Firma aus Barcelona enthüllt auch ihre Herkunft: DERivados de BIcicletus – Fahrradentwicklungen. Damit beschäftigte man sich bis zur Einführung der 250 Super 1950. Zu den ersten Modellen gehörte auch eine zweizylindrige 350er, in den 60ern konzentrierte sich die Produktion aber auf kleinere Modelle wie die Grand Sport mit 50 und 75 cm³. Erfolgreiche Einsätze in der Straßen-WM führten zwischen 1969 und 1972 zum Gewinn von fünf WM-Titeln in der 50er- und 125er-Klasse für den Spanier Angel Nieto. Danach zog Derbi sich aus dem Rennsport zurück und konzentrierte sich auf Geländemaschinen. Mehr als zehn Jahre später kehrte die Marke auf die Pisten zurück und gewann mehrere WM-Titel, diesmal unter Jorge »Aspar« Martinez.

DKW

Gegründet vom Dänen Jörgen Skafte Rasmussen, begann Zweitaktpionier DKW 1920 mit der Produktion kompletter Motorräder. Schon 1928 war die Marke größter Motorradhersteller der Welt und kam auf eine Jahresproduktion von mehr als 100.000 Motorrädern. DKW bildete zusammen mit Audi, Horsch und Wanderer 1932 die Auto Union, deren Emblem mit vier Ringen noch heute Audi-Automobile schmückt. Mit der Kom-

■ Oben: Daimlers Reitwagen mit einem Hubraum von 265 cm³ schaffte im Jahre 1885 immerhin 12 km/h.

■ Oben: Die spanischen Teamkollegen Jorge Martinez und Alex Criville waren in Jerez 1988 ebenbürtig.

■ Oben: Diese SB 500 Luxus war 1935 das 300.000. Motorrad von DKW.

pressor-Doppelkolben DKW siegte 1938 bei den 350ern Ewald Kluge auf der Isle of Man. Nach dem Zweiten Weltkrieg ging das Stammwerk in der ostdeutschen IFA auf. Daraus entstand dann MZ, während DKW in Ingolstadt sich neu formierte. Nachfolgefirma war die Zweirad Union, sie entstand 1957 aus der Motorradsparte der Marke DKW, Victoria und Express. 1966 wurde sie von Fichtel & Sachs aufgekauft. Anfang der 70er verschwand der Name DKW.

DMW

Während des Zweiten Weltkriegs baute die Firma in Wolverhampton Federelemente für Starrahmen, ab 1947 komplette Motorräder. Die meisten Modelle hatten kleine Zweitaktmotoren von Villiers, das bekannteste den 250er der Zweizylinder-Dolomite. Die Straßenmodelle liefen 1966 aus, aber DMW fertigte noch eine Weile Trialmaschinen in Kleinserie.

DNEPR

Diese Marke aus Ukraine kennt man vor allem von ihren Kopien der Wehrmachts-BMW-Gespanne. Die Dnepr 11 hat zwei Zylinder, 36 PS und eine Spitze von 120 km/h. Für den Gespannbetrieb hat das Getriebe einen Rückwärtsgang. Bei der baugleichen Dnepr 16 ist außerdem der Seitenwagen angetrieben.

DOT

Dieses Werk aus Lancashire baute in den 50ern und 60ern Trial- und Crossmaschinen. Ihre größten Erfolge feierte die Marke in den 20ern, als die Werksmannschaft regelmäßig bei der Isle of Man antrat. Unter den damaligen Serienmodellen befanden sich auch V-Zweizylinder mit 1000 cm³ JAP-Motoren.

DUCATI

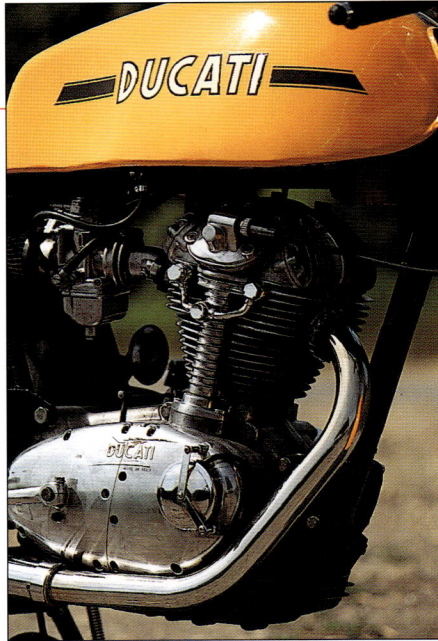

DUCATI 250 DESMO

Adriano und Marcello Ducati gründeten 1926 in Bologna eine Fabrik zur Herstellung von elektrischen Komponenten. Das Werk wurde im Zweiten Weltkrieg weitgehend zerstört. Der Staat finanzierte den Wiederaufbau, übernahm dafür allerdings die Kontrolle über den Betrieb. Ducati dachte über neue Produkte nach und präsentierte 1946 den Cucciolo, einen 50 cm³ Viertakt-Hilfsmotor, der sich sehr gut verkaufte. Ab 1954 kam mit Fabio Taglioni ein neuer Chefkonstrukteur, der der Marke seinen Stempel auf-

DUCATI 250 DESMO (1975)	
Motor	Luftgekühlter Sohc-Einzylinder Desmo
Hubraum	249 cm³ (74x57,8 mm)
Leistung	30 PS/8000 U/min
Gewicht	132 kg
Spitze	152 km/h

drückte. Er entwickelte die desmodromische Ventilsteuerung, das heißt, die Ventile werden von der Nockenwelle geschlossen, nicht von Federn –

■ Oben: Taglionis klassischer Einzylinder mit Königswelle, obenliegender Nockenwelle und desmodromischer Ventilsteuerung.

■ Links: Der sportliche Einsatzbereich wurde vom schlichten, doch eleganten Design unterstrichen.

■ *Oben links: Der erste Motor von Ducati war dieser kleine Hilfsmotor, Cucciolo genannt, Hundewelpe.*

■ *Oben rechts: Der 450 Desmo trieb auch den erfolgreichen Street-Scrambler.*

■ *Oben: Die 100 Grand Sport, Taglionis erste Konstruktion für Ducati, war stilbildend für die spätere Modellpalette.*

■ *Rechts: Die leichten, stramm gefederten Einzylinder zeichneten sich durch ihr überdurchschnittliches Handling aus.*

Kennzeichen der Marke bis heute. Die 100 cm³ Grand Sport, Marianna genannt, war 1955 fahrbereit. Der dort verwendete Einzylindermotor mit obenliegender Nockenwelle und Königswellenantrieb bildete für die nächsten 20 Jahre die Basis der Ducati-Produktion. Bei Langstreckenrennen wie dem Giro d'Italia war die Maschine sehr erfolgreich. 1958 mischte Ducati auch im GP-Sport mit, gewann mehrere Rennen und belegte in der 125er Weltmeisterschaft den zweiten Platz. Die Modellreihe wuchs 1957 mit der 175 cm³ Sport, 1964 folgte die 250er

Mach 1, schnell, leicht, elegant und auf Rennstrecke und Straße gleichermaßen erfolgreich. Zu den schnellsten und besten gehörten die Desmo-Modelle mit 250, 350 und 450 cm³ Hubraum, die Anfang der 70er vom Band rollten. Für deren schlanke, schlichte Gestaltung zeichnete Leo Tartarini verantwortlich. Mit Stummellenkern, zurückgelegten Fußrasten und Einzelsitzbänken waren sie ausgesprochene Sportmaschinen. Die beiden größten Modelle schafften über 160 km/h und auch die hubraumschwächste Desmo verfehlte diese Marke nur knapp.

■ *Gegenüber: Gute Federungskompo-
nenten und ein verwindungssteifer Rahmen verhalfen der 900 SS zu Fahreigenschaften, wie man sie im Motorradbau der
70er noch nicht gesehen hatte.*

DUCATI

DUCATI 900 SS

Schlank und laut, aggressiv und wind-
schlüpferig hatte die 900 SS wohl nur
eine einzige Aufgabe, nämlich diejeni-
ge, schnell bewegt zu werden. Die 900
SS kombinierte einen potenten Zwei-

zylindermotor mit einem straffen Fahrwerk und sportlicher Sitzposition Die
offenen 40 mm-Dell'Orto-Vergaser, die
ausgeräumten Conti-Dämpfer, die Einzelsitzbank und der Verzicht auf einen
schweren Anlasser ließen keinen
Zweifel an der wahren Natur der Maschine aufkommen.
Ducati stellte 1971 mit der GT 750 den
ersten V-Zweizylinder vor, ein Jahr später folgte die leistungsstärkere 750
Sport, eine unverkleidete Sportmaschine im hellgelbem Lack. Paul Smarts
Maschine, mit der er 1972 die 200 Meilen von Imola gewonnen hatte, war das
Vorbild einer Replika mit dem Namen
750 SS, die neben der Rennoptik auch
die desmodromische Ventilsteuerung
der Rennmaschine erhielt. 1975 wurde

der Motor auf 864 cm³ vergrößert und
kam in der 900 SS zum Einsatz. Ge-
segnet mit sattem Drehmoment im
mittleren Bereich, brillierte die 79 PS
starke Ducati mit einer Spitze von fast
210 km/h.

DUCATI 900SS (1975)	
Motor	Luftgekühlter 90-Grad Sohc-V2 Desmo
Hubraum	864 cm³ (86x74,4 mm)
Leistung	79 PS/7000 U/min
Gewicht	188 kg
Spitze	210 km/h

■ *Oben: Große, of-
fene Dell'Orto-Ver-
gaser und donnern-
de Conti-Dämpfer –
nie wurden 79 PS
stilvoller erzeugt.*

■ *Links: Die erste
900 SS kannte keine
Kompromisse – ein
Motorrad, das direkt
von der Rennstrecke
auf die Straße gerollt
zu sein schien.*

Daß die SS eine Fahrmaschine war, davon kündeten auch die karge Ausstattung und das niedrige Gewicht, ebenso die rennerprobten Marzocchi-Federelemente. Die schöne Halbschalenverkleidung entlastete den Fahrer wirkungsvoll, höchst effektiv auch die Brembo-Bremsen.

Die Ducati-Legende, die sich in den 70ern bildete, beruhte zum großen Teil auf zwei Rennsiegen, beide von englischen Fahrern. Paul Smarts unerwarteter Sieg bei den 200 Meilen in Imola vom April 1972 war der erste Meilenstein. Das Ergebnis verschaffte Ducati sofort und weltweit eine Sonderstellung unter den Herstellern von Sportmaschinen.

Sechs Jahre später folgte ein zweiter ruhmreicher Tag für Ducati, als Mike Hailwood sein Comeback mit einem Sieg bei der Formel 1 auf der Isle of Man krönte. Sein Rundendurchschnitt betrug 174,6 km/h, seine Maschine: eine vollverkleidete, grün-rote Ducati SS. Dieser Erfolg führte 1979 zu einem 900er Sondermodell für die Straße, die sogenannte Hailwood-Replica. Genau wie die weiterhin angebotene

Serien-SS blieb sie bis 1984 in Produktion, leider durch immer strengere Umweltvorschriften gehandicapt. Inzwischen kämpfte das Werk mit erheblichen Finanzproblemen und der italienische Staat war froh, seinen Betrieb 1985 an Cagiva abstoßen zu können.

■ *Ganz oben: Paul Smarts Siegesmaschine 1972 von den Imola 200. Er legte den Grundstein zur Ducati-Legende.*

■ *Oben: Mit dieser Hailwood Replika feierte Ducati Mike Hailwoods Sieg auf der Isle of Man 1978.*

■ *Unten: Die 750 Sport von 1971: unverkleidet und ohne desmodromische Ventilsteuerung.*

DUCATI

DUCATI 916

Selten hat ein Motorrad für so viel Aufmerksamkeit und Aufregung gesorgt wie 1994 bei ihrer Einführung die Ducati 916. Wie eine Raubkatze duckt sich die Maschine auf die Straße, bereit zum Sprung und schon im Stand ungeheuer schnell – Faszination pur, von der spitzen, flachen Verkleidungsnase mit ihren beiden schmalen Scheinwerfern über die wunderschöne Einarmschwinge aus Alu bis hin zu den nach oben gezogenen Schalldämpfern

DUCATI 961 (1994)	
Motor	Wassergekühlter 8-Ventil 90-Grad Dohc-V2
Hubraum	916 cm³ (94 x 66 mm)
Leistung	114 PS/9000 U/min
Gewicht	195 kg
Spitze	257 km/h

■ Unten: Einfach schön, von der spitzen Nase bis zu den hochgelegten Schalldämpfern.

Der neue Seriensieger bei den Leserwahlen zum »Motorrad des Jahres«, die die Motorradpresse rund um den Globus abzuhalten pflegt, war eine Entwicklung des Bimota-Gründers Massimo Tamburini, der nur für den Motor auf Bekanntes zurückgriff: Fast alle Motor-Komponenten waren mit denen der Ducati 888 beziehungsweise der 851 Strada von 1988 identisch. Mit der 916 wurde die Meßlatte noch einmal höher gelegt. Die Motorleistung war zwar lediglich um zwei auf 113 PS gestiegen, doch lag das maximale Drehmoment von 92 Nm schon bei 6900 U/min an, was die Ducati zu einem der durchzugstärksten Superbikes auf dem Markt machte. Die Serienausführung ging 257 km/h. 1995 erschienen zwei weitere 916-Versionen auf dem Markt: Die 916 Senna, ein Sondermodell mit Kohlefaser-Teilen und SP-Chassis, und die 916 Biposto mit Sozius-Sitzplatz. Doch trotz der grandiosen Imagewirkung (und der guten Verkaufserfolge), den die neue Ducati erzielte: das Mutterunternehmen Cagiva kämpfte mit finanziellen

■ *Unten: Der Franzose Raymond Roche war 1990 der erste Weltmeister auf Ducati in der Superbike-WM.*

■ *Rechts: Die raffinierte 851 (links) bekam 1989 Gesellschaft in Gestalt der einfacheren 900 SS.*

Problemen. Gelegentlich kam dieProduktion in Bologna beinahe zum Erliegen. Dennoch hielten die Kunden dem Werk die Treue und fanden sich mit stetig wachsenden Lieferzeiten ab: Jeder wußte, daß die Ducati 916 etwas ganz Besonderes war.

Ein großer Teil des 916er-Mythos rührte von den vielen guten Resultaten in der Superbike-WM her. Hier konnte Ducati das Regelwerk ausschöpfen, das Zweizylindern einen Hubraum von bis zu 1000 cm^3 gestattete, während die Vierzylinder nur 750 cm^3 haben durften. Der Franzose Raymond Roche war 1990 Weltmeister, gefolgt vom Amerikaner Doug Polen, der die folgenden zwei Jahre den Titel holte. Scott Russell war 1993 auf Kawasaki Weltmeister, dann lösten Carl Fogarty und Troy Corser ihn die folgenden drei Jahre auf Ducati ab.

Ducati entwickelte zu dieser Zeit auch technisch weniger anspruchsvolle Modelle, zum Beispiel die 900 SS mit zwei Ventilen pro Zylinder und nur einer obenliegenden Nockenwelle von 1989. Die neue SS litt anfangs unter Vergaser-Problemen und mangelhafter Federabstimmung, eine aufgefrischte Version, die zwei Jahre später erschien, erwies sich als erfolgreich. Ableger davon, wie die superleichte Superleggera und die nackte M900 Monster, verkauften sich ebenfalls sehr gut, wie auch die 600er- und 750er-Ausführungen beider Modellreihen. Im Herbst 1996 erhielt Ducati neue Besitzer, eine texanische Investorengruppe, die mit einer kräftigen Finanzspritze die ehemalige Cagiva-Tochter flott machen will.

■ *Oben und links: Die M 900 Monster wurde bei der Einführung als Funbike erster Klasse gefeiert.*

ENFIELD

ENFIELD BULLET 500

Die einzylindrige Bullet gehörte zu den beliebtesten Modellen der britischen Marke Royal Enfield. Dieses einfache, leichte Motorrads stand zwischen 1949 und 1962 im Programm, zuerst mit einem Hubraum von 350 cm³, später auch mit 500 cm³. Gute Geschäfte machte Enfield damit im Export, wo die Bullet unter anderem an die indischen Streitkräfte geliefert wurde. Schon 1958 wurde die Royal Enfield in Madras unter Lizenz herge-

stellt, Maschinen und Ausrüstung kamen vom alten Werk. Die 350er verkaufte sich gut und konnte ab Mitte der 80er auch exportiert werden. Einige Jahre später folgte die 500er Bullet und war ebenfalls erfolgreich, obwohl die Optik der 50er beibehalten worden war. Nach heutigen Maßstäben ist die Enfield Bullet ein primitives Motorrad. Kernige Vibrationen sind bei dieser Konstruktion unvermeidlich auch das

Handling befindet sich auf dem Stand von damals. Für die Anschaffung einer Bullet sprechen dagegen der klare, reparaturfreundliche Aufbau und das Bewußtsein, einen fabrikneuen Oldtimer zu besitzen.

ENFIELD BULLET 500 (1990)	
Motor	Luftgekühlter Ohv-Einzylinder
Hubraum	499 cm³ (84x90 mm)
Leistung	22 PS/5400 U/min
Gewicht	169 kg
Spitze	130 km/h

■ Unten: Die 500 cm³-Bullet wurde 1990 gebaut. Ihr Design erinnert aber stark an ihre Vorläufer aus den 50ern.

■ *Rechts: Das Handling einer werksneuen Bullet ist nicht besonders gut. Daß man sich dennoch einigermaßen unbedenklich auf die Straßen wagen kann, liegt an Spezialisten wie Fritz Egli.*

■ *Gegenüber Mitte: Auch frisiert liefert der Motor nicht viel Leistung, ist aber _ für einen Oldtimer – erstaunlich zuverlässig.*

ANDERE MARKEN

ECOMOBILE

Konstrukteur Arnold Wagner aus der Schweiz realisierte dieses ungewöhnliche Konzept auf zwei Rädern, einem Segelflugzeug ohne Tragflächen nicht unähnlich. Die erste Version von 1982 hatte BMW-Boxermotoren in einer Karosserie aus Kohlefaser. 1988 wurde die Konstruktion mit dem Vierzylinder aus der K100 versehen und erreichte dann eine Spitze von mehr als 240 km/h.

EGLI

Der Schweizer Fritz Egli hat unzählige Fahrwerke für die unterschiedlichsten Motoren gebaut, alle mit dem typischen Merkmal eines dicken Zentralrohres. Sein erstes Motorrad wurde von einem Vincent V-Zweizylinder getrieben und damit gewann Egli die Schweizer Straßenmeisterschaft Ende der 60er. In den 70ern frisierte er für seine Fahrwerke Vierzylinder von Honda und Kawasaki, bestückte sie mit Turboladern. Die Egli MRD 1 hatte sogar eine Lachgaseinspritzung. Seine Maschinen verbuchten einige Erfolge in der Langstreckenszene. In den letz-

■ *Oben: Eglis Harley-Spezial Lucifer´s Hammer von 1983, schnell, laut und stark.*

ten Jahren hat er mit Harley-Davidson-Spezialbauten für Aufsehen gesorgt. Als Importeur für Enfield Bullet hat er sich auch um Motoren und Fahrwerke der indischen Marke gekümmert.

ELF

Der französische Ölgigant Elf sponserte innovative Experimentalmotorräder, alle mit alternativen Vorderradaufhängungen. Die Elf-E, eine Langstreckenmaschine mit Honda Vierzylinder-Motor aus dem Jahre 1981, war die erste mit unter anderem Bremsscheiben aus Kohlefaser. Elf ging 1985 mit einer konventionelleren Maschine, obwohl immer noch mit Achsschenkellenkung, zu den Grand Prix. Ron Haslam als Fahrer war allerdings trotz eines Werksmotors mit der Elf-3 nie konkurrenzfähig, nach der Saison 1988 zog sich das Team zurück. Hondas Engagement führte aber zu mehreren Patenten, unter anderem der Einarmschwinge, die anschließend an mehreren Straßenmodellen zu finden war.

EMC

Der in Österreich geborene Doktor Joseph Ehrlich kam in den 30ern nach England und gründete nach dem Krieg die Ehrlich Motor Co. in London. Im Programm standen die Model S und Model T, jeweils mit 350 cm³ Doppelkolben-Zweitaktmotoren. Beide waren sehr erfolgreich. In den frühen

■ *Links: Das Ecomobile liefert mit Turbo eine Spitze von 270 km/h und kombiniert die Leistung eines Superbike mit dem Komfort eines Sportwagens.*

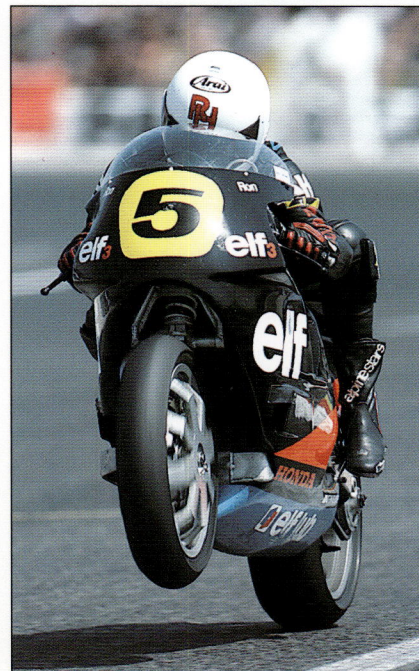

■ *Oben: Ron Haslam macht mit seiner Elf 3 einen Wheelie*

60ern baute Ehrlich eine 125er Rennmaschine, mit der unter anderem Mike Hailwood einige schöne Erfolge erringen konnte. Nach einem ebenfalls erfolgreichen Zwischenspiel in der Formel 3 kehrte Ehrlich in den 80ern zu Motorrädern zurück und konnte sich mit 250er Rotax-Motoren in der GP-WM und auf der Isle of Man ein weiteres Mal Erfolge verbuchen. Als er schon über 80 war, präsentierte Ehrlich 1995 noch eine weitere Rennmaschine.

EXCELSIOR

EXCELSIOR MANXMAN

Excelsior war der erste Motorradproduzent in England und vermarktete schon 1896 Motorräder unter dem Firmennamen Bayliss, Thomas & Co.

Der Namenswechsel folgte 1910, nachdem eine deutsche Marke, die den Namen bisher genutzt hatte, nicht mehr im Geschäft war. Excelsior konzentrierte sich zunächst auf Modelle mit wenig Hubraum, gewann aber mit der Mechanical Marvel, dem »mechanische Wunder«, bei der TT auf der Isle of Man 1933 die 250er Klasse. Dieses Ergebnis verhalf der Marke zu großer Popularität, Excelsior richtetet sich darauf ein, eine Replika der Sie-

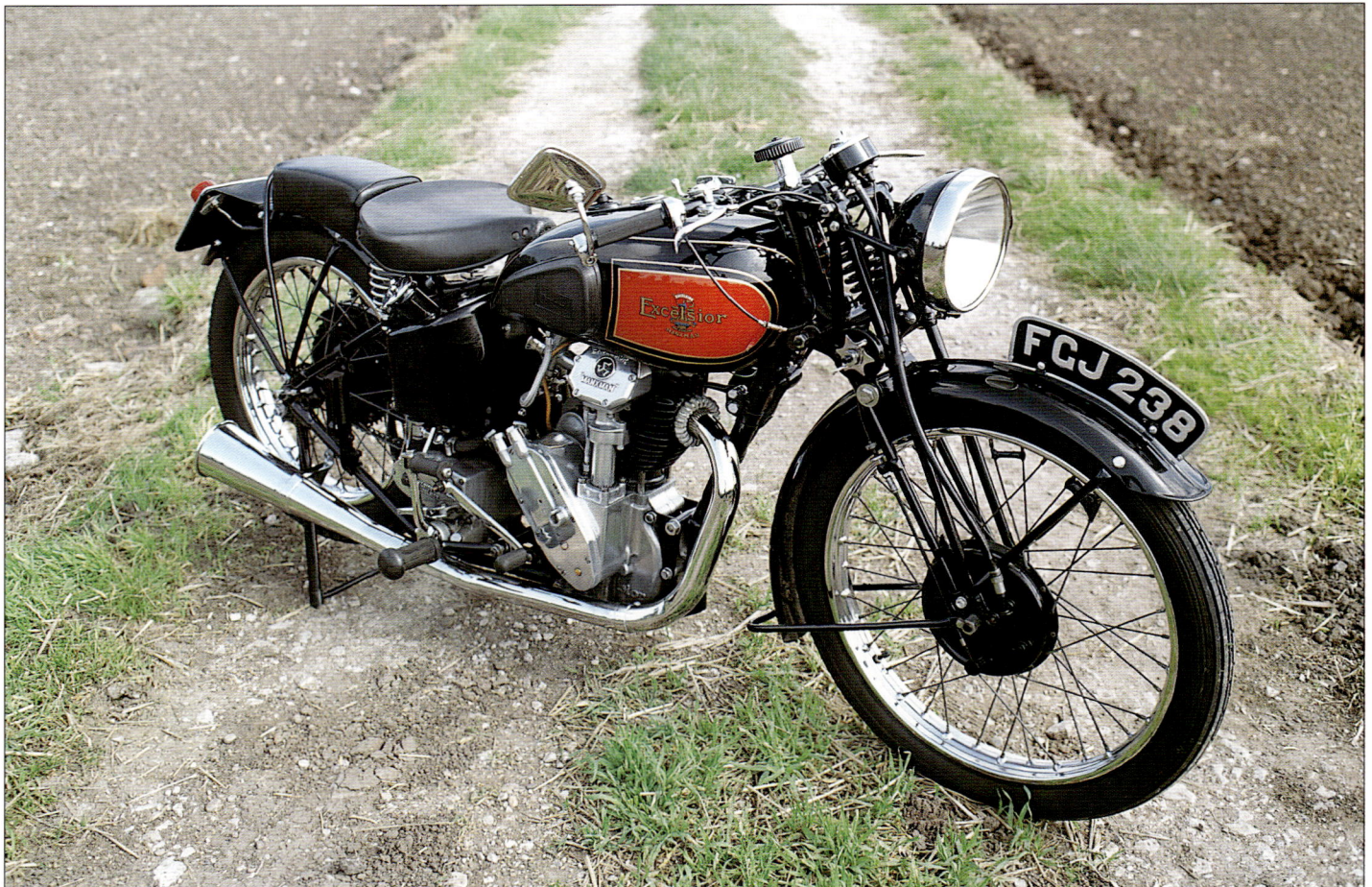

EXCELSIOR MANXMAN 250 (1936)

Motor	Luftgekühlter 2-Ventil Sohc-Einzylinder
Hubraum	246 cm³ (63x79 mm)
Leistung	ca. 25 PS
Gewicht	132 kg trocken
Spitze	130 km/h

ANDERE MARKEN

EXCELSIOR

Diese amerikanische Marke wurde in Chicago vom Fahrradhersteller Schwinn gebaut. Das Modellangebot umfaßte alles, von kleinen Zweitaktern bis zu den berühmten großen V2-Viertaktern. Das erste Motorrad entstand 1907. Excelsior verschwand in der Wirtschaftskrise 1931, hatte aber zuvor schon die Rechte am Henderson-Vierzylinder übernommen und war zum drittgrößten Hersteller Amerikas _ hinter Indian und Harley-Davidson _ aufgestiegen. Das bekannteste Modell war die Super-X, ein 750 cm³ V-Zweizylinder, Mitte 20er eingeführt.

germaschine zu vermarkten. Leider verloren die Marketingleute im letzten Moment die Nerven. Deshalb kam die Replika mit nur einer statt mit zwei obenliegenden Nockenwellen. Die Maschine hieß Manxman und hatte einen Hubraum von 250 cm³. Später folgten 350er und 500er Manxman. Nach dem Zweiten Weltkrieg konzentrierte Excelsior sich auf kleine Zweitakter mit Villiers-Motoren, wie die 250er Talisman und Viking. Der Verkauf ging immer weiter zurück, Excelsior stellte 1962 die Herstellung ein.

■ Gegenüber oben: Eine Manxman unterwegs auf der Isle of Man, woher sie ihren Namen hatte.

■ Gegenüber Mitte: Der Einzylinder mit einfacher obenliegenden Nockenwelle war schnell und zuverlässig, hier als 350er.

■ Gegenüber unten: Die Manxman-Motoren trieben in den 30ern auch eine Reihe von schnellen Sportmaschinen für die Straße.

■ Rechts: Excelsiors Vierventiler, The Mechanical Marvel, siegte unter Sid Gleave 1933 in der 250er Klasse auf der Isle of Man.

FN VIERZYLINDER

Das erste in Serie hergestellte Vierzylinder-Motorrad kam von FN in Belgien. Die 1899 unweit von Lüttich gegründete Waffenschmiede hatte 1902 das erste Motorrad, einen Einzylinder, gebaut. Die von Paul Kelecom konstruierte Maschine hatte einen Hubraum von 362 cm³, Magnetzündung und einen gekapselten Kardanantrieb. Der Motor war längs eingebaut. Für die Gabel hatten die Belgier eine Teleskopfederung entwickelt.

Trotz des revolutionären Motor war die Fachpresse, unter anderem *France Automobile*, anfangs skeptisch und betrachtete die Schöpfung eher als Spielzeug. Daß die FN noch mehr konnte, bewies die mehr als zwei Jahrzehnte umfassende Produktions-

dauer des Vierzylinders. Der Hubraum wuchs zunächst auf 412 und 1911 auf 491 cm³. Dann lieferte der Motor etwa 4 PS, hatte eine Kupplung, Zweiganggetriebe und erreichte 65 km/h. Eine noch verbesserte Version folgte kurz vor dem Ersten Weltkrieg mit 748 cm³,

aber danach mußte der Hersteller Motorräder für die deutsche Armee bauen. Nach dem Krieg blieb der Erfolg weitgehend aus, obwohl eine Neukonstruktion mit Kettenantrieb 1923 das Modell weitere drei Jahre am Leben erhielt.

FN VIERZYLINDER (1911)	
Motor	Luftgekühlter wechselgesteuerter Vierzylinder
Hubraum	491 cm3
Leistung	4 PS
Gewicht	75 kg
Spitze	65 km/h

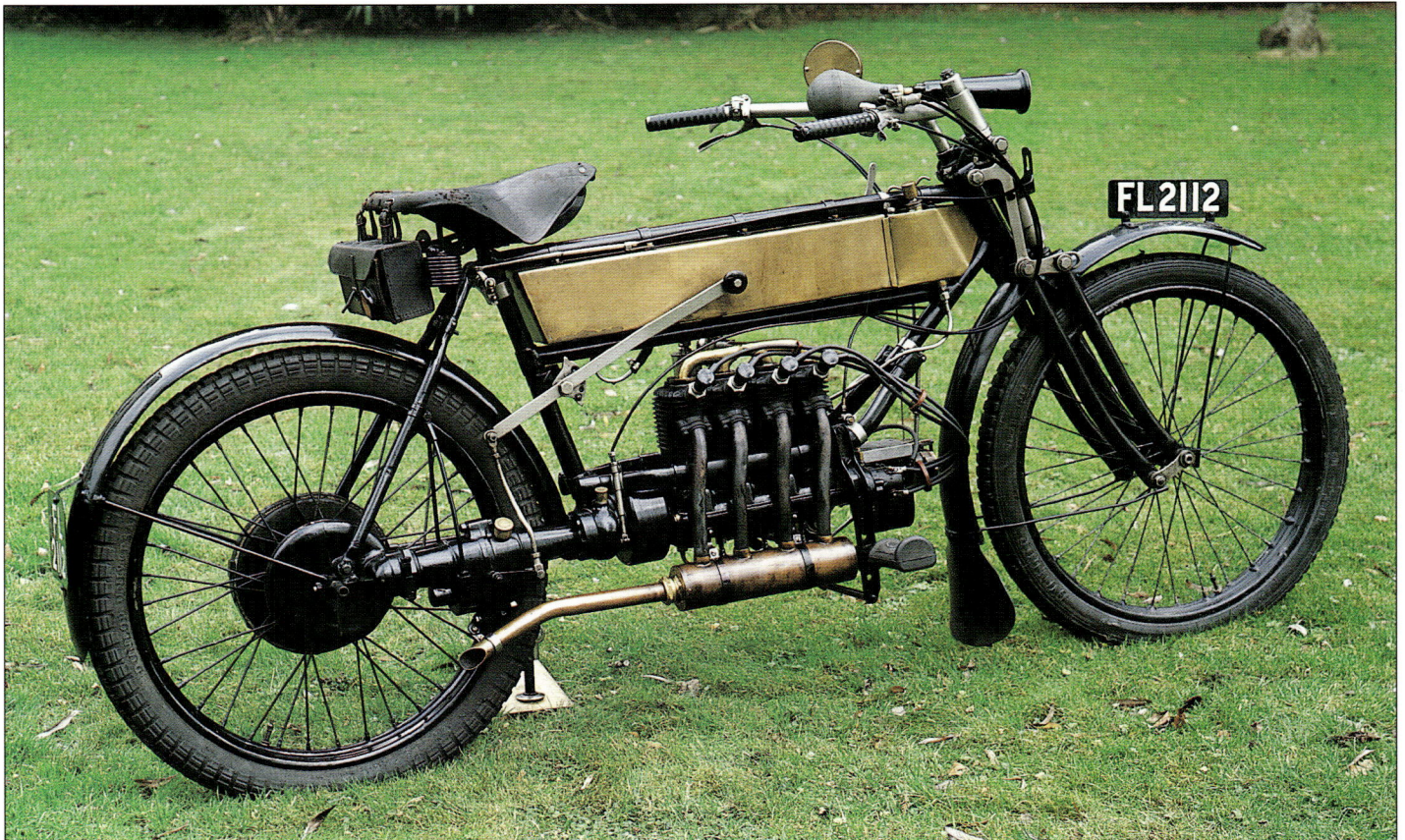

FANTIC

Schon kurz nach der Produktionsaufnahme in den 60ern war die Marke fest in der Zweiradszene etabliert, ein Verdienst, der den Caballero-Geländemaschinen zukam. Der italienische Hersteller hat eine Vielzahl von Cross- und vor allem Trialmaschinen gebaut. Sporterfolge, auch neueren Datums, gehen auf die Trial-Einsätze zurück.

FATH

Helmut Fath, Gespann-Weltmeister 1960, ist vor allem wegen seiner Vierzylinder-Rennmaschine bekannt und dafür, daß er damit 1968 zum zweiten Mal Weltmeister wurde. Dieses Triebwerk hatte er während seiner Genesung nach einem schweren Unfall konstruiert und nach seinem Heimatdorf Ursenbach URS benannt. Der Motor hatte doppelte obenliegende Nockenwellen, drehte bis 15.000 Umdrehungen und lieferte 80 PS. Der Motor war auch in Metisse- und Seeley-Chassis eingebaut worden, die größten Erfolge damit hatte der deutsche Fahrer Karl Hoppe. Friedl Münch wollte unter amerikanischer Regie mit Faths URS seine Produktpalette erweitern, doch der Deal platzte und Fath war seine Rechte an dem Motor los. Danach entwickelte er einen vierzylindrigen Zweitakt-Boxer und auch dieser Motor gewann den WM-Titel. Er starb 1996.

FRANCIS-BARNETT

Die Produkte der Marke Francis-Barnett strahlten nie besonderen Flair aus, sie waren praktische Gebrauchsmotorräder, und das war von der Firmengründung 1919 bis zur Stillegung 1966 so gewesen. Das berühmteste Modell war die 250 Cruiser der 30er, mit Villiers Einzylinder-Zweitaktmotor, Beinschildern, großen Schutzblechen und teilweise gekapseltem Motor. Die Firma aus Coventry wurde 1947 von der Associated Motor Cycles übernommen, baute aber weiter Straßenmodelle wie auch Cross- und Trialmaschinen. Die wachsende Popularität der italienischen Rollern traf die Marke hart, die ihre Brot-und-Butter-Motorräder immer weniger absetzen konnte. Die Entwicklung eigener Moto-

■ *Rechts: Dieser einzylindrige Francis-Barnett-Zweitakter wurde 1959 gebaut. Er war billig und hatte eine ganz anständige Leistung.*

■ *Links: Helmut Fath wurde mit seinem eigenen URS Vierzylinder-Motor 1968 Gespann-Weltmeister.*

■ *Oben: Dieser Francis-Barnett Cruiser stammt von 1936 und bietet, dank der Beinschilder, dem Fahrer viel Wetterschutz.*

■ *Oben: Fantic ist für seine Trialmaschinen bekannt, wie diese 125er in der Schottischen Six Days 1991.*

ren scheiterte, man griff wieder auf Villiers-Triebwerke zurück und vermarktete unter dem Modellnamen Cruiser in den 60ern Ein- und Zweizylindermodelle.

GILERA

GILERA SATURNO

Gilera gehörte zu den großen Motorradherstellern der 50er und nutzte seine zahlreichen Rennerfolge zur Vermarktung einiger sehr gelungener
Serienmodelle. Die Firma wurde 1909
durch Giuseppe Gilera gegründet und
vertrat in den 30ern die Farben Italiens
bei Wettbewerben wie der Internationalen Sechstage-Fahrt. Am bekanntesten waren die Einzylinder-Viertakter,
besonders die 500er Saturno.
Die Saturno kam kurz vor Ausbruch
des Zweiten Weltkriegs zum ersten
Renneinsatz. Eine Serienherstellung
folgte erst 1946, es gab Sondermo-
delle für Sport, Straße und Wettbe-
werb. Die ersten Saturno-Serienmo-
delle hatten eine Trapezgabel und die
Gilera-eigene Hinterradfederung, also
horizontal unter dem Motor liegende
Federn und Reibungsdämpfer am
Rahmenheck. Telegabel und Hinterradschwinge folgten Anfang der 50er,
und in dieser Ausführung gewann die
Saturno wegen exzellenter Fahreigen-

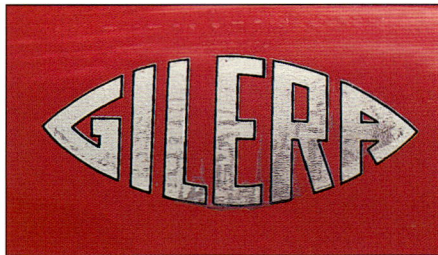

■ Oben: In jüngster Zeit ziert der einst so
wohlklingende Name Gilera nur noch Roller.

GILERA SATURNO (1951)	
Motor	Luftgekühlter Ohv-Einzylinder
Hubraum	499 cm³ (84x90 mm)
Leistung	22 PS/5000 U/min (Sport-Version)
Gewicht	170 kg
Spitze	135 km/h

■ Links: Die Saturno,
hier die Rennmaschi-
ne, wurde während
der Produktionszeit in
den 50ern design-
mäßig kaum geändert
und hatte es auch
nicht nötig!

■ *Gegenüber: Die moderne Saturno war eine Sportmaschine mit Einzylinder-Viertaktmotor. Traditionsreich: der rote Lack.*

schaften und einiger beachtlichen Rennerfolge viele Freunde. Als Carlo Bandirola 1947 in San Remo auf einer Saturno siegte, wurden die jeweiligen Rennausführungen mit dem Zusatznamen »San Remo« versehen.

In der Weltmeisterschaft war die Saturno nicht konkurrenzfähig, konnte aber auf nationaler Ebene weiterhin reüssieren, auch nachdem die Produktion Ende der 50er eingestellt worden war. Dennoch hatte Giuseppe Gilera seinen Enthusiasmus eingebüßt. Die Marke wurde 1969 an den Piaggio-Konzern verkauft. In den 80ern entstand eine neue Modellpalette. Darunter befand sich wieder eine Saturno, ein 500er Einzylinder im Styling moderner Rennsportmaschinen. Ursprünglich nur für den Export nach Japan bestimmt. Unter späteren Modellen ragt auch die 600er Nordwest heraus. Radikal anders auch die CX 125 mit Zweitaktmotor, Vollverkleidung und Achsschenkellenkung. Die Verkaufszahlen entwickelten sich nicht erfreulich, woran auch das

■ *Links: Die CX 125 von 1991 war eine sportliche Zweitaktmaschine mit Achsschenkellenkung und Einarmschwinge.*

Comeback in der 250er-WM nichts änderte, und so teilte Piaggio 1993 mit, daß das Werk in Arcore unweit von Mailand geschlossen werde. Der Modellname ziert heute bestimmte Rollermodelle der Gilera-Mutter Piaggio.

ANDERE MARKEN

GARELLI

Das junge Unternehmen Garelli stellte 1913 einen 350er Doppelkolben-Zweitakter vor und hatte damit viele Rennerfolge. Heutzutage ist die Marke für kleine Zweitakt-Motorräder und Mofas

■ *Links: Angel Nieto auf seiner Werks-Garelli 125.*

■ *Ganz links: Jordi Tarrés verliert einen Punkt, als er , um seine Gas-Gas zu stabilisieren, mit dem Fuß den Boden berührt*

bekannt. Das Werk war außerdem in den 80ern mit Zweizylinder-Rennzweitaktern in der 125er Klasse sehr erfolgreich und gewann sieben Jahre in Folge die WM. Die erfolgreichsten Fahrer: Fausto Gresini, Luca Cadalora und Angel Nieto.

GAS-GAS

Diese spanische Spezialfirma hat in der Trialszene für sehr viel Aufmerksamkeit gesorgt und unzählige Siege notiert. Zu den Fahrern gehört auch Jordi Tarrés, der 1995 seinen siebten WM-Titel holte.

GILERA

■ *Links: Piero Remors Vierzylinder machte Schule für alle spätere Maschinen mit Vierzylinder-Viertaktmotor.*

■ *Unten: Freigelegt: eine Gilera 1956 ohne die sonst übliche Vollverkleidung. Stattdessen gibt es einen kleinen Windabweiser vor dem Drehzahlmesser.*

GILERA 500 VIERZYLINDER

Die vierzylindrige Gilera 500 war ein Meilenstein in der Motorradgeschichte und wichtiger, als es die sechs WM-Titel zwischen 1950 und 1957 bezeugen. Der querliegende Vierzylinder-Motor diente nicht nur MV Agusta als Vorbild, dessen konstruktiv gleich aufgebauter Vierzylinder nach dem Rückzug von Gilera die Rennszene dominierte.

Der ursprüngliche Motor war schon 1923 von Carlo Gianni und Piero Remor konstruiert worden, zwei junge Ingenieure aus Rom. Das Originalkonzept verfügte über eine zahnradgetriebene obenliegende Nockenwelle. 1934 – das Motorrad hieß nun Rondine – waren daraus zwei obenliegende Nockenwellen und Kompressor geworden, die Maschine

lieferte beeindruckende 86 PS. Gilera kaufte das Projekt und feierte damit bald zahlreiche Siege und einen Weltrekord mit 273,8 km/h.

Nach dem Krieg war eine Aufladung nach den Statuten der FIM nicht mehr erlaubt. Einer der ursprünglichen Konstrukteure, Piero Remor, zeichnete daraufhin schnell einen luftgekühlten Vierzylinder mit doppelten obenliegenden Nockenwellen, verließ aber 1949 Gilera und ging zu MV, wo bald darauf eine vom Motor her ähnliche Rennmaschine erschien. Gilera kam unter Gilberto Masetti auf zwei WM-Titel, Geoff Duke steuerte 1953, 1954 und 1955 drei weitere bei. Nach Libero Liberatis WM-Titel 1957 zog sich die Marke zusammen mit Mondial und Moto Guzzi aus dem Renngeschehen zurück.

GILERA 500 VIERZYLINDER (1956)	
Motor	Luftgekühlter Dohc-Reihenvierzylinder
Hubraum	499 cm³ (52x58,8 mm)
Leistung	70 PS/11.000 U/min
Gewicht	150 kg trocken
Spitze	230 km/h

■ *Rechts: John Hartle mit seiner Gilera 500 in Quarter Bridge auf dem Weg zu einem zweiten Platz bei der Senior TT 1963. Mit der sechsJahre alten Maschine feierte die Marke in der 60ern unter privater Regie ein gelungenes Comeback und plazierte sich in der WM direkt hinter MV Agusta.*

ANDERE MARKEN

GNOME & RHONE

Zwischen den beiden Weltkriegen hörte das Werk mit der Herstellung von Flugmotoren auf und verlegte sich auf die Motorradherstellung. Die Palette umfaßte verschiedene Motoralternativen, von Einzylindern bis hin zu 750er Zweizylinder-Boxern. Das Werk überlebte aber die 50er nicht.

GREEVES

Sehr bekannt für Trial- und Motocrossmaschinen, baute Greeves in der britischen Grafschaft Essex in den 60ern auch Straßenmaschinen sowie die Rennmaschine Silverstone. Die meisten Straßenmodelle trugen Motoren von British Anzani und Villiers und wurden unter Namen wie Fleetmaster, Sportsman und Sports Twin vermarktet. Die Greeves Hawkstone Crossmaschine war sehr erfolgreich, Dave Bickers siegte damit in der EM 1960 und 1961. Bill Wilkinsons Sieg bei der Scottish auf einer Greeves Anglia 1969, vor Sammy Miller auf Bultaco, war der letzte große Trialerfolg einer britischen Marke.

■ *Links: Der Auspuff dieser Grindlay-Peerless Rennmaschine aus den 20ern ist ein sogenannter »Brooklands-Tüte«. Ihre Größe hing von Hubraum und Hub der Maschine und der Anzahl von Anwohner-Beschwerden rund um den Kurs ab.*

GRINDLAY-PEERLESS

Bill Lacey verhalf der Marke zu ihrer Sternstunde, als er 1928 in einer Stunde mehr als 100 Meilen zurücklegte, 160,9 km. Die Palette der Straßenmodelle umfaßte alles, von 150er Zweitaktern bis hin zu 1000 cm³ V-Zweizylindern. Trotz des hohen Ansehens verschwand die Marke 1934 von der Bildfläche.

■ *Links: Diese 250 Sports Twin Zweitaktmaschine von 1963 ist ein typisches Beispiel Greeves Serienmodelle.*

■ *Links: Bill Wilkinson siegte im Scottish Six Days Trial 1969 mit dieser 250er Werksmaschine von Greeves, die Anglia.*

HARLEY-DAVIDSON

■ *Unten: Schon das Harley-Davidson Model 9E von 1913 hatte mit 45 Grad den gleichen Zylinderwinkel wie die heutigen Harleys.*

HARLEY-DAVIDSON MODEL 9 E

William S. Harley und Arthur Davidson waren Schulfreunde und arbeiteten kurz in einer Maschinenbaufirma in Milwaukee zusammen, träumten aber davon, ein Motorrad zu bauen. Ein 400 cm³ Einzylinder, den beide ausgetüftelt hatten, tat 1902 seinen ersten Schnaufer, ein Jahr später stiegen Davidsons ältere Brüder Walter und William A. in das Geschehen ein. Der Motor kam in ein Fahrrad, das war der Prototyp. Die mangelnde Leistung konnte bald über eine Hubraumvergrößerung korrigiert werden, ohne daß die Zuverlässigkeit darunter litt. Dann aber stellte sich der Rahmen als zu wenig stabil heraus, für den Motor

HARLEY-DAVIDSON MODEL 9E (1913)	
Motor	Luftgekühlter wechsel-gesteuerter V2
Hubraum	1000 cm³
Leistung	10 PS
Gewicht	150 kg trocken
Spitze	96 km/h

mußte ein eigenes Fahrwerk angefertigt werden.

Nur zwei weitere Motorräder entstanden 1903, im Jahre danach noch drei weitere. Schnell kam der Einzylinder-

motor in guten Ruf, schon 1907 konnten die vier Gründer 150 Motorräder liefern. Im gleichen Jahr wurde aus dem kleinen Unternehmen eine Gesellschaft und die Ausgabe von Aktien an die 17 Angestellten verbreiterte die finanzielle Basis. Zu dieser Zeit wurde die Herstellung aus dem kleinen Schuppen im Hinterhof des Davidson-Anwesens in größere Lokalitäten verlagert. Bald hieß die Straße Juneau Avenue, dort ist noch heute der Firmensitz.

Alsbald erfolgte die später so berühmte Kurzschwing- (Springer-) Gabel. Karbidbeleuchtung und Magnetzündung kamen etwa gleichzeitig. Das Model 5 von 1909 lieferte etwa 4 PS,

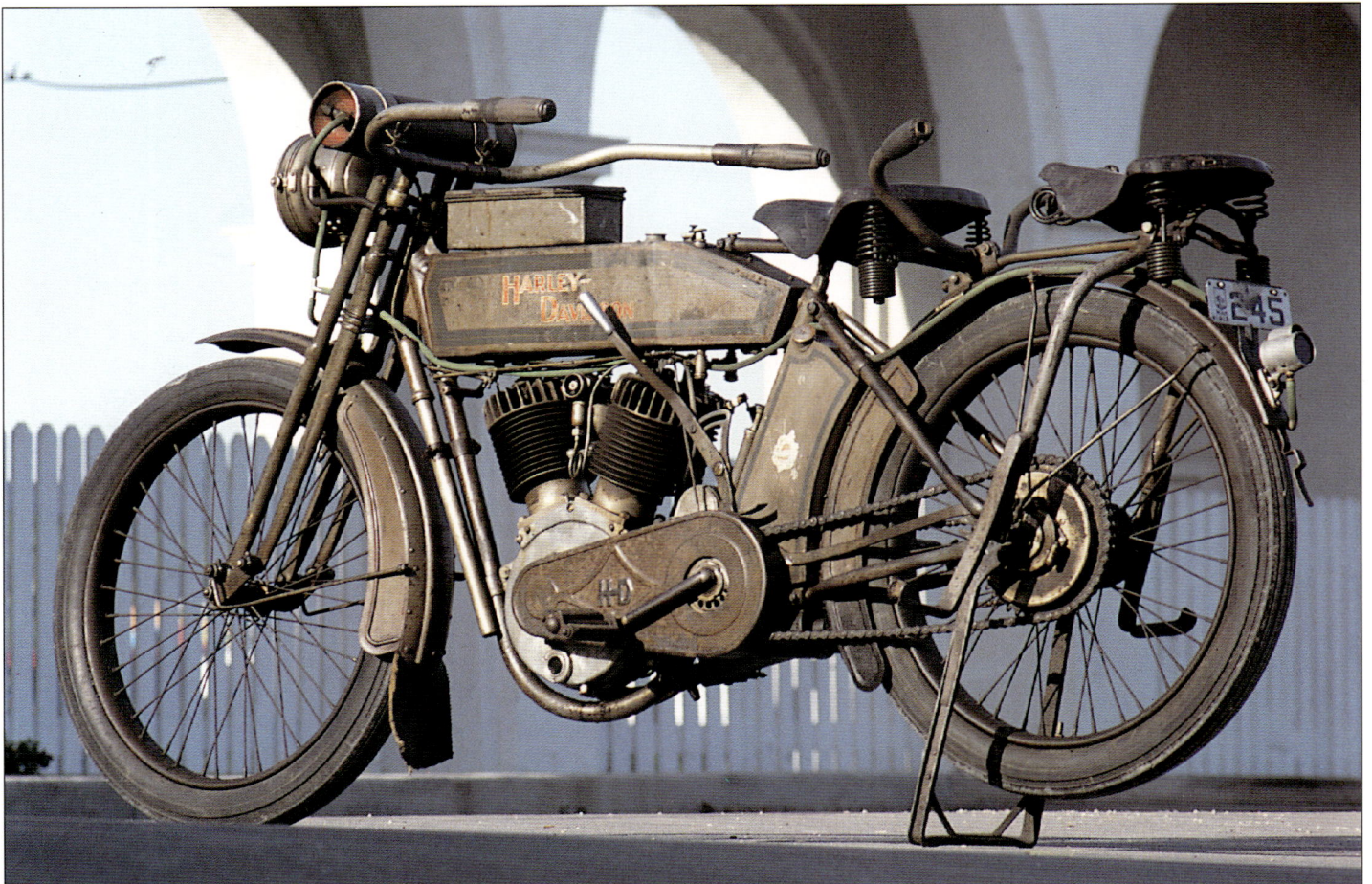

hatte einen wechselgesteuerten 494 cm³-Motor und lief gut 70 km/h. Der erste V-Motor, Model 5D, folgte 1909. Es war anfangs kein Erfolg, lieferte zwar mit 7 PS fast die doppelte Leistung gegenüber dem Einzylinder, hatte aber Startschwierigkeiten und

der Antriebsriemen rutschte durch. Zwei Jahre später erschien ein überarbeiteter 45-Grad-V-Zweizylinder mit modifiziertem Ventiltrieb und neuem Fahrwerk. Bald erhielt dieses Modell Kettenantrieb und einen gefederten Sattel. Diese Modifikationen machten einen großen Unterschied im Fahrverhalten aus und der V2 genoß zu recht wachsende Popularität. Das Model 9E von 1913 lieferte aus seinen 1000 cm³ 10 PS und erreichte fast 100 km/h. Harley-Davidson wollte anfangs nichts von der Rennerei wissen, nahm aber an Zuverlässigkeitsfahrten teil, was sich aber 1914 änderte. Dann meldete das Werk ein Team mit speziell entwickelten Vierventil-Zweizylindern. Die Rivalen hießen Indian, Excelsior und Merkel. Auch nach dem Ersten Weltkrieg staubte es auf den Rennstrecken ganz gewaltig, doch jene Jahre waren eine Zeit des Wandels für Harley-Davidson. Die Produktion stieg 1919 auf 22.000 Motorräder und 16.000 Seitenwagen, sank jedoch zwei Jahre später auf die Hälfte, nachdem der billige Ford Model T sich überall durchgesetzt hatte. Jenes Auto wurde zum Totengräber der meisten amerikanischen Motorradhersteller.

HARLEY-DAVIDSON

HARLEY-DAVIDSON WL 45

Harley-Davidson ist heute vor allem wegen der großen V-Zweizylinder bekannt, die kleinere, seitengesteuerte WL 45 (45 nach dem Hubraum in Kubikzoll – 750 cm³) nimmt aber in der Werksgeschichte einen ebenso großen Stellenwert ein. Die erste Ein

zylinder-Ausführung, eine einfache Konstruktion mit Verlustschmierung, kam 1928. Neun Jahre später wurde das Modell überarbeitet und bildete die Basis der späteren W-Serie. Einfach und robust, wenn auch schon damals nicht besonders schnell, hielt die 45 Harley-Davidson in den schwierigen 30ern über Wasser. Als WL A zog sie in den Zweiten Weltkrieg, über 80.000 Militärmaschinen wurden an die Alliierten geliefert. Zum Teil waren sie in den befreiten Ländern zurückgeblieben, was der Marke weltweit große Aufmerksamkeit sicherte: Das Werk stellte weitere W-Varianten her, unter anderem auch die Rennversion WR. Die WL war eine etwas sportlichere Variante der Basis-W und lieferte mit erhöhter Verdichtung 25 PS. Eine hydraulische Dämpfung trat 1949 an die Stelle des Reibungsdämpfers der Springergabel. Für den Fahrer-

■ Oben: Die K-Serie, seitengesteuert, war der erste Blockmotor der Marke und hatte ein Vierganggetriebe.

HARLEY-DAVIDSON WL 45 (1949)	
Motor	Luftgekühlter, seitengesteuerter 45-Grad V-2
Hubraum	742 cm³ (70x97 mm)
Leistung	25 PS/4000 U/min
Gewicht	240 kg vollgetankt
Spitze	120 km/h

■ Unten: Die Linien dieser WL 45 von 1949 mit ihrem Starrahmen sind in der modernen Modellpalette immer noch zu erkennen.

komfort reichte immer noch der gefederte Sattel, auf eine Hinterradfederung wurde nach wie vor verzichtet. Trotzdem war das Motorrad bequem zu fahren, auch das Handling war in Ordnung; die WL 45 lief anstandslos meilenweit bei Tempo 100. Sie blieb bis 1952 in Produktion und wurde dann vom Model K mit Blockmotor, Vierganggetriebe

und Fußschaltung abgelöst. Das Servicar-Dreirad wurde mit dem seitengesteuerten 45er Motor bis 1974 gebaut. Noch in den Nachwehen der Wirtschaftskrise stellte das Werk 1936 im Model 61E den ersten obengesteuerten Motor der Marke vor. Er war auf Anhieb ein Erfolg, nicht nur wegen des Ventiltriebs, sondern vor allem wegen der Umlaufschmierung. Die 61E wirkte

außerdem im Design sehr modern. Die erste Generation dieser Motoren wurde als Knucklehead bezeichnet, da die Ventildeckel den Knöcheln einer Faust ähnelten. Mit dem Knucklehead verschaffte sich Harley-Davidson klare Vorteile vor der Konkurrenz (die in diesem Falle nur noch aus Indian bestand), die Nachwirkungen davon sind noch heute erkennbar.

■ *Rechts: Auf diesem Foto einer Knucklehead von 1946 sind die knöchelförmigen Ventildeckel deutlich zu erkennen.*

■ *Oben: Die Militärmodelle WL A und WL C (letztere die Ausführung für Kanada) waren robust und zuverlässig.*

■ *Oben: Das Servicar-Dreirad wurde 1931 als Lieferwagen eingeführt und blieb bis 1974 in Produktion.*

HARLEY-DAVIDSON

HARLEY-DAVIDSON XLCH SPORTSTER

Auf dem Höhepunkt ihrer Karriere war die XLCH Sportster eines der schnellsten Motorräder auf der Straße: Bei einer Spitze von mehr als 160 km/h schaffte sie die Viertelmeile in etwa 14 Sekunden. Geradeaus hatten britische Sportmaschinen ihre liebe Mühe mitzuhalten. Später blieb die kleinste Maschine von Harley-Davidson aber auf der Strecke und ihre Sportlichkeit hat sie schon lange abgelegt.

Die Sportster wurde 1957 eingeführt und hatte mit 883 cm³ zwar den gleichen Hubraum wie der seitengesteuerte Vorgänger KH, jedoch mit weniger Hub und größerer Bohrung für

HARLEY-DAVIDSON XLCH SPORTSTER (1962)	
Motor	Luftgekühlter, Ohv-45 Grad-V2
Hubraum	883 cm³ (76,2x96,8 mm)
Leistung	55 PS/5000 U/min
Gewicht	220 kg
Spitze	175 km/h

■ Links: Der Hubraum der ersten XLCH – 883 cm³ – markiert auch heute noch das untere Ende der Harley-Modellpalette.

■ Unten: Schlank, laut, leistungsstark und einigermaßen leicht machte die Sportster 1959 ihrem Namen alle Ehre.

■ Links: 1991 war der Hubraum auf 1200 cm³ gewachsen, jedoch ohne nennenswerte Leistungssteigerung.

■ Unten: Mit der XLCR Café Racer wagte Harley-Davidson 1977 einen Versuch in der Sportmaschinenszene, leider ohne Erfolg.

jetzt beste dieser Baureihe. Sie kombiniert in hervorragender Weise die Ausstrahlung von einst mit einem modernen Fünfganggetriebe, mit einem Riemenantrieb zum Hinterrad und einer Zuverlässigkeit, die 1957 undenkbar gewesen wäre.

Modell XLCR Café Racer war ein unglücklicher Versuch in der Sportszene 1977 mitzumischen. Das Fahrwerk basierte auf der XR 750 Rennmaschine, den Motor spendierte die 1000er Sportster. Cockpitverkleidung, doppelte Scheibenbremsen, Einzelsitzbank und zwei-in-eins Auspuff unterstrichen den sportlichen Anspruch. Optik, Leistung und Handling lagen nach Harley-Standard über dem Durchschnitt. Die treuen Markenfreunde konnten aber mit der XLCR wenig anfangen und sportliche Fahrer suchten sich eben was sportlicheres. Das Modell verschwand schnell aus dem Programm, gehört aber heute ironischerweise zu den Modellen, die in der Liebhaberszene am begehrtesten sind.

mehr Drehzahl. Das erste XL-Modell verfügte über einen großen Tank und breite Schutzbleche, ein Jahr später erschien die XLCH mit kleinem Tank, winzigem Scheinwerfer, lautem Auspuff und etwas frisiertem Motor – die klassische Sportster eben.

Der Hubraum wuchs von über 1000 cm³ auf 1200 cm³, 1986 kam der Evolution-Motor und damit eine Abrüstung auf 883 cm³. Diese Sportster ist auch heute noch im Programm und spielt ihre Rolle als eine Art Einsteigermodell. Gerade die Kleine wird von in der Wolle gefärbten Harley-Fans nicht für voll genommen, andere, die die Sporty weniger dogmatisch betrachten, kritisieren sie wegen ihrer schlechten Brems- und Fahrwerksleistungen: Alles in allem ist aber die kleine XLH zweifellos die bis

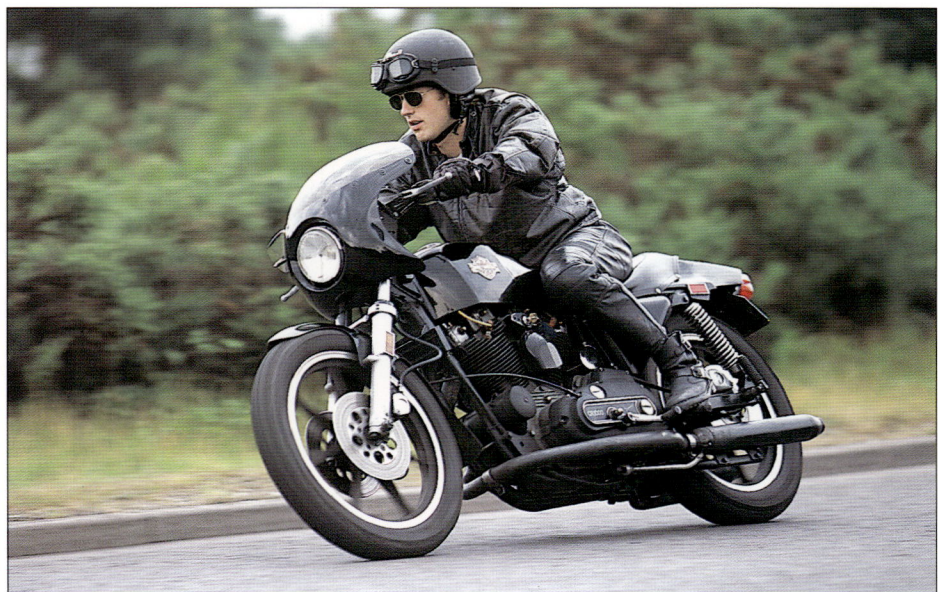

HARLEY-DAVIDSON

HARLEY-DAVIDSON
ELECTRA GLIDE

Für die meisten ist die Electra Glide die typische Harley: groß, einfach, traditionsreich, auffällig, ein Motorrad von Amerikanern für Amerikaner gebaut. Doch sie ist mehr als nur ein ruhiger, komfortabler Tourer: Die Electra Glide ist zu einem Symbol der Freiheit geworden _ obwohl diese Freiheiheit über Jahre hinweg von schlechten Bremsen, zweifelhaftem Handling und mangelnder Zuverlässigkeit etwas eingeschränkt worden war.

Die Electra Glide wurde 1965 vorgestellt, wobei das »Electra« auf die große Neuigkeit in jenem Jahr hinwies: der 1200er Tourer, der seit seiner Ein-

führung 1947 ständig verbessert worden war. Der Modellname folgte einem schon bekannten Muster: die Hydra-Glide von 1949 hatte die erste, hydraulisch gedämpfte Telegabel der Marke.

■ Links: Das Spitzenmodell Ultra Classic Electra Glide bestückte Harley-Davidson 1995 mit einer Kraftstoff-Einspritzung.

■ Unten: Diese Glide von 1978 stellt seine klassischen Attribute zur Schau _ tiefgezogene Schutzbleche, Breitreifen und sehr viel Chrom.

Die Duo-Glide von 1958 war vorn und hinten gefedert. Trotz kräftiger Motorvibrationen und mangelhafter Federung und Bremsen – das Ding wog 350 kg – kam sie bei den Käufern recht gut an.

Absatzzahlen hinnehmen. Die Electra Glide gehörte zu den ersten Modellen, die in den Genuß des neuen Evoluti-

■ *Links: Die Hydra-Glide, 1949 einge-führt, verdankte ihren Namen der hydraulischen Telegabel.*

HARLEY-DAVIDSON ELECTRA GLIDE (1965)

Motor	Luftgekühlter 45-Grad Ohv-V2
Hubraum	1198 cm³ (87x100,6 mm)
Leistung	60 PS/4000 U/min
Gewicht	350 kg
Spitze	155 km/h

■ *Oben: Designchef Willie G. Davidson, Enkel des Firmengründers William A., hat maßgeblichen Anteil an der jüngere Erfolgsgeschichte.*

■ *Unten: Ein Bild von einer Harley: die Heritage Softail mit allen Zutaten.*

on-Motors kamen, der nach der Neufirmierung 1984 vorgestellt worden war. Seit jener Zeit ist die H-D-Story eine Erfolgsgeschichte. Das Luxusmodell Ultra Classic Electra Glide, das sehr starke Anklänge an die Topmodelle der 50er Jahre aufweist, erhielt 1995 eine elektronische Einspritzung. Die Electra Glide hat Prestige, die Softail war aber schon bei der Einführung 1984 das wichtigere Modell. Außer dem Evo-Motor zeigte die Softail hinten die Optik eines Starrahmens, wobei die Federbeine geschickt unter dem Motor versteckt waren. Die Softail war der erste Versuch von Harley-Davidson, mit dem Nostalgie-Thema Geschäfte zu machen, eine Verkaufsstrategie, die sich danach gut bewähren sollte. Die erfolgreichste Interpretation erschien 1993 in Gestalt der Heritage Softail – Nostalgie mit Zweifarb-Lack, Weißwandreifen und Kuhleder auf Satteltaschen und Sattel.

Nur ein Jahr später, 1966, wurde der Panhead-Motor durch den Shovelhead ersetzt (Pan=Pfanne, Shovel= Schaufel, wieder Anspielungen auf die Ventildeckelform) und diese neue Motorgeneration hatte auch eine gewisses Maß an Zuverlässigkeit gewonnen. Inzwischen kamen Windschutzscheiben, Verkleidungen und Koffer ins Programm; 1978 wuchs der Motor auf 1340 cm³ Hubraum. Um die gröbsten Vibrationen zu unterdrücken wurde der Motor in Gummi gelagert, und so entstand aus der Glide allmählich eine praktische und komfortable Tourenmaschine. Die größte Veränderung in der Werksgeschichte folgte 1981, als die Geschäftsführung unter Vaughn Beals genug Geld auftrieb und die Marke aus der Muttergesellschaft AMF herauskaufte. Zu AMF-Zeiten hatte Harley-Davidson in den 70ern zunächst hohe Stückzahlen produziert, kam dann wegen deutlicher Qualitätsmängel ins Trudeln und mußte schlechte

HARLEY-DAVIDSON XR 750

Ein Motorrad dominiert die amerikani-sche Dirt Track-Szene seit Anfang der 70er völlig – die Harley-Davidson XR 750, die mit ihrem donnernden V-Zwei-zylinder unzählige Siege bei nahezu

HARLEY-DAVIDSON XR 750 (1978)	
Motor	Luftgekühlter 45-Grad Ohv-V2
Hubraum	750 cm³ (79x76 mm)
Leistung	95 PS/8000 U/min
Gewicht	145 kg
Spitze	209 km/h

unveränderter Technik und Optik ge-wonnen hat. Die XR wurde 1970 ein-geführt, als Rennleiter Dick O´Brien ei-nen modifizierten Sportster-Motor in das antiquierte Fahrwerk der seitenge-steuerten KR einbaute. Der größte Er-folg dieses Gußeisenmotors war womöglich bei den Auftritten des Mo-torrad-Akrobatens Evel Knievel. Der etwas antiquierte Motor wurde aller-dings 1972 durch einen ähnlichen Mo-tor ersetzt, der jetzt aber ganz aus Alu bestand. Mark Brelsford gewann damit den ersten von vielen AMA-Titeln. Die Sieger fuhren allerdings nicht im-mer auf der XR zum Erfolg. Kenny Roberts fuhr für Yamaha 1973 und 1974 den Sieg heim und Mitte der 80er gewann Honda viermal die Mei-

sterschaft. Trotz dieser Schönheitsfeh-ler war die XR 750 die Meßlatte, und Jay Springsteen gewann zwischen 1976 und 1978 drei Titel in Folge. Randy Goss wurde Doppelmeister, doch der erfolgreichste Fahrer auf

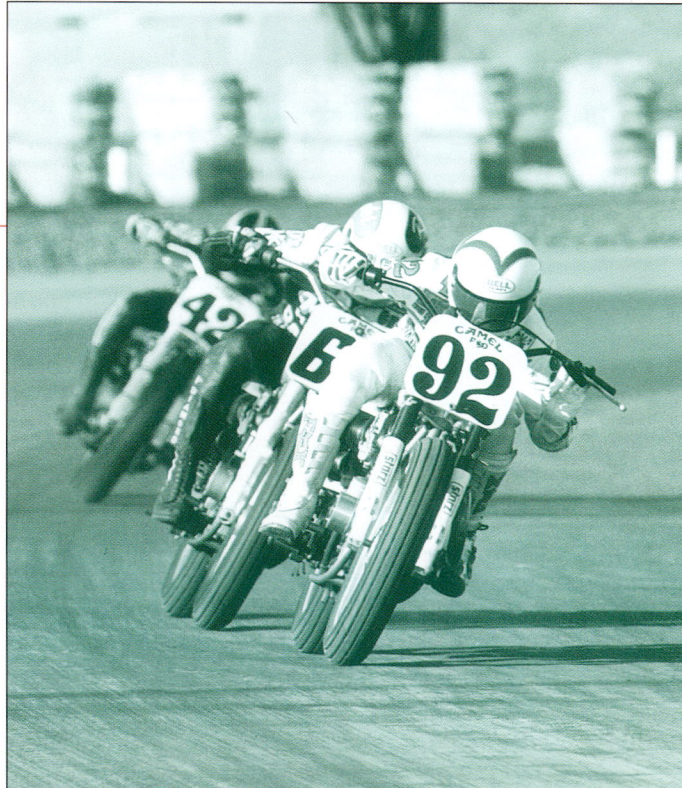

Harley-Davidson heißt Scott Parker. Er notierte 1994 seinen fünften AMA-Titel und seinen 60. Rennsieg, alle auf einer XR 750 errungen.

Seit 1980 hat Harley-Davidson nicht nur komplette Rennmaschinen gebaut, sondern auch Motoren zum Einbau in verschiedene Spezialrahmen geliefert, darunter auch den Champion. Der moderne XR 750-Motor liefert über 100 PS und läuft über 200 km/h. In mehr als 20 Jahren hat die XR sich optisch kaum verändert, trotz ihrer Upside-Down-Gabel, Gußrädern, großem Auspuff und Hinterradbremse – früher fuhren die Fahrer ganz ohne Bremsen. Auch auf der Straße gibt es Harleys im Rundbahnlook, wie etwa die hauseigene XR 1000, aber auch viele XR-Spezialbauten mit Sportster-Motoren von Firmen wie Storz oder Bartels in Los Angeles.

Als Rennsportmaschine war die XR weniger erfolgreich, aber einige Siege konnte dieses Ausnahmemotorrad doch verbuchen. Cal Rayborn gewann mehrmals in Daytona und beeindruckte die Europäer 1972 bei einem Länderkampf zwischen den USA und Großbritannien, den sogenannten Anglo-American Match Races. Der Kalifornier siegte in drei Rennen und

stellte auf für ihn unbekannten Rennstrecken zwei neuen Rundenrekorde auf. Als Rennfahrer war der frühzeitig verstorbene Rayborn – er stürzte mit einer Suzuki – sicher einmalig, doch auch sein Motorrad kann schließlich nicht schlecht gewesen sein.

Kürzlich präsentierte Harley-Davidson in einer Rennmaschine eine neue Motorgeneration. Diese VR 1000 hat einen wassergekühlten V-Zweizylinder mit 60 Grad Zylinderwinkel, vier Venti-

le pro Zylinder, doppelte, obenliegende Nockenwellen und Einspritzung. Nur die Zahl der Zylinder und die Lackierung in den traditionellen Rennfarben der Marke sind geblieben, sonst ist alles neu und der Motor sitzt in einem Kastenrahmen aus Alu. Obwohl die Premiere in Daytona nicht gerade vielversprechend verlief, scheint Harley-Davidson nicht geneigt zu sein, die Flinte ins Korn zu werfen.

HENDERSON

■ *Unten: In den 20ern war die Vierzylinder-Henderson wegen ihrer Laufruhe und des beachtlichen Leistungsvermögens berühmt.*

■ *Ganz unten: Die Model KJ mit dem Streamline-Design und hoher Leistung war schnell und fortschrittlich.*

HENDERSON KJ

Zu den schönsten und technisch beeindruckendsten Motorrädern vor 1930 gehörten zweifellos die amerikanischen Henderson mit ihren längs eingebauten Vierzylindermotoren. Die Marke wurde 1911 gegründet. Von Anfang an war das typische Merkmal jener Vierzylinder in einem Chassis mit sehr tiefem Schwerpunkt. Nach sechs Jahren verkaufte der Firmengründer Bill Henderson die Marke an den Fahrradhersteller Schwinn, Hersteller von Motorrädern der Marke Excelsior. Henderson selber gründete danach Ace und bot unter diesem Namen ähnliche Vierzylinder-Konstruktionen an. Die Henderson wurde unter Schwinn-Regie weiterentwickelt. 1920 lieferte die 1300 cm³ große Model K 28 PS und lief 130 km/h. Dieses Modell wies viele

HENDERSON KJ (1929)	
Motor	Luftgekühlter, wechselgesteuerter Reihenvierzylinder
Hubraum	1301 cm³
Leistung	40 PS
Gewicht	225 kg
Spitze	160 km/h

fortschrittliche Details auf, wie etwa eine elektrische Beleuchtung oder die gekapselte Antriebskette.
Ein weiterer Fortschritt folgte 1929 mit der Model KJ, der Stromlinien-KJ. Mit vergrößerten Kühlrippen lieferte der Motor jetzt 40 PS und lief ehrliche 160 km/h. Dieses Modell war noch luxuriöser, hatte unter anderem eine Kurzschwinggabel und einen beleuchteten

Tacho auf dem Tank. Schwinn gab 1931 die Motorradherstellung auf. Indian übernahm die Rechte an der Ace-Four und baute sie bis 1941 weiter. Für das Jahr 1998 wird die Marke Excelsior-Henderson wieder auferstehen, doch bis auf den Namen und das Tankemblem wird die neue Henderson mit V-Motor nichts mehr mit jener von damals gemeinsam haben.

HARRIS

Die Brüder Steve und Lester Harris gründeten in den 70ern eine Firma in englischen Hertford und spezialisierten sich auf den Fahrwerksbau. Die Modellreihe Magnum umfaßte Spezialmaschinen im Stil der Caféracer und war sehr populär. Der Rundrohrrahmen eigener Herstellung wurde durch exzellente Fahrwerkteile aufgewertet, bei den Motoren fanden fast ausnahmslos große japanische Vierzylinder, von dem der Kawasaki Z 1000 in der Magnum 1 bis hin zur Magnum 4 mit Suzuki GSX-R Verwendung.

In den 80ern baute Harris viele Fahrwerke für Rennmaschinen und entwickelte einen eigenen Kastenrahmen aus Alu für Straße und Rennstrecke. In den 90ern entstand auch ein Chassis für Yamaha V4-Motoren, eingesetzt in der 500er GP-Klasse.

HERCULES

Der deutsche Fahrradhersteller präsentierte 1904 sein erstes Motorrad. Nach dem Zweiten Weltkrieg konzentrierte die Marke sich auf kleine Zweitakter mit Einbau-Motoren von Sachs. In den 50ern wuchs die Modellpalette und umfaßte nun auch Zweizylinder. Diese Hercules 318 galt als Luxustourer ihr 247 cm³ großer Motor lieferte 12 PS. Sachs übernahm die Marke 1969, der Name blieb aber erhalten, unter anderem für den weltersten in Serie hergestellten Wankel, die W 2000. Aus einem Kammervolumen von 294 cm³ – oder auf Hubraum umgerechnet 882 cm³ – schöpfte die W 2000 27 PS bei 6500 Umdrehungen, genug für 145 km/h. In einigen Märkten wurde das Modell als DKW vermarktet, der Erfolg blieb aber aus und bald war der Name nur noch auf Mofas zu finden. 1997 brachte die ehemalige Hercules, jetzt unter dem Markennamen Sachs, eine neue Modellpalette mit 125er Einzylinder-Zweitaktern.

■ *Rechts: Die Hercules 2000 Wankel hatte mit 27 PS nicht zu wenig Leistung, konnte sich aber gegen die japanische Konkurrenz nicht durchsetzen.*

■ *Ganz rechts: Die Nachkriegsproduktion von Hercules konzentrierte sich auf Zweitakter wie diese Geländemaschine.*

■ *Oben: Die Harris Magnum 4 wurde von einem Suzuki GSX-R Vierzylinder getrieben, der in einem Fachwerkrahmen aus traditionellen Rundrohren saß.*

■ *Links: Steve Harris und sein Bruder Lester präsentierten eine GP-Maschine mit dem Chassis von Wayne Raineys Werks-Yamaha.*

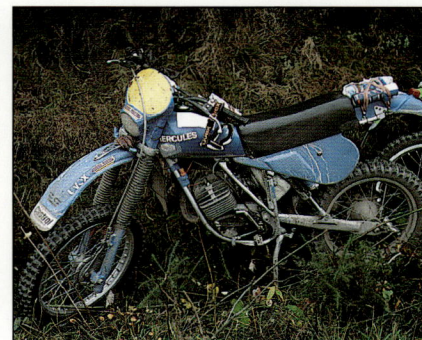

HESKETH

HESKETH V 1000

Bei der Weltpremiere der neuen Hesketh V 1000 1981 wurde das Motorrad von seinem Schöpfer als das beste Motorrad der Welt angepriesen, ein Aston Martin auf zwei Rädern, der beweisen sollte, das England noch Motorräder zu bauen verstand. Lord Alexander Hesketh hatte das nötige Geld und sich einige Jahre als Rennstall-Besitzer in der Formel 1 getummelt. Der luftgekühlte 90-Grad V-Zweizylinder mit 992 cm³ war eine Konstruktion des Viertaktspezialisten Weslake, hatte doppelte obenliegende Nockenwellen, vier Ventile pro Zylinder und lieferte für damalige Verhältnisse anständige 86 PS. Der Rahmen aus vernickelten Rundrohren, verwendete Fahrwerksteile, wie die Marzocchi-Gabel oder die Brembo-Bremsen.

■ Links: Auf der Straße lief die Hesketh V 1000 schnell, entspannt und ruhig.

■ Unten: Chassis und Fahrwerksteile der Hesketh V 1000 harmonierten hervorragend miteinander.

■ *Rechts: Kinderkrankheiten an Motor und Getriebe waren die Hauptursachen für die Pleite 1982.*

■ *Unten: Die vollverkleidete Vampire war genauso erfolglos wie die V 1000.*

HESKETH V 1000 (1982)

Motor	Luftgekühlter 90-Grad Dohc-V2, vier Ventile/Zylinder
Hubraum	992 cm³ (95x70 mm)
Leistung	86 PS/6500 U/min
Gewicht	230 kg
Spitze	195 km/h

Trotz des nicht gerade geringen Gewichts von 230 kg konnten Handling und Fahrleistungen überzeugen. Die V 1000 lief besonders ruhig in Geschwindigkeitsbereichen von 145 km/h und erreichte eine Spitze von über 190 km/h. Leider spuckte es im Hesketh-Gemäuer von Anfang an. Der Motor rasselte laut, verlor Öl, und verweigerte des öfteren die Arbeitsaufnahme. Im Mai 1982 ging die Motorradproduktion von Hesketh Pleite. Im darauf folgenden Jahr gründete Hesketh eine neue Firma auf, und wollte die vollverkleidete Vampire bauen. Leider suchten die meisten Fehler auch die neue Vampire heim und alsbald war das beste Motorrad der Welt nur noch Geschichte.

ANDERE MARKEN

HILDEBRAND & WOLFMÜLLER

Das erste Motorrad in Serie wurde von Alois Wolfmüller und den Brüdern Heinrich und Wilhelm Hildebrand gebaut. Es hatte einen 1488 cm³ großen Viertakter. Die Produktion lief 1894 an und fast 1000 der wassergekühlten Zweizylinder wurden insgesamt hergestellt. Der Motor lieferte 2,5 PS, gut für eine Höchstgeschwindigkeit von 40 km/h. Die Bremse bestand aus einer Platte, die durch Kontakt mit der Lauffläche des Vorderreifens die Verzögerung herbeiführte. Wenn das nicht genügte, konnte der Fahrer hinten eine Stange lösen, die, losgelassen, sich in den Boden eingrub. Die rasante Entwicklung dieser Zeit ließ die Hildebrand & Wolfmüller sehr schnell altmodisch werden und die Produktion lief schon 1897 aus.

HOLDEN

Oberst Sir Henry Capel Holden gehörte zu den großen Konstrukteuren der Pionierzeit. Er konstruierte das erste Vierzylinder-Motorrad der Welt, einen wassergekühlten Viertakt-Boxer mit 1054 cm³, in Coventry zwischen 1899 und 1902 gebaut. Der Motor lieferte 3 PS, was der Maschine zu einer Spitze von 40 km/h verhalf. Oberst Holden entwarf später Brooklands, die erste permanente Rennstrecke der Welt, die 1906 gebaut wurde.

■ *Oben: Hildebrand & Wolfmüller produzierte das erste Serienmotorrad der Welt. Mit 1488 cm³ drehte der Motor nur 240 Umdrehungen.*

■ *Oben: Holden konstruierte nicht nur den ersten Vierzylinder, sondern baute 1898 auch dieses Motorrad, wobei die Pleuel direkt auf das Hinterrad wirkten.*

■ *Unten links: Mit nur 305 cm³ entwickelte die CB 77 viel Laufkultur – und war mit über 150 km/h auch erstaunlich schnell.*

■ *Ganz unten: Die Honda CB 77 war wie die 247 cm³ kleine Schwester CB 72 eine Schönheit, im Vergleich zu englischen Konstruktionen sehr robust und zuverlässig.*

HONDA CB 77

Der weltgrößte Motorradhersteller nahm im Oktober 1946 seinen Anfang in einem kleinen Schuppen in Hamamatsu. Soichiro Honda, durch den Verkauf seiner Firma für Kolbenringe zu Geld gekommen, wollte seinen vom Krieg hart betroffenen Landsleuten zu einem billigen Transportmittel verhelfen, erwarb einen größeren Schwung ehemaliger Armee-Stationärmotoren und setzte sie in Fahrräder ein. Nach einem Jahr hatte er seinen ersten eigenen Motor fertig, einen Zweitaktmotor mit 50 cm³. Schon 1949 hatte er mit seinen 20 Mitarbeitern das erste Motorrad gebaut – die Dream mit 98 cm³ Zweitakt-

motor. Der Verkauf lief gut, die Entwicklung nicht minder, und 1953 stellte Honda die anspruchsvollere Model J Benly vor. Der 90 cm³ große Viertakt-Einzylinder hatte sehr viele Ähnlichkeiten mit den Viertaktern von NSU.

HONDA CB 77 (1963)	
Motor	Luftgekühlter Sohc-Zweizylinder
Hubraum	305 cm³ (60x54 mm)
Leistung	28,5 PS/9000 U/min
Gewicht	159 kg
Spitze	152 km/h

■ *Links: Soichiro Honda fuhr Rennen mit eigenen Autos. Er gründete 1946 seine Motorradfirma.*

■ *Unten links: Das erste komplette Motorrad war das 98 cm³ Model D von 1949.*

■ *Unten: Die C100 Super Cub kam nicht nur in der Werbung groß aus.*

■ *Unten: Der Anfangserfolg auf dem Exportmarkt beruhte auf zuverlässigen Viertaktern wie dieser CB 92 mit 125 cm³.*

■ *Ganz unten: Sie war nicht außergewöhnlich schnell und technisch nicht ausgereift: und doch war die CB 450 ein Meilenstein in der Honda-Geschichte.*

Die ersten erfolgreichen Exportmodelle waren die 250er CB 72 und die 305er CB 77 der frühen 60er. Diese sportlichen Ableger der ersten C 72 und C 77 hatten Kurbelwellen mit um 180 Grad versetzten Hubzapfen, während die Engländer noch auf 360 Grad setzten. Erstmals verwendete Honda hier auch Rundrohrrahmen, wobei der Motor als tragendes Element fungierte. Telegabel, Doppelschwinge und groß dimensionierte Trommelbremsen komplettierten das attraktive Paket. Die CB 77 – in den USA als Super Hawk vermarktet – ging über 150 km/h, und da konnten die meisten Engländer nicht mithalten. Außerdem waren die Hondas öldicht und zuverlässig, und Mike Hailwoods 250er WM-Sieg 1961 bestätigte weiter die herausragenden Qualitäten der Marke.

Von allen Modellen war sicherlich die C100 Super Cub das wichtigste. 1958 vorgestellt, vereinte dieser kleine Lastentransporter eine rollerähnliche Karosserie samt offenem Einstieg mit großen Motorradrädern, wobei der Motor sich mitten im Rahmen befand, nicht am Hinterrad wie sonst bei Rollern üblich. Es war ein praktisches

Fahrzeug, leicht zu bedienen, sehr zuverlässig und erwarb sogar einen gewissen Kultstatus. Unter dem Slogan »You meet the nicest people on a Honda, man trifft die nettesten Menschen auf einer Honda« hatte die Marke in den USA sehr viel Erfolg. Die C100 wurde in Sportgeschäften verkauft und sogar in Buchläden in der Nähe von Universitäten. Durch solche Maßnahmen wurde mit der Zeit die C100 das meistverkaufte Motorrad der Welt. Was noch aus Fernost kommen könn-

te, sah die Welt, als Honda 1965 die CB 450 vorstellte. Bis dahin waren alle japanische Marken mit Kleinmotorrädern beschäftigt gewesen, doch mit diesem Zweizylinder mit doppelten obenliegenden Nockenwellen, 445 cm³ und 43 PS suchten die Japaner den direkten Schlagabtausch mit den britischen Zweizylindern. Schnell war sie, doch nicht ganz frei von Kinderkrankheiten: Der britische Boxer wankte, aber lag noch nicht auf den Brettern. Das sollte sich aber bald ändern.

HONDA

HONDA CB 750

Mit der CB 750 schickte Honda die britischen Konkurrenten vollends aus dem Rennen. Sie war das erste moderne Motorrad und erschien 1969 – ein Meilenstein in Leistung und Anspruch. Es war das erste in Serie hergestellte Motorrad mit vier Zylindern und das wurde mit vier imposanten, megafonförmigen Auspuffen gefeiert. Die CB 750 hatte außerdem elektrischen Anlasser, Scheibenbremse vorn und Fünfganggetriebe und sie kostete auch nicht die Welt! Die CB 750 dominierte die frühen 70er. Sie darf mit Fug und Rechts als das erste Superbike der Welt gelten und fand viele Nachahmer.

■ *Links: Das Chassis der CB 750 war weniger beeindruckend als ihr Motor. Wer es nicht allzuschnell angehen ließ, konnte mit dem Handling dennoch zufrieden sein.*

■ *Gegenüber: Mit Vierzylindermotor und Scheibenbremse war die CB 750 1969 eine Klasse für sich.*

■ *Unten: Außer durch gute Leistung zeichnete sich der Vierzylinder auch durch Zuverlässigkeit und hohe Laufkultur aus. Ein Kickstarter war sicherheitshalber noch vom Werk aus mit dabei.*

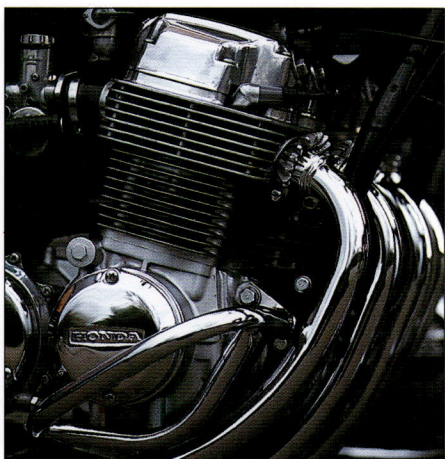

■ *Ganz unten: Flink und handlich fand die CB 400 F leider nur wenig Freunde, doch wer eine hatte, trennte sich nur ungern wieder von ihr.*

■ *Unten: Zehn Jahre nach dem ersten Vierzylinder kam die nicht besonders beliebte CB 750 K mit Dohc-Motor.*

■ *Mitte: Dick Mann siegte 1970 mit dieser Honda in Daytona, hier vom Journalisten Alan Cathcart gefahren.*

HONDA CB 750 (1969)

Motor	Luftgekühlter Sohc-Vierzylinder
Hubraum	736 cm³ (61x63 mm)
Leistung	67 PS/8000 U/min
Gewicht	218 kg trocken
Spitze	201 km/h

Es war selbstverständlich der Reihenvierzylinder mit 736 cm³, der das größte Interesse weckte und er entpuppte sich auch als ein Wunder an Zuverlässigkeit. Er lieferte 67 PS. Obwohl der Motor nur eine einzelne obenliegende Nockenwelle und nur zwei Ventile pro Zylinder hatte, reichten seine Wurzeln bis zu den erfolgreichen Honda-Rennmaschinen zehn Jahre zuvor zurück. Die CB 750 war groß, schwer und schnell – trotz des serienmäßig installierten hohen Lenkers ging sie beinahe 200 km/h. Das Handling war einigermaßen (zumindest nach den Maßstäben damals bemessen) und sie verkaufte sich weltweit wie warme Semmeln. In den 70ern ließ Honda die Konstruktion mehr oder weniger unangetastet und verlor deshalb im Leistungskrieg gegen die Konkurrenten, vor allem als Kawasaki 1973 die 900 cm³ große Z 1 einführte. Tatsächlich büßte sie wegen verschärfter Umweltauflagen etwas an Leistung ein, und die 1976 präsentierte CB 750 F1 lief sogar merklich langsamer, obwohl dieses Modell mit 4-1-Auspuff und rennmäßiger Optik das Gegenteil versprach. Die neue Vierventil-Generation

mit doppelten obenliegenden Nockenwellen, 1979 eingeführt, war zuerst nur ein schwacher Abklatsch des Originals.

Der Motor der CB 750 diente in den 70ern als Antrieb einer ganzen Reihe von Renn- und Spezialumbauten, nur Honda hatte auf der Rennstrecke nicht viel Freude am großvolumigen Vierer. Höhepunkt war der Sieg in Daytona 1970 unter Dick Mann, und dieses Ereignis trug zum Verkaufserfolg sicherlich sehr viel bei. Mitte der 70er dominierte das Werksteam mit den RCB-Rennern die Langstreckenszene und das französische Duo Jean-Claude Chemarin und Christian Léon erwies sich damit nahezu als unschlagbar. Der Verkaufserfolg führte zu einer Reihe von kleineren Vierzylindern, der erste davon war die CB 500, 1972 eingeführt. Aus den 498 cm³ und den 50 PS waren zwar keine Wunder an Höchstgeschwindigkeit zu erwarten, doch die Fahreigenschaften waren (wohl nicht zuletzt deswegen) sehr gut. Mit der CB 400 F hatte Honda 1975 erneut einen Bestseller im Programm,

hauptsächlich für Europa gedacht, mit 4-1-Auspuff, flachem Lenker und sportlichem Design. Sie war bei ihren Besitzern sehr beliebt, vor allem wegen ihres spritzigen Fahrverhaltens, konnte sich aber weltweit nicht durchsetzen.

HONDA GL 1000 GOLD WING

Nur wenige Motorräder provozieren so gegensätzliche Reaktionen wie die Honda Gold Wing. Sie war und ist mehr als einfach nur ein großes und luxuriöses Motorrad, sie hat in zwei Jahrzehnten einen Fankreis gefunden wie kaum ein anderes Motorrad. Daß es sich um ein kultiviertes und komfortables Reisemotorrad handelt, bezweifelt niemand. Für viele aber ist die seit 1980 in den USA gebaute Gold Wing einfach übergroß, überteuer und überschätzt. Als das Modell 1975 erschien, war es das bis dato größte und schwerste Motorrad der Welt. Kennzeichnend war der wassergekühlte Vierzylinder-Boxer, aber auch der Kardanantrieb, die zwei Scheibenbremsen vorn und der Tank unter der Sitzbank. Der Motor des Kult-Mobils lieferte 80 PS, die

HONDA GL 1000 GOLD WING (1975)	
Motor	Wassergekühlter Sohc-Vierzylinder-Boxer
Hubraum	999 cm³ (72x61,4 mm)
Leistung	80 PS/ 7000 U/min
Gewicht	260 kg trocken
Spitze	195 km/h

Höchstgeschwindigkeit fiel mit 190 km/h auch entsprechend hoch aus. Trotz des Gewichtes waren die Beschleunigung nicht schlecht. Es waren vor allem der seidenweiche Motorlauf und der Fahrkomfort, die die GL schnell viele Freunde finden ließen, besonders in den USA.

Da viele Besitzer ihre Gold Wing mit allerlei Zubehör ausstatteten, griff Honda die Idee auf und stellte 1980 eine voll ausgestatte Goldwing-Version auf die Räder. In Amerika hieß das Dickschiff Interstate, anderswo De Luxe. Doch in jedem Fall hatte diese Wing einen größeren Motor mit 1100 cm³, Vollverkleidung, Koffer und Sturzbügel. Sie war auf Anhieb ein Bestseller, wie auch die Aspencade – nach einem berühmten amerikanischen Motorradtreffen genannt –, die zwei Jahre später erschien: mit Sound-System, Beifahrer-

Rückenlehne und Kompressor für die Luftfederung. Die großen Luxustourer waren damit geboren.

Die Größe, aber auch das Komfortangebot, erhielten 1988 eine neue Dimensionen: Honda stellte die GL 1500 mit Sechszylinder-Boxermotor vor. Die neue Gold Wing war vollverkleidet und hatte integrierte Koffer, Cruise Control und einen elektrischen Rückwärtsgang. Jetzt stellte das neue Modell alle Vorgänger in den Schatten, nicht nur wegen der reichhaltigen Ausstattung, sondern auch von der Technik

und Komplexität her. Für die überzeugte Winger gibt es allerdings keinen Supertourer, der einer GL 1500 das Kühlwasser reichen kann. Und tatsächlich: Für seine Größe (und das Gewicht) war das Monster eigentlich schon recht handlich und bremste auch nicht schlecht. Der GL-Boxer fand 1996 auch in der F6C Verwendung, dem neuen Honda-Cruiser. Doch die Valkyrie wird der Wing nicht den Rang ablaufen können.

■ *Oben: Die Instrumentierung der Aspencade von 1984 schien aus einem Flugzeug zu stammen.*

■ *Rechts: Für komfortable Touren auf zwei Rädern im reiferen Alter ist die sechszylindrige GL 1500 besonders geeignet.*

HONDA CBX 1000

Die erstaunliche CBX 1000 wurde 1978 vorgestellt und sollte der Konkurrenz beweisen, wo der Hammer hing: in Hamamatsu nämlich. Das Herz dieser metallgewordenen Machtdemonstration war ein luftgekühlter Sechszylinder mit 1047 cm³ Hubraum, doppelten obenliegenden Nockenwellen und nicht weniger als 24 Ventilen. Als übergewichtiger Nachfahre der erfolgreichen und fliegengewichtigen 60er-Jahre-Rennmaschinen kam die CBX auf 105 PS. Mit schrillem Auspuffton ging sie eine Spitze von 217 km/h. Der imposante Motor beherrschte die Optik vollständig. Als Sportmaschine hatte sie der ehemalige GP-Ingenieur Soichiro Irimajiri konstruiert, und dafür fiel das Styling erstaunlich zurückhaltend aus. Der Motor diente als tragendes Element in einem Stahlrohrrahmen. Die straffe Federung verhalf dem Motorrad zu annehmbaren Fahrleistungen trotz des hohen Gewichts. Keiner der japanischen Konkurrenten erreichte die Exklusivität dieses Sechszylinders – noch nicht einmal von weitem. Leider genügte das nicht und der ganz große Erfolg blieb aus, was in den USA besonders spürbar war. Eine zweite Version folgte 1981, mit Vollverkleidung, Luftfederung vorn, Pro-Link-Federung hinten und etwas zahmerem Motor. Er verkaufte sich als Sporttourer ganz gut, hatte aber nicht die gleiche animalische Ausstrahlung wie die erste CBX.

Das Topmodell, das Honda Anfang der 80er im Programm hatte, hörte auf den Namen CB 1100 R und war ein exotischer Vierzylinder mit 1062 cm³, der anfangs in sehr kleinen Stückzah-

■ Oben: Der offene Stahlrahmen stellte den mächtigen Motor unverhüllt zur Schau.

■ Unten: Trotz des hohen Lenkers war die CBX 1978 eine Sportmaschine mit aggressiver Optik.

■ *Unten: In Serienrennen in Großbritannien war Ron Haslam mit der CB 1100 R eine sehr gute Kombination.*

■ *Ganz unten: Die CX 500 Turbo war ein technisches Kabinettstückchen, aber nicht unbedingt ein gutes Motorrad.*

■ *Unten: Für ihre Größe und ihr Gewicht war die CBX mit ihrer straffen Federung ein sehr handliches Motorrad.*

HONDA CBX 1000 (1978)

Motor	Luftgekühlter 24-Ventil Dohc-Reihensechszylinder
Hubraum	1047 cm³ (64,5x53,4 mm)
Leistung	105 PS/9000 U/min
Gewicht	263 kg
Spitze	217 km/h

len für Langstreckenrennen gebaut worden war. Der Motor war eine Weiterentwicklung der CB 900 Bol d'Or und lieferte 115 PS, damit der leistungsstärkste Serienvierzylinder jener Tage. Das Fahrwerk war technisch hochwertig, die Verkleidung für die Rennstrecke entworfen. Das Modell erfüllte die Erwartungen beim Renneinsatz, war aber auch als Supersportmaschine sehr beliebt.

Zu Hondas Machtdemonstrationen dieser Zeit zählt auch die CX 500 Turbo, 1981 vorgestellt. Sie konnte mit dem kleinsten Turboaggregat der Welt die Leistung des CX-V-Zweiylinders von 50 auf 82 PS erhöhen – auch wenn diese Antriebsquelle für eine Aufladung nicht geeignet war. Das Chassis war für diesen Zweck neu ausgelegt und mit einer interessanten Vollverkleidung versehen. Die Turbo

war ein schweres Motorrad, aber schnell und komfortabel. Die Leistung rechtfertigte aber nicht den hohen Verkaufspreis und der Erfolg blieb aus Mit vergrößertem Hubraum stellte Honda noch die CX 650 Turbo vor, als dann aber die drei japanischen Konkurrenten ihre eigene Turbomodelle vorstellten, beendete Honda die Weiterentwicklung und die Turbo verschwand.

HONDA

HONDA VFR 750 F

In den frühen 80ern präsentierte Honda eine neue Serie von Vierzylinder-V-Motoren. Diese wassergekühlte Konstruktion mit 90-Grad Zylinderwinkel schien anfangs den Reihenvierzylinder erfolgreich zu ersetzen. Besondere Aufmerksamkeit genoß die VF 750 F von 1983, schnell und handlich. Ein Jahr später umfaßte die VF-Baureihe fünf verschiedene V4-Modelle, mit Hubräumen von 400 bis hin zu 1000 cm³. Leider litt die VF 750 F unter schweren technischen Mängeln, für Honda nicht

HONDA VFR 750 F (1994)	
Motor	Wassergekühlter 16-Ventil Dohc-V4
Hubraum	748 cm³ (70x48,6 mm)
Leistung	100 PS/9500 U/min
Gewicht	209 kg
Spitze	240 km/h

nur kostspielig, sondern auch peinlich, und die erwartete V4-Revolution kam zum Stillstand.

Vor diesem Hintergrund erwies sich die 1986 vorgestellte VFR 750 F als echter Glücksfall und wurde zu einem der wichtigsten Motorräder für Honda.

■ *Unten: Die VFR 750, hier von 1994, war und ist zweifellos der beste All-rounder, der für Geld zu haben ist.*

Zum Glück war es auch eins der besten. Der V4-Motor lieferte 105 PS, war sehr elastisch und äußerst zuverlässig. Das Chassis basierte auf einem neu entwickelten Alurahmen und hatte hervorragende Handlingeigenschaften. Dem standen die Optik mit der stim-

■ *Gegenüber: Die VFR 750 F ist sehr handlich und komfortabel, obwohl weniger sportlich ausgelegt als die meisten Rivalen der 750er Klasse.*

■ *Unten: In Leistung und Design war die RC 30 bei der Einführung 1988 eine Klasse für sich.*

■ *Unten: Die VF 750 war 1983 ein tolles Motorrad, schnell und handlich – bis sich der Motor verabschiedete.*

■ *Ganz unten: Ein Prunktstück für Liebhaber mit viel Geld: die Ovalkolben-NR – nicht nur exklusiv, sondern auch extrem teuer.*

migen Vollverkleidung nicht nach: die VFR war und ist ein höchst harmonisches Motorrad.

Die VFR entwickelte sich stufenweise über die Jahre und gewann an sportlichlichem Profil, ohne ihre Alltagsqualitäten einzubüßen. Die größte Neuerung folgte 1990, als die VFR große Teile vom Fahrwerk der RC30 bekam, einschließlich der Einarmschwinge. Vier Jahre später kamen eine neue Vollverkleidung und unzählige kleine Modifikationen, der gutmütige Grundcharakter der VFR blieb aber erhalten.

Die VFR 750 R mit der hausinternen Bezeichnung RC 30 war bei der Vorstellung 1988 nichts weniger als eine Revolution. Praktisch handelte es sich um eine Straßenausführung der erfolgreichen RVF-Rennmaschine, Mitte der 80er gebaut für F1- und Langstreckenwettbewerbe. Die von Hand gefertigte und sehr kompakte RC wurde von einem auf 112 PS getunten VFR-Motor getrieben, hatte Doppelscheinwerfer, ein niedriges Gewicht und einen Alurahmen, der angeblich in der gleichen Form wie der der RVF gegossen war. Mit der RC 30 agierte Honda auf der Straße wie auch den Rennstrecken sehr erfolgreich.

Zu den größten Exoten aller Zeiten zählt die NR 750. Der Motor hatte ovale Kolben, deren Maße dem V4-Motor eher die Auslegung und Größe eines V8 gaben – und 8 Ventile pro Brenn-

raum. Schon 1979 versuchte Honda mit dieser Konstruktion die Zweitakter in der 500er GP-Klasse herauszufordern, leider ohne Erfolg. Zehn Jahre später, 1992, kam in limitierter Serie die superteure NR, mit 32 Ventilen und 125 PS bei 14.000 Umdrehungen. Trotz der Verwendung von sehr leichten und exotischen Materialen war die

NR mit 222 Kilo schwer und nicht schneller als die VFR 750, die nur für einen Bruchteil dessen kostete, was eine NR verschlang (die hierzulande für 100.000 Mark angeboten wurde). Nur selten sind einige der 200 gebauten Exemplare auf der Straße zu sehen.

HONDA

HONDA CBR 600 F

Die Mittelklasse-Maschine CBR 600 F hat sich wegen ihrer gelungenen Kombination aus Motorleistung und Handlichkeit zu attraktivem Preis zu einem Verkaufsschlager entwickelt. Sie sollte nie ein Superbike werden, ihre Alltagsfähigkeiten standen jedoch immer etwas im Schatten ihrer sportlichen Neigungen. Mehr als 200.000

HONDA CBR 600 F (1995)

Motor	Wassergekühlter 16-Ventil Dohc-Reihenvierzylinder
Hubraum	599 cm³ (65x45,2 mm)
Leistung	100 PS/12.000 U/min
Gewicht	185 kg trocken
Spitze	248 km/h

CBR sind in den ersten zehn Produktionsjahren seit der Einführung 1987 entstanden. Daß Honda damit gleichzeitig auch eine neue Generation von Reihenvierzylindern vorstellte, verringerte den Erfolg nicht.

Die erste CBR 600 F, zeitgleich mit der größeren, vollverkleideten CBR 1000 F präsentiert, sollte mit der Kawasaki GPZ 600 konkurrieren. Die technische Grundkonstruktion der beiden neuen

Honda war nicht revolutionär, aber die Elastizität und Laufruhe des kleineren Motors, mit 210 km/h Spitze und 85 PS, gepaart mit hervorragenden Fahreigenschaften machten Honda zum Klassenprimus in der immer populärer werdenden 600er Klasse.

■ *Unten: Die 1995er Ausführung der CBR 600 F bot, wie die Vorgänger, hohe Fahrleistungen zu erschwinglichen Preisen.*

■ *Gegenüber: Seit der Vorstellung 1987 ist die CBR 600 F auf der ganzen Welt ein Bestseller.*

■ *Ganz unten: Die ausgezeichnete Kombination von Leistung und Handlichkeit ist das Erfolgsrezept der CBR 900 RR Fireblade.*

■ *Rechts: Schon von Anfang an war die CBR 600 F mit einer sehr wirksamen Vollverkleidung ausgestattet worden.*

■ *Oben: Die Honda CBR 1000 F, hier in der ersten Ausführung 1987, hat sich zu einem hervorragenden Sporttourer entwickelt.*

■ *Unten: Nur wenige Supersportmaschinen haben den Ruf oder die Leistung der CBR 900 RR Fireblade.*

In den 70ern ließ Honda ihrer CB 750 weniger und weniger Leistung zukommen, bei der CBR 600 F machte man allerdings diesen Fehler nicht. Im Gegenteil wird die CBR Jahr für Jahr modellgepflegt und bleibt weiterhin der Maßstab in dieser Hubraumkategorie. Eine umgreifende Revision folgte 1991 mit einem neuen 100 PS starken Motor und neuer Optik. Ein neues Lufteinlaßsystem und unzählige Chassismodifikationen verbesserten nicht nur die Elastizität im mittleren Bereich, sondern erhöhten auch die Spitze auf 240 km/h. Die Fahrleistungen lagen nun auf höchstem Niveau.

Einige dieser Modifikationen kamen auch der größeren CBR 1000 F zugute und sie entwickelte sich über die Jahre zu einer zuverlässigen Sporttourer. Der wassergekühlte 998 cm³ große Motor liefert fast 130 PS und hat ordentlich Dampf bei mittleren Drehzahlen. Der Stahlrahmen ist zwar schwer aber sehr solide und ermöglicht so gleichermaßen solide Fahreigenschaften auf längeren Tagesetappen.

Mit der CBR 900 RR von 1992 kündigte sich ein neues Sportmaschinen-Zeitalter an. Die Fireblade kombinierte bewährte Motortechnik – einen 893 cm³ 16-Ventil Reihen-Vierzylinder – mit einem Alurahmen, das Ganze sehr kompakt verpackt. Der Motor lieferte 123 PS, das ganze Motorrad wog trocken nur 185 Kilo, weniger als die meisten 600er. Der drehfreudige Motor, das rennmäßig ausgelegte Fahrwerk und die straffe Federung verschafften der Maschine bis dahin unbekannte Fahrleistungen und diese 900er war sofort ein weiterer Erfolg für die Marke Honda.

HONDA RC 166 SECHSZYLINDER

Nach einigen Rennen in Japan meldete Honda 1959 eine Mannschaft für die Isle of Man. Die ersten 125er Rennmaschinen waren in vielen Details den NSU-Zweizylindern ähnlich, konnten aber mit den MV Agusta nicht mithalten. Als die Werksteillnahme 1961 in den kleinsten Klassen nicht besonders groß war, konnte Honda in der WM in den Hubraumkategorien 125 und 250 unter Tom Phillis und Mike Hailwood gewinnen.

In der folgenden Saison war Honda noch erfolgreicher, als der Schweizer Luigi Taveri die 125er Krone gewann und Jim Redman die Titel in der 250er- und 350er-Klasse holte. Redman war insgesamt sechsmal Weltmeister auf Honda. Die vielleicht schönste Rennmaschine der Marke war aber der Sechszylinder.

Die Sechszylinder sollten den Durch-

HONDA RC 166 (1967)	
Motor	Luftgekühlter 24-Ventil Dohc-Reihenvier
Hubraum	247 cm³ (39x34,5 mm)
Leistung	60 PS/18.000 U/min
Gewicht	120 kg trocken
Spitze	245 kg

marsch der immer schneller werdenden 250er Zweizylinder-Zweitaktern Yamahas aufhalten. Die kleine 250er kam zuerst. Sie hatte 24 Ventile, brüllte schrill aus den Auspufftüten und lieferte 60 PS bei 18.000 Umdrehungen. Das Honda-Sextett debütierte etwas verfrüht im Herbst 1964 und mußte in der folgende Saison weiterentwickelt werden. 1966 konnte Mike Hailwood mit dieser RC 166 zehn von zwölf GP-

Rennen gewinnen. Auf einer aufgebohrten 297 cm³ schnappte er zusätzlich den WM-Titel bei den 350ern. Hailwood verteidigte beide Titeln erfolgreich die folgende Saison, bevor Honda sich vor der Saison 1968 von der Rennszene zurückzog.

Trotz der Erfolge in allen Soloklassen wurde Honda in den 60ern nie Weltmeister in der 500er Klasse. Mike Hailwood war zwar kurz davor, leider aber auf einem Motorrad das weder das entsprechende Handling noch die Zuverlässigkeit aufzuweisen hatte. Nur die Motorleistung, die gab es im Überfluß. Ein Ausfall beim letzten GP in Monza 1966 kostete Hailwood den Titel und Giacomo Agostini auf MV Agusta gewann mit sechs Punkten Vorsprung. Im folgenden Jahr stellte Hailwood beim zweitletzten Lauf den Rundenrekord ein und führte mit einer halben Runde Vorsprung, als sein Ge-

■ *Links: Nicht einmal Freddie Spencer konnte sich mit der Ovalkolben-NR 500 gegen die Zweitakt-Konkurrenz behaupten.*

■ *Unten: Der Schweizer Luigi Taveri, hier mit einer 250er, gewann für Honda drei WM-Titel in der 125er Klasse der 60er Jahre.*

■ *Oben: Mike Hailwood gewann mit dem Sechszylinder die 350er-TT auf der Isle of Man 1967.*

■ *Unten: Die erste Ovalkolben-NR 500 hatte eine selbsttragende Karosserie, war aber nicht konkurrenzfähig.*

triebe im höchsten Gang stecken blieb. Mike konnte danach das letzte Rennen gewinnen, aber Ago wurde wieder Weltmeister, nicht weil er mehr Siege oder Punkte hatte – da lagen beide Fahrer gleichauf – sondern weil er mehr zweite Plätze hatte.

Honda meldete sich erst 1979 zurück und präsentierte die unkonventionelle NR 500. Dabei handelte es sich um einen wassergekühlten V4, dessen ovale Kolben je zwei Pleuel, zwei Zündkerzen und acht Ventile hatte. So wollte Honda einen V8 simulieren und trotzdem dem Vierzylinder-Reglement

genügen. Die fortschrittliche Konstruktion hatte außerdem ein selbsttragendes Fahrwerk, wobei der Motor an der Vorderverkleidung festgeschraubt war, und 16 Zoll-Räder. Der Motor drehte bis 20.000 Umdrehungen, aber nicht nur mangelnde Zuverlässigkeit, sondern auch fehlende Leistung war der Mühen Lohn. Dank eines einfacheren Rahmens und eines neu konstruierten Motors verbesserte sich 1981 etwas die Leistung, aber in dem Jahr zog sich Honda zurück – ohne den Titel oder einen einzigen Rennsieg.

■ *Oben: Die vier Honda-Werksfahrer, die bei ihrem Debüt auf der Isle of Man 1959 eine gute Figur abgaben.*

HONDA

■ Links: Freddie Spencer gewann 1983 die WM mit der Dreizylinder-NS 500.

■ Unten: Mit der V-Zweizylinder NSR 250 gewann Freddie Spencer 1985 auch die 250er-Klasse.

HONDA NSR 500

Als Honda den Viertakter zu den Akten legte, kam die Marke zum heiß ersehnten WM-Titel in der Königsklasse: mit einem unkonventionellen Zweitakter. Freddie Spencer schlug 1983 die vierzylindrigen Konkurrenten von Yamaha und Suzuki mit seiner Dreizylinder-NS 500, die 125 PS leistete und damit den Konkurrenten um 10 PS hinterherhinkte. Daß Freddie dennoch siegte,

lag an der besseren Handlichkeit. Noch einmal zu Meisterehren kam »Fast Freddie« 1985 mit der vierzylindrigen NSR 500.

Ganz sicher ist die NSR eine der schnellsten Werks-500er, was zum größten Teil an der einzelnen Kurbelwelle für die vier Zylinder und der verringerten Reibung liegt, auch wenn die Honda-Ingenieure dafür etwas mehr Baubreite benötigten. Nach erfolglosen Versuchen 1984 mit einem unterhalb des Motors liegendem Tank, bekam die NSR einen Doppelbalkenrahmen aus Alu und eine konventionellere Auslegung. In bester (bzw. schlechter) Honda-Tradition war die Motorleistung oft den Fahreigenschaften voraus, besonders deut-

HONDA NSR 500 (1994)	
Motor	Wassergekühlter 112-Grad V4-Zweitakter
Hubraum	499 cm³ (54x54,5 mm)
Leistung	187 PS/12.000 U/min
Gewicht	130 kg trocken
Spitze	315 km/h

■ Gegenüber ganz unten: An der Optik der NSR 500 hat sich im Prinzip seit 1986 nur wenig geändert.

■ Rechts: In der Saison 1994 hatte Doohans NSR ein Handling, das der Leistung auch entsprach.

■ Unten: Eddie Lawson zähmte 1989 die NSR und wurde Weltmeister.

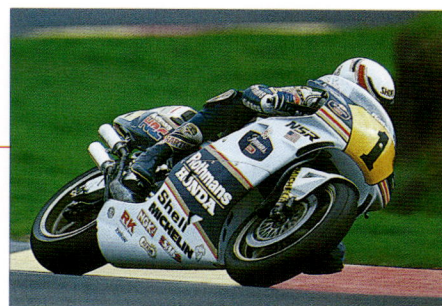

lich im Jahre 1989, als es Eddie Lawson dennoch schaffte, das Biest zu zähmen und die WM gewann.

In den 90ern ist es Honda gelungen, den brutalen Leistungseinsatz einzudämmen, besonders mit dem Big-Bang-Konzept des Jahres 1992. Da die vier Zylinder nun kurz hintereinander zünden, wird die Leistungsentfaltung mit den 185 PS besser kontrollierbar, ein Trick, den die Konkurrenten bald kopierten. Mit diesem Motor erreichte der Japaner Shinichi Itoh als erster in einem Rennen über 320 km/h, gestoppt 1993 beim Großen Preis von Deutschland in Hockenheim. Im Jahr danach dominierte Mick Doohan in der ganzen Saison völlig überlegen.

Den Motor halbiert, führte zur NSR 250, mit der die Marke auch die 250er-Kategorie aufrollte. Zu den Weltmeistern gehören Sito Pons (1988 und 1989), sowie Luca Cadalora (1991 und 1992). Die tollste Leistung mit der NSR lieferte trotzdem Freddie Spencer, der 1985 die WM in der 250er- und der 500er-Klasse gewann.

ANDERE MARKEN

HOREX

Gegründet 1923 in Bad Homburg, baute die folgenden Jahre viele erfolgreiche Straßen- und Rennmaschinen. Das erfolgreichste Nachkriegsmodell war zweifellos die Regina, ein Ohv-Einzylinder mit 350 cm³, gebaut von den späten 40er an. Die 400 Imperator wurde mit einem Zweizylindermotor mit einfacher, obenliegender Nockenwelle 1951 eingeführt, hatte Telegabel oder Langschwinggabel, Hinterradschwinge und eine voll gekapselte Antriebskette.

Mitte der 50er bekam Horex Probleme, zum Teil wegen des 250er Rebell-Rollers. 1958 wurde die Produktion eingestellt. In den 70ern versuchte Friedl Münch zusammen mit Fritz Röth den Markennamen in Form eines 1400 cm³ Vierzylinders mit Turbo wiederzu-

■ Oben: Der ehemalige Rennfahrer Sammy Miller mit der Husqvarna V-Zweizylinder bei einer Parade auf der Isle of Man.

beleben. Dieser basierte auf der Münch Mammuth. Außerdem entstand eine kleine Serie von Horex-Zweitaktmodellen, die Röth zu vermarkten suchte. Viel später erschien der Name auf einer Osca mit Hondas 650 cm³-Einzylindermotor, gebaut und vermarktet in Japan.

HRD

Howard Raymond Davies war ein ehemaliger Rennfahrer und Jagdflieger des Ersten Weltkriegs, der 1924 eine eigene Motorradmarke gründete. Schon im Jahr darauf siegte er mit seiner HRD bei der Senior-TT, und zwei Jahre später verbuchte Freddie Dixon einen Sieg bei den 350ern. Der Verkauf lief nur zögernd und kurz nach Dixons Sieg wurde die Firma liquidiert. Die Marke wurde später von Philip Vincent gekauft, der damit eine eigene Produktion startete, bald unter eigenem Namen.

HUSQVARNA

Jahrzehntelang für Cross- und Geländemaschinen bekannt, war Husvarna ursprünglich ein schwedischer Waffenhersteller, der erst 1903 mit Motorrädern anfing. In den 30ern entstanden interessante 350er- und 500er-V2-Rennmaschinen, die unter anderem von Stanley Woods gefahren wurden. Als die Herstellung von Straßenmodellen Anfang der 60er auslief, baute das Werk sehr erfolgreiche Cross- und Geländemaschinen weiter. Die italienische Cagiva-Gruppe übernahm 1986 die Marke und verlagerte drei Jahre später die Produktion nach Italien.

■ Oben: Der französische Enthusiast Vuillemin mit seiner Zweizylinder-Horex in einem Classic-Rennen.

■ Oben: Husqvarna-Fahrer Jan Carlsson bei der Internationalen Sechstagefahrt 1983.

INDIAN POWERPLUS

Indian wurde 1901 von George Hendee und Oscar Hedstrom gegründet, beides ehemalige Radrennfahrer. In der Heimatstadt von Hendee, Springfield, Illinois, bauten die zwei einen 1,75 PS starken Einzylinder, der auf Anhieb ein Erfolg war. Sie machten weiter, und in den folgenden zehn Jahren stieg der Umsatz ebenso wie der Absatz: die Geschäfte blühten, nicht zuletzt wegen des sogenannten Diamantenrahmens, der 1904 auftauchte und den Motor tief unten im Rahmen plazierte. Letzterer wurde von der Firma Aurora in Illinois beigesteuert, und der Single war auch dunkelrot lackiert, was zum typischen Merkmal der Marke werden sollte. Die jährliche Produktion umfaßte jetzt schon 500 Motorräder und 1913 stieg sie auf unglaubliche 13.000 Stück.

Der erste V-Zweizylinder von Indian kam 1907, und in den folgenden Jahren schrieb die Marke sich immer öf-

■ Oben: Leistung und hohe Laufkultur verhalfen dem neuen seitengesteuerten Motor zum Namen Powerplus.

INDIAN POWERPLUS (1918)

Motor	Luftgekühlter 42-Grad-V2
Hubraum	998 cm³ (79,4 x 100,8 mm)
Leistung	18 PS
Gewicht	186 kg
Spitze	100 km/h

ter in die Rekordbücher ein. Besonders berühmt war der Langstreckenfahrer Erwin »Cannonball« Baker, der viele Rekorde aufstellte. Er fuhr 1914 eine Indian von San Diego nach New York in nur 11 Tagen, 12 Stunden und zehn Minuten. In späteren Jahren fuhr er immer eine Powerplus, einen seitengesteuerten V-Twin, 1916 vorgestellt. Der seitengesteuerte 42-Grad V-Motor war leistungsstärker und leiser als bisherige Konstruktionen und lief 100 km/h. Die Powerplus war sehr erfolgreich, als

■ Unten: Die Powerplus von 1918 unterschied sich nur gering vom ersten Modell, das zwei Jahre vorher entstanden war.

■ *Links: Der Indian-Einzylinder von 1904 ging 50 km/h und war sehr robust. Der rote Lack war anfangs eine Option.*

■ *Unten: Diese Indian von 1913 hat den früheren F-Head-Motor, das heißt, er war wechselgesteuert.*

Straßenmaschine wie auch als Basis für Rennmaschinen. Sie blieb bis 1924 fast unverändert in Produktion. Rennerfolge spielten eine große Rolle bei Indians Expansionsplänen, trugen aber auch zu vielen technischen Neuerungen bei. Ein großes Ereignis war der Auftritt auf der Isle of Man 1911, als die drei Indian-Fahrer Godfrey, Franklin und Moorehouse die ersten drei Plätze belegten. Jake de Rosier stellte viele Rekorde in den USA und in Brooklands auf. Er gewann außerdem schätzungsweise 900 Rennen auf Rundbahnen und Bretterpisten. Er verließ Indian und ging zu Excelsior, starb aber 1913, nur 33 Jahre alt, bei einem Boardrennen nach einer Kollision mit Charles »Fearless« Balke, dem spätern Indian-Spitzenfahrer. Als der Leichenzug auf dem Weg zum Friedhof am Werk vorbeiführte, wurde die Produktion gestoppt.

■ *Rechts: Indians mächtige Achtventiler waren 1916 in den USA sehr erfolgreich.*

INDIAN

INDIAN CHIEF

Die V-Zweizylinder Scout und Chief wurden in den 20ern eingeführt, zu einer Zeit, als Indian sich zu Recht als der weltgrößte Motorradhersteller rühmen konnte. Die neuen Zweizylinder wurden zu den erfolgreichsten Modellen der Marke. Konstruiert von Charles B. Franklin, hatte der Mittelgewichtler Scout die gleiche 42 Grad-Motoraus-

INDIAN CHIEF (1947)	
Motor	Luftgekühlter seiten-
	gesteuerter 42-Grad V2
Hubraum	1200 cm³ (82,5 x 113 mm)
Leistung	40 PS/4000 U/min
Gewicht	245 kg
Spitze	135 km/h

■ Oben: Die 1200 Big Chief kam 1923 und verkaufte sich sofort besser als die kleinere Scout.

■ Rechts: Fast alle Indian V-Motoren, wie auch dieser 1200 cm³, hatten einen Zylinderbankwinkel von 42 Grad.

■ Unten: Diese Chief von 1947 mit dem bekannten Indianerkopf auf dem Schutzblech ist typisch für die Marke Indian.

■ *Oben ganz rechts: Scout war bei den damaligen AMA-Rennen in den USA sehr populär und sind noch heute in Veteranenrennen zu sehen.*

■ *Rechts: Die Scout Pony mit 500 cm³ (oder 30.50 Kubikzoll) war 1939 das Einsteigermodell.*

■ *Unten rechts: Die Modell 741 Military Scout war im Zweiten Weltkrieg ein gutes Instrument.*

legung wie die größere Chief. Die allererste Chief von 1922 hatte einen 1000 cm³ großen Motor, der auf dem Powerplus basierte. Ein Jahr später wuchs der Motor auf 1200 cm³. Solcherart gestärkt, kamen nun nach und nach weitere Innovationen dazu, wie etwa 1928 eine Vorderradbremse. Als der Chemiegigant E. Paul duPont 1930 Indian übernahm, verhalf diese Verbindung ab 1934 zu der Möglichkeit, seine Maschine in 24 verschiedenen Lackalternativen bestellen zu können. Die Indian dieser Epoche hatten oft den bekannten Indianerkopf auf dem Tank und in der Werbung nutzte das Werk gern folkloristische Elemente der amerikanischen Ureinwohner. Die bald viel zu große Werksanlage in Springfield hatte alsbald den Spitznamen »Wigwam«.
Sämtliche Modelle bekamen 1940 die tief heruntergezogenen Schutzbleche, die bald markentypisch werden sollten, und die Chief bekam eine Hinterradfederung. Die Chief der 40er waren bequeme Motorräder, die mühelos

135 km/h gingen, in getunter Ausführung sogar 160 km/h schafften. Das hohe Gewicht stand allerdings guten Beschleunigungswerten im Wege. Für 1950 verpaßten die Indian-Techniker dem Motor eine Hubraumspritze auf 1300 cm³ und spendierten eine Telegabel. Finanzielle Probleme hemmten allerdings die Produktion, in

den letzten drei Jahren wurden insgesamt keine 2000 Motorräder gebaut. Das Wigwam wurde 1953 geschlossen.
Die Scout, anfangs mit einem 596 cm³ Motor ausgestattet, wurde 1927 auf 745 cm³ aufgebohrt und war neben der Chief das wichtigste Modell der Marke. Die berühmteste Variante war die 101 Scout von 1928 mit neuem Rahmen und tiefem Schwerpunkt und dadurch viel besserem Fahrverhalten. Im Zuge der Sparmaßnahmen erhielt die Scout 1932 den gleichen Rahmen wie die Chief, das Mehrgewicht raubte der neuen Scout aber viel von ihrem Erfolg. Im Zweiten Weltkrieg waren viele Scout auf Kriegspfad, doch als 1946 wieder die Friedensproduktion anlief, hatten diese sich in die ewigen Jagdgründe verabschiedet. Indian baute 1948 nur 50 Exemplare der Daytona Sports Scout und mit einer davon siegte in dem Jahr Floyd Emde beim 200-Meilen-Rennen in Daytona. Kleinere Scout mit 500 cm³ wurden zwischen 1932 und 1941 gebaut, sie hießen Scout Pony, Junior Scout und Thirty-Fifty.

INDIAN

INDIAN FOUR

Die Indian-Vierzylinder ist eines der berühmtesten amerikanischen Motorräder, leider nicht das erfolgreichste. Indian kaufte 1927 die Marke Ace, Hersteller eines 1265 cm³-Vierzylinders, und die erste Indian Four war nichts anderes als eine Ace mit kleineren Rädern und Indian-Emblem. In den folgenden Jahren versah Indian die Konstruktion mit Vorderradbremse, neuer Gabel und neuem Rahmen, bevor dann 1936 die 436 Four kam. Diese nannte man oft Upside-down, da die Ventilsteuerung für die Einlaßseite seitengesteuert und für den Auslaß obengesteuert war. Allerdings war die 436er höchst unzuverlässig und überlebte nicht lange.

Indian kehrte zum alten Konzept zurück und führte 1938 weitere Modellpflegemaßnahmen durch. Die Four der frühen 40er lieferte 40 PS, lief sehr sanft und erreichte 145 km/h. Der Verkaufspreis lag aber sehr hoch, zu teuer für die Hitzeprobleme der hinteren Zylinder. Diese Probleme in den Griff zu bekommen kostete viel Geld, Geld, das Indian besser in die Entwicklung eines eigenen Modelles gesteckt

INDIAN FOUR (1942)	
Motor	Luftgekühlter seitengesteuerter Reihenvier
Hubraum	1265 cm³ (69,9 x 82,5 mm)
Leistung	40 PS/5000 U/min
Gewicht	255 kg
Spitze	145 km/h

■ *Gegenüber: Die Windschutzscheibe war ein populäres Originalzubehör für die Four und die Chief der 40er.*

■ *Unten links: Der Vierzylinder-Reihenmotor sah in seiner letzten Ausführung elegant aus, litt aber unter thermischen Problemen.*

■ *Unten: Diese Four von 1941 hat die spätere Fußschaltung und die neuere Gabel bekommen.*

JAMES

Das Werk in Birmingham begann im vorherigen Jahrhundert mit der Fahrradherstellung, brachte aber in den 30ern schon Viertaktmaschinen mit Ein- und großen V-Zweizylindermotoren. In den 60ern bestand die Produktion ausschließlich aus kleinen Zweitaktmaschinen, bekannt vor allem die 250 cm³-Modelle Commodore und der Zweizylinder Superswift. Die Marke wurde in den späten Jahren für ihre Geländemaschinen bekannt und bestritt jahrelang mit einem Werksteam Trialwettbewerbe. James ging 1963 in AMC auf. Drei Jahre später wurde das Unternehmen ganz aufgelöst.

■ *Oben: Die Superswift, 1962 vorgestellt und getrieben von einem 250 cm³ Villiers-Zweitaktmotor, war eine der letzten James-Straßenmaschinen.*

JAWA

Gegründet in der Tschechoslowakei 1929, baute viele Straßen- und Rennmaschinen vor dem Zweiten Weltkrieg. Die Herstellung lief nach 1945 weiter, in staatlicher Regie zusammen mit CZ, zumeist mit einfachen Zweitaktmodellen. Nach der Übernahme der Marke Eso 1962 stellte das Werk erfolgreiche Speedwaymaschinen her.

■ *Oben: Dieser 350 cm³-Zweitakter aus der Mitte der 60er ist typisch für Jawa – robust, billig und mit etwas gewöhnungsbedürftigem Design.*

KAHENA

Getrieben von einem 1600 cm³ VW-Boxer mit 50 PS, war die brasilianische Kahena ein Riesenmonster mit Vollverkleidung, für Südamerika Anfang der 90er vorgestellt.

hätte, um den neuen Bestellern im Harley-Programm, den obengesteuerten 61 E-Modellen Paroli bieten zu können. Die Produktion der Four lief 1943 aus. Indians Beschluß, Ende der 40er Parallel-Zweizylinder englischer Art zu bauen, führte letztendlich zum Untergang. Indian importierte weiter britische Motorräder, darunter Royal Enfield, die als Indian vermarktet worden sind. Nach 1960 versuchte sich Indian im Verkauf von Matchless-Motorrädern, verschwand aber dann auch als Verkaufsorganisation.

Der Name tauchte in den 60ern und 70ern auf kleinen italienischen Minibikes auf. In den 90ern stritten sich zwei amerikanische Firmen um die Namensrechte, mit manchmal nicht ganz legalen Mitteln. Ein australisches Unternehmen hatte später bereits sehr weit gediehene Pläne für eine Reihe von neuen Indian-Motorrädern; für die Konstruktion sollte der inzwischen verstorbene John Britten verantwortlich zeichnen.

KAWASAKI

KAWASAKI 500 cm³ H1

Der Industriegigant Kawasaki beschäf-tigt sich eigentlich mit Stahl- und Schiffsbau, mit der Konstruktion von Raketen, Flugzeugen und Eisenbahnen – das Motorradgeschäft ist eigentlich nur ein kleiner und vergleichsweise jun-ger Zweig der Kawasaki- Aktivitäten. Als die Luftfahrtdivision sich in den 50ern nach weiteren Bereichen auf dem zivilen Markt umsah, verfiel man auf Motorräder. Dieser Sektor gewann an Bedeutung, da das Unternehmen den Namen Kawasaki einer breiteren Öffent-lichkeit bekanntzumachen suchte. Erst in den 60ern entstand das erste kom-plette Motorrad, ein Zweitakter mit 125 cm³. Danach übernahm das Werk Ja-pans ältesten Motorradhersteller, Megu-

■ *Links: Hoher Len-ker und schlankes Design lassen die amerikanische Aus-führung H1B beinahe sanftmütig erschei-nen.*

■ *Gegenüber links: Der einfache Zwei-takt-Dreizylinder war kompakt, leistungs-stark und überaus durstig.*

■ *Gegenüber Mitte: Die Herstellung von Motorrädern ist nur ein ganz kleiner Teil des Betätigungsfelds der Kawasakis Indu-stries.*

■ *Gegenüber rechts: Die ersten großen Modelle von Kawasaki waren 650er Viertakt-Zwei-zylinder, wie diese W1 SS von 1968.*

■ *Rechts: Die mächtige 748 cm³ H 2 ähnelte technisch und optisch der ersten H 1, hatte aber mehr Leistung, Klang und Speed.*

ro, der schon die Kopie einer zweizylindrigen BSA im Programm hatte. Kawasakis erster Viertakter, die W 1, ähnelte deshalb in vieler Hinsicht genau der BSA A10. Sie verkaufte sich gut in Japan, war aber in den USA und Europa ein Flop. Prompt stellte Kawasaki eine Reihe schneller Zweitaktmodelle vor. Die 250 cm³ A1 Samurai und die 350 cm³ A7 Avenger ließen sich erfolgreich exportieren. Der erste Dreizylinder kam 1969, die 500 cm³ H1, der erste von mehreren Dreizylindern, die Kawasaki den Ruf verschafften, besonders schnelle Motorräder zu liefern.

Aus dem luftgekühltem Zweitakter holten die Kawasaki-Techniker 60 PS bei 7500 Umdrehungen – Garant für explosive Fahrleistungen, zumal die H 1 Mach III nur 174 Kilo wog. Sie sah

KAWASAKI 500 H 1 (1969)

Motor	Luftgekühlter Zweitakt-Dreizylinder
Hubraum	400 cm³ (60 x 58,8 mm)
Leistung	60 PS/7500 U/min
Gewicht	174 kg
Spitze	190 km/h

nicht nur schnell aus, sondern ging auch 190 km/h und hatte ein Fahrverhalten, das keine Langeweile aufkommen ließ. Die Kombination eines schwachen Rahmens, Gewichtverlagerung nach hinten und eine Leistungsspitze bei 6000 Umdrehungen sorgten für neue Worte und Ausdrücke – wie »Wheelie« und »Lenkerflattern«. Außerdem soff sie lästerlich, kurzum, die Mach III war ein Monster. Kawasaki baute außerdem zwei kleine-

re Modelle des Dreizylinders, die 250 cm³ S 1 und die 350 cm³ S 2. 1972 folgte dann der richtige Überhammer, die H 2 oder Mach IV, mit 748 cm³. Ihre 74 PS sorgten für eine Spitze von über 200 km/h, und wenn auch das Handling etwas besser als bei der H1 war, so erforderte doch der Umgang mit diesem Biest eine sichere Hand und starke Nerven. Immer strenger werdende Abgasvorschriften machten den Kawa-Drillingen Mitte 70er den Garaus.

KAWASAKI

KAWASAKI Z 1

Die Z 1 wurde 1973 eingeführt und nahm im Markt der großkalibrigen Vierzylinder von Anfang an die Pole Position ein. Der unzerstörbare Motor mit seiner exzellenten Leistung, die geglückte Optik und der niedrige Verkaufspreis bildeten eine unwiderstehliche Kombination. Der 903 cm³ große Vierzylinder hatte zwei obenliegende Nockenwellen und lieferte 82 PS, 15 mehr als die Honda CB 750. Übrigens hatte die unerwartete Vorstellung des

Honda-Vierzylinders das Kawasaki-Projekt um zwei Jahre verzögert, da die Kawa-Techniker ihre »New York Streak« anfangs als 750er ausgelegt hatten und daher nach dem Honda-Coup noch einmal an die Reißbretter gingen. Als die Kawasaki dann kam, war sie der Honda total überlegen. Das Chassis gehörte allerdings nicht zu den herausragenden Stärken des Neulings, war aber akzeptabel und er-

KAWASAKI Z 1 (1973)

Motor	Luftgekühlter Dohc-Vierzylinder
Hubraum	903 cm³ (66 x 66 mm)
Leistung	82 PS/8500 U/min
Gewicht	230 kg
Spitze	208 km/h

■ *Oben: Der Dohc-Vierzylinder der Z 1 hatte Kraft in allen Lebenslagen.*

■ *Unten: Das Design zeigte die brutale Kraft der Kawasaki Z 1.*

■ Links: Zu den kleinen, luftgekühlten Kawasaki gehörte auch die handliche Z 650 des Jahres 1977.

■ Links: Etwas wackelig in schnellen Kurven, hatte die Z 1 keine Probleme im engen Kurvengeschlängel.

■ Unten: Die Z-1 R mit getuntem Motor und verstärktem Rahmen hatte 1978 schon gefährliche Konkurrenten.

möglichte komfortable Touren. Über jeden Zweifel erhaben das Design, gekennzeichnet durch den gerundeten Tank, den Heckbürzel und die vier glänzenden Schalldämpfer. Und die Z 1 war viel billiger als europäische Konkurrenten. Kawasaki gelang mit dem »King« ein großer Verkaufserfolg und die Marke hatte jetzt endgültig den Ruf als Lieferant von Muskelmaschinen weg.

Zu den Verbesserungen der folgenden Jahre gehörte 1976 eine zweite Scheibe vorn, als die Maschine die Bezeichnung Z 900 bekam. Ein Jahr später wuchs der Motor auf 1015 cm³ und befeuerte dann die Z 1000. Die Z-1 R, ein Café Racer mit einem auf 90 PS getunten Motor, verstärktem Rahmen und Cockpitverkleidung, kam 1978. Dieses Modell markierte das Ende der Z-Entwicklung, da die Einliter-Kawas zunehmend Konkurrenz durch Suzukis GS 1000 und Hondas CBX bekam. Die Auslegung des Motors prädestinierten den Vierzylinder für Renneinsätze und entsprechende Modifika-

tionen. Im Serienzustand konnten sie 1973 in Australien die Castrol-6-Stunden gewinnen, und Spezialmaschinen mit Kawa-Triebwerken siegten oft bei 24-Stunden-Rennen. Besonders interessant waren die vom französischen Importeur eingesetzten Werksmaschinen, aber auch Einzelkämpfer wie Georges Godier und Alain Genoud. In den späten 70ern und frühen 80ern ver-

wendete Kawasaki die gleiche Motorauslegung für kleinere Varianten. Zu den besten gehörte die Z 650, 1977 vorgestellt, perfekte Laufruhe und 180 km/h Spitze mit sehr gutem Handling und niedrigem Preis. Leider hatte Kawasaki unter dem Motto »die 650, die alle 750er alt aussehen läßt« nicht mit der gleichzeitig vorgestellten und viel schnelleren Suzuki GS 750 gerechnet.

■ Oben: Der französische Langstrecken-Weltmeister Jean-Claude Chemarin führte das Kawasaki-Team in den frühen 80ern zu zahlreichen Erfolgen.

■ Oben: Der Neuseeländer Graem Crosby gewann bei seinen ersten Auftritten in Europa Rennen und viele Fans. Er steuerte dabei eine Moriwaki-Kawasaki.

KAWASAKI

■ *Links: Kurven waren nie die Stärke der Z 1300, für ihre Größe lief sie aber ganz anständig.*

KAWASAKI Z 1300

Die übergroße Kawasaki Z 1300 war in gewisser Hinsicht das ultimative Monsterbike der 70er Jahre, das Ende einer unglücklichen Entwicklung, als japanische Hersteller nach immer neuen Superlativen jagten, nach mehr Leistung, mehr Gewicht, mehr Hubraum. Der wassergekühlte 1286 cm³ große Sechszylinder lieferte 120 PS, das ganze viereckige Monstrum wog vollgetankt über 300 Kilo. Komischerweise büßte die Z 1300 gerade wegen des großen Kühlers etwas an Ausstrahlung ein, die sechszylindrige Honda CBX hatte da mehr zu bieten. Auch die Leistung, in Deutschland sowieso auf 100 PS beschränkt, gab nicht das her, was die Zahlen im Prospekt versprachen.

Trotz alledem ging die Z 1300 recht gut, lag dank des kräftigen Rahmens und

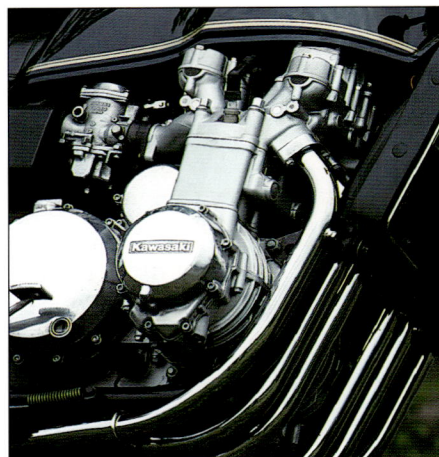

■ *Rechts: Mit einer Leistung von über 100 PS war die Z 1300 1979 das stärkste Motorrad auf dem Markt.*

■ *Unten: Die wuchtigen Linien der Maschine lassen den Motor beinahe ein wenig verschwinden.*

KAWASAKI Z 1300 (1979)	
Motor	Wassergekühlter 12-ventil Dohc-Sechszylinder
Hubraum	1286 cm³ (62 x 71 mm)
Leistung	120 PS/8000 U/min
Gewicht	305 kg
Spitze	215 km/h

■ *Links:*
Die GPZ 900 R war die ideale Synthese aus Leistung, Komfort und Zuverlässigkeit und wurde zum Bestseller.

■ *Unten: Der finnische Motorradakrobat Arto Nyqvist hatte mit dem Gewicht der Z 1300 keine Probleme.*

■ *Unten links: Modifizierte Gabel und 17-Zoll Vorderrad verhalfen der bewährten GPZ 900 R in den 90ern zu neuem Rückenwind.*

der guten Federelemente satt auf der Straße und hatte auch bei einer Höchstgeschwindigkeit von 215 km/h keine Fahrwerksprobleme. Daß man die nicht allzulange durchhielt, dafür sorgte die exponierte, aufrechte Sitzposition, und außerdem wirkte der Motor immer etwas angestrengt. Trotz der mächtigen Leistung und der gewaltigen Größe konnte die Z 1300 eigentlich nichts, was nicht auch kleinere Maschinen schafften. Der teure Sechszylinder führte auch in Japan zur Ernüchterung und war der Schlußpunkt einer Entwicklung, die schiere Größe zum Selbstzweck erhoben hatte.

Eine der faszinierendsten Fahrmaschinen der 80er war die 1984 eingeführte GPZ 900 R. Sie hatte den ersten was-

sergekühlten Vierzylinder der Marke, der 908 cm³ große 16-Ventiler lieferte offen 113 PS bei 9500 Umdrehungen und bot Kraft bei allen Drehzahlen. Der Motor katapultierte die GPZ zu einer Spitze von gut 240 km/h.

Die »Ninja«, wie die GPZ in den USA hieß, hatte, wohl als erstes Bigbike überhaupt, auch ein der Motorleistung entsprechendes Handling, kein Wunder also, daß sie auch bei seriennahen Rennveranstaltungen eine gute Figur abgab. Darüber hinaus konnte die GPZ auch ausgesprochene Tourerqualitäten aufweisen. Die 900er Kawa war ein Bestseller und verkaufte sich auch nach zehn Jahren immer noch gut, sie überlebte sogar ihren eigenen Nachfolger, die GPZ 1000 RX.

KAWASAKI

KAWASAKI ZZ-R 1100

In den konkurrenzintensiven 90ern gelang es Kawasaki erneut, alle anderen Superbikes in den Schatten zu stellen: Die 145 PS starke ZZ-R hatte eine Spitze von 280 km/h und war damit schneller als alle anderen Serienmotorräder der Welt. Vorgestellt war sie 1990 worden, und schon damals sorgten die Eckwerte für helle Aufregung. Die hatte sich zwar fünf Jahre

KAWASAKI ZZ-R 100 (1990)

Motor	Wassergekühlter 16-Ventil Dohc-Vierzylinder
Hubraum	1052 cm³ (76 x 58 mm)
Leistung	145 PS/9500 U/min
Gewicht	228 kg
Spitze	280 km/h

■ *Oben: Scott Russell war 1993 Superbike-Weltmeister und hat nicht weniger als viermal Daytona gewonnen.*

■ *Oben: Hohe Leistung und fortschrittliches Design machten schon die erste ZXR 750 zu einem Bestseller.*

später gelegt, doch noch immer beflügelte der wassergekühlte 1052 cm3 große Vierzylinder die schnellste Straßenmaschine der Welt.

Diese hervorragenden Fahrleistungen lieferte ein 16-Ventiler, eine Weiterentwickelung des ZX-10-Aggregates von 1988. Große Ventile und leichte Kolben trugen ihren Teil zur höheren Leistung bei, aber der Löwenanteil ging auf das Konto des neuen Lufteinlaßsystems Ram Air, das aus der Formel-1-Technik stammte. Dabei wird kalte Luft durch Einlaßschlitze in der Verkleidungsnase zu einer Druckkammer geführt. Je schneller die Maschine fährt, desto höher der Druck. Dennoch war die ZZ-R ein kultiviertes Motorrad mit sehr ausgewogenen Fahreigenschaften, dank einem verwindungssteifen Alurahmens und sehr guter Federelemente. Mit 228 Kilo war sie recht schwer. Die Sitzposition war für die Leistung sehr aufrecht, dadurch konnte sie allerdings auch als

Tourer überzeugen.

Unter die Anbieter reinrassiger Sportmaschinen mischte sich Kawasaki mit der ZXR 750. Es handelte sich um einen vierzylindrigen 16-Ventiler in einem Doppelbalkenrahmen aus Alu. Optik und gute Leistung kombiniert, führten zu einer Maschine, die problemlos 240 km/h errreichte. Das Modell diente auch als Basis für Superbike-Maschinen, Scott Russells Weltmeistertitel von 1993 wurde mit einer ZXR errungen. Kawasaki war der eigentliche Wegbereiter der 600er Klasse und hatte 1985 die GPZ 600 präsentiert, geriet aber danach gegenüber dem Honda-Bestseller CBR ins Hintertreffen. Die ZZ-R 600, 1990 vorgestellt, hatte zwar die nötige Höchstgeschwindigkeit, war aber nicht besonders handlich. Mit der 1995 vorgestellten ZX-6R, mit Ram-Air-Einlaß und neuem Fahrwerk mit sportlicher Geometrie, ist Kawasaki jetzt endlich auf dem richtigen Wege.

KAWASAKI

KAWASAKI KR 750

Kawasakis erster internationaler Erfolg im Rennsport kam in der 125er Klasse, als Dave Simmonds 1969 mit einem Werks-Zweizylinder Weltmeister wurde. Die gleichzeitig vorgestellten 500er Dreizylinder für die Straße eigneten sich überdies hervorragend für den Renneinsatz, und das Werk stellte daher eine Rennversion auf die Räder,

■ *Links: Der australische Star Gregg Hansford war mit der schnellen KR 750 immer für spektakuläre Einlagen gut.*

■ *Unten: Ohne Verkleidung sind der wassergekühlte Dreizylinder und der verwindungssteife Doppelschleifenrahmen gut zu sehen.*

KAWASAKI KR 750 (1975)

Motor	Wassergekühlter Zweitakt-Dreizylinder
Hubraum	747 cm³ (68 x 68 mm)
Leistung	120 PS/9500 U/min
Gewicht	140 kg trocken
Spitze	288 km/h

■ *Unten: Mick Grants KR 750 mit seiner bevorzugten Nummer 10 wurde 1975 auf der Isle of Man mit 289 km/h gemessen.*

■ *Links: Toni Mang gewann vier WM-Titel mit den Tandem-Zweizylindern KR 250 und KR 350.*

■ *Links: Nicht einmal der schnelle und elegant fahrende Kork Ballington konnte aus der KR 500 einen GP-Sieger machen.*

die H1R. Damit beendete der Neuseeländer Ginger Molloy die 500er WM des Jahres 1970 auf dem zweiten Platz. Die späteren H2R, die Dreizylinder mit 750 cm³, hießen wegen ihren dubiosen Fahreigenschaften und der grellen Lackierung nur »Grüne Monster«; der Amerikaner Gary Nixon und der Kanadier Yvon du Hamel gehörten zu den wenigen, die das Monster zähmen (und besiegen) konnten. Kawasaki ersetzte die seriennahe H2R durch die eigens zu Rennzwecken gebaute KR 750. Dieser Dreizylinder war wassergekühlt und lieferte 120 PS, leider mit einem Leistungsbuckel bei 6000 Umdrehungen, die den Fahrern zu schaffen machte. Trotz diverser Kinderkrankheiten waren 1975 Mick Grant in England und Gregg Hansford in Australien mit der KR 750 sehr erfolgreich. Grant wurde auf dem Streckenabschnitt Mountain auf der Isle of Man mit 289 km/h gemessen und setzte auch mit 176,73 einen neuen Rundenrekord auf dem nicht ungefährlichen Kurs. Kawasakis erfolgreichste Rennmaschinen waren die KR 250 und KR 350, wassergekühlte Tandem-Zweizylinder, die den GP-Sport zwischen 1978 und 1982 völlig dominierten und acht WM-Titel sowie 73 GP gewannen. Die KR

erschien 1975 als 250er, war aber anfangs unzuverlässig. Der Motor wurde daher umkonstruiert und erhielt um 360 Grad versetzte Hubzapfen (wodurch die Kolben paarweise zusammenliefen) anstelle der üblichen 180-Grad-Auslegung. Diese neuen KR waren sehr standfest und sehr schnell, da zum Beispiel der 350er 75 PS bei 11.800 Umdrehungen lieferte. Auch das Fahrwerk mit einem Rundrohrrahmen aus Chrommolybdän und Kawasakis Zentralfederung Uni-Trak zeigte sich allen Konkurrenten überlegen. Der Südafrikaner Kork Ballington leitete die Erfolgsstory mit dem Gewinn der WM-Titel in beiden Klassen 1978 und 1979 ein. Der deutsche Fahrer Toni Mang fügte zwei weitere Doppel-WM-Titel hinzu, darunter die Doppel-WM 1981. Nach der Saison 1982 verschwand die 350er Klasse und mit ihr die ungeschlagene KR 350. Stattdessen traten die Japaner mit der KR 500 mit Alu-Monocoque, einem Vierzylinder, in der Königsklasse an. Trotz langwieriger Entwicklungsarbeit über mehrere Saisons hinweg war die KR 500 letztlich nicht konkurrenzfähig, nicht einmal mit Kork Ballington im Sattel.

ANDERE MARKEN

KOBAS

Der talentierte spanische Fahrwerkskonstrukteur Antonio Cobas schuf in den späten 70ern und frühen 80ern viele innovative Rennmaschinen. Seine 250er von 1983 mit Rotax-Motor hatte den weltersten Doppelbalkenrahmen aus Alu mit progressiver Zentralfederung hinten, damals eine Revolution, heute für Sport- und Rennmaschinen das Standardrezept.

KRAUSER

Zu den Exoten unter den Caféracern gehörten zweifellos Krausers Spezialbauten mit BMW Boxer-Motor und Fachwerkrahmen eigener Konstruktion. Mike Krausers Firma war eigentlich auf Reisekoffer und Tourenzubehör spezialisiert, doch der enthusiastische ehemalige Gespannrennfahrer ließ auch das innovative Dreirad »Domani« bauen, das auf einem Renngespann basierte. Krauser setzte sich persönlich für die Gespannklasse ein und machte sich Mitte der 80er auch für die 80er Soloklasse stark. Er starb Mitte der 90er.

KREIDLER

Der Mofa- und Kleinkradhersteller machte vor allem durch seine Rennerfolge in der 50er Klasse international auf sich aufmerksam. In den 70ern koordinierte der holländische Kreidler-Importeur Henk van Veen den Renneinsatz, doch leider zwangen finanzielle Probleme den schwäbischen Hersteller 1981 zur Aufgabe.

KTM

Die österreichische Marke KTM, gegründet 1953, etablierte sich schon früh als große Marke in Motocross und Geländesport. Die frühen Straßenmodelle waren zumeist kleine Zweitakter mit Rotax-Motoren. Verluste in anderen Betriebssektoren führten 1991 zur Pleite, unter neuen Besitzern wurde aber die Motorradherstellung bald neu aufgenommen. Die Marke konnte sich danach fest in der Rallye-Szene etablieren und die Produktion konzentrierte sich auf große Viertakt-Einzylinder. Außer einem schicken Funbike namens Duke besteht die Modellpalette aus Geländemaschinen aller Art. Eine Übernahme der schwedischen Marke Husaberg haben die Geschäfte beider Marken stabilisiert.

■ *Links: Dank exzellenter Federung und eines verwindungssteifen Fachwerkrahmens liegt die Krauser MKM hervorragend.*

■ *Links: Der KTM Duke-Roadster zeigt Enduro-Elemente ebenso wie Einflüsse des Supermotos: Das Resultat ist ein Motorrad mit aggressiver Motorcharakteristik und umwerfender Optik.*

■ *Links: Vielleicht kein vernünftiges Motorrad, aber gut: Die Duke besticht durch niedriges Gewicht und flinkes Handling.*

LAMBRETTA

Der Rollerhersteller entstand nach dem Zweiten Weltkrieg, NSU produzierte in Lambretta-Roller in Lizenz _ und mit großem Erfolg. Die Produktion in Italien kam in den 70ern zum Stillstand, Lambrettas werden aber in Lizenz in Spanien und Indien weitergebaut.

LANYING

■ *Unten: Diese 750er Linyang mit elektrischem Anlasser hatte eine Motorleistung von 34 PS.*

■ *Ganz unten: Modifikationen wie die Cockpitverkleidung und die Rückenlehne für den Beifahrer sollten die CJ 750 für den Export tauglich machen.*

LANYING CJ 750F

Mitte der 90er war China zur größten motorradherstellenden Nation aufgestiegen und produzierte jährlich über drei Millionen Motorräder, mehr als sogar Japan.

Das Lanying-Werk in Hunan beschäftigte 1994 13.000 Arbeiter und stellte monatlich 10.000 Motorräder her, die meisten kleine Gebrauchsmaschinen für den immensen Heimatmarkt. Typisch für die größeren Modelle, die zur Zeit dort gebaut werden, ist die Chang Jiang, oder CJ 750F, ein Zweizylinder-Boxer, der wie die russischen Ural und Dnepr auf den BMW-Wehrmachtskrädern der 40er Jahre basiert.

Lanying hat die Chang Jiang mit viereckigen Scheinwerfern in einer Cockpitverkleidung und elektrischem Anlasser

LANYING CJ 750F (1994)	
Motor	Luftgekühlter Ohv-Zweizylinder-Boxer
Hubraum	745 cm³ (78 x 78 mm)
Leistung	34 PS/5000 U/min
Gewicht	230 kg trocken
Spitze	115 km/h

modernisiert, die Grundkonstruktion aber im Prinzip so belassen. Der Zweizylinder mit Kardanantrieb produzierte 34 PS, was für 115 km/h ausreicht, doch Bremsen und Fahrwerk sind damit hoffnungslos überfordert. In China wird das Motorrad meistens als Gespannmaschine eingesetzt, vor allem von Polizei und Rettungsdiensten. Nach

heutigem Standard ist die Lanying ein primitives Motorrad und jeder auch noch so zaghafte Versuch, es nach Europa zu exportieren, ist gescheitert. Die wachsende chinesische Industrie sieht, solange noch Nachfrage auf dem Inlandsmarkt besteht, der Zukunft gelassen entgegen. Gedanken an Exportgeschäfte sind in die Zukunft verschoben.

LAVERDA JOTA 1000

Motorräder waren nur ein Nebenge-schäft für den Hersteller von Landwirt-schaftsmaschinen im Nordosten Itali-ens, als Francesco Laverda in den späten 40ern einen kleinen 75 cm³ Ein-zylinder-Viertakter baute. Diese kleine Laverda nahm erfolgreich an den da-maligen Langstreckenfahrten wie Mai-land-Taranto oder Giro d'Italia teil. Da der Hersteller sich in erster Linie gerade mit praktischen Gebrauchsmotorrä-dern beschäftigte, war die Konkurrenz durch den neu eingeführten Fiat 500 in den 50ern um so verheerender, doch Laverda kriegte die Kurve: In den spä-ten 60ern stellte man einen 650 cm³ Zweizylinder vor, der aber bald auf 750 cm³ vergrößert wurde: So entstand die 750 GT, kurz danach auch als 750 S in Sportausführung zu haben. Diese er-

■ *Oben: Augenweide: Ein mächtiger Dreizylinder-Motor mit 981 cm³.*

■ *Unten: Bullige Optik: Die Jota, eines der besten Superbikes.*

LAVERDA JOTA 1000 (1976)	
Motor	*Luftgekühlter Dohc-Dreizylinder*
Hubraum	*981 cm³ (75 x 74 mm)*
Leistung	*90 PS/8000 U/min*
Gewicht	*236 kg fahrbereit*
Spitze	*225 km/h*

sten Modelle waren schön, robust und schnell, und die SF untermauerte den guten Ruf der italienischen Marke. Die schönste und schnellste Laverda jener Jahre war die Rennreplika SFC, eigent-lich eine Langstreckenmaschine mit Halbschale, oranger Lackierung und getuntem Motor. Laverda baute auch einen exotischen Sechszylinder, doch

■ Oben: Der auf 1200 cm³ vergrößerte Motor lieferte mehr Leistung im mittleren Bereich.

■ Oben: Die SFC 1000 von 1985 war der letzte der luftgekühlten Dreizylinder, konnte aber die Marke nicht retten.

■ Oben: Unter neuem Management lief ab 1994 die Herstellung dieser 650er-Sportmaschine.

■ Oben: Die exotische V6-Langstreckenmaschine absolvierte beim Bol d'Or 1978 ihren einzigen Auftritt.

■ Links: Die SFC war eigentlich nichts anderes als eine Langstreckenmaschine für die Straße und feierte deshalb viele Erfolge in Serienrennen.

der Prototyp fiel leider während seines einzigen Auftritts beim 24-Stunden-Rennen, dem Bol d'Or von 1978, aus. Die berühmtesten Modelle, die das Werk in Breganze verließen, waren aber die Dreizylinder. Zuerst kam die 3C mit 981 cm³ und doppelten, obenliegenden Nockenwellen. Sie sah gut aus und verkaufte sich nach ihrer Einführung 1973 auch einigermaßen gut. Drei Jahre später wünschte der britische Importeur eine frisierte Version, und diese kam. Sie hieß Jota und hatte schärfere Nockenwellen, hochverdichtete Kolben und ein ausgeräumten Auspuff. Das Biest mit 90 PS lief 225 km/h und wollte entsprechend gezügelt werden, sie war aggressiv, schwer zu fahren und teuer. Mitte der 70er war die Jota das schnellste Serienmotorrad auf dem Markt und konnte in vielen Serienrennen Siege einheimsen. Der Dreizylinder wurde in vielfacher Weise die nächsten Jahre weiterentwickelt, aber keiner der Nachfolger erreichte Standard oder Ruf der ersten Jota. Die 1000 cm³-Sportmaschine bekam eine Verkleidung und erfreute, dank einer 120-Grad-Kurbelwelle, mit einem ruhigeren Motorlauf. Eine 1200er entstand ebenfalls, ursprünglich für den amerikanischen Markt bestimmt, aber auch vielerorts in Europa erhältlich. Strenger werdende Abgas- und Lärmvorschriften drosselten die späteren RGS und RGA der 80er Jahre. Ständige finanzielle Probleme trieben Laverda 1987 in den Bankrott.

Trotz vielfältiger Versuche konnte die Produktion erst 1994 wieder aufgenommen werden, jetzt aber in einer neuen Werksanlage in Zane. Das erste Modell im Programm war eine 650er Sportmaschine, entwickelt aus einem älteren Zweizylinder. Der 70 PS-Motor saß in einem Doppelbalkenrahmen aus Alu, komplettiert durch Fahrwerkskomponenten der besten Zulieferer. 1996 kamen nackte Funbikes dazu und auch eine neu konstruierte Sport-750er. Ein wassergekühlter Drilling mit 1000 cm³ soll die Marke ins nächste Jahrtausend weiterbringen.

ANDERE MARKEN

LEVIS

Zwischen 1911 und 1940 baute der britische Hersteller Levis erfolgreiche Straßen- und Rennmaschinen. Sie verzeichneten mit den 250ern einen TT-Sieg auf der Isle of Man 1922 und später viele Siege in Trial und Motocross.

■ Oben: Levis stellte 1938 diese Viertakt- Straßenmaschine mit 500 cm³ vor.

MATCHLESS

■ Links: Ein Match-less-V-Zweizylinder wie diese Rennma-schine von Charlie Collier siegte bei der ersten TT auf der Isle of Man.

MATCHLESS G50

Matchless gehörte zu den großen Na-men der Pionierzeit des Motorrads und wurde 1899 von den Brüdern Col-lier in Plumstead in Süd-London ge-gründet. Die beiden Brüder, Charlie und Harry, waren erfolgreiche Renn-

■ Unten links: Eine schöne Optik und hoher Fahrkomfort reichten nicht, um diese 400 cm³ Silver Arrow von 1930 zum Durchbruch zu ver-helfen.

MATCHLESS G50 (1961)	
Motor	Luftgekühlter Sohc-Einzylinder
Hubraum	496 cm³ (90 x 78 mm)
Leistung	50 PS/7200 U/min
Gewicht	132 kg trocken
Spitze	215 km/h

■ Unten: Der legen-däre G50 Einzylinder machte in den 60ern dem geflügelten Em-blem alle Ehre.

fahrer, und Charlie gewann die Ein-zylinderklasse bei den allerersten Ren-nen auf der Isle of Man 1907. Bruder Harry feierte seinen Sieg zwei Jahre später. 1931 übernahm Matchless die Marke AJS und viele spätere Modelle waren, abgesehen von ihren Emble-men und Lackierungen, identisch. Matchless stellte 1930 die Silver Arrow vor, einen 400 cm³ V-Twin, den Charlie

■ *Links: Matchless stellte auch Geländemaschinen her, wie diese 500 cm³ G80CS Crossmaschine von 1958.*

■ *Rechts: Colin Seeley erwarb die Herstellungsrechte für die G50 und produzierte die Seeley G50, heute in der Klassikerszene ein Begriff.*

Collier konstruiert hatte. Leider war die Leistung nicht gut und der Verkauf lief schlecht. Der jüngere Bruder Bert überarbeitete die Neukonstruktion, die daraus entstandene Silver Hawk mit 600 cm³ V-Vierzylinder-Motor lief zwar besser, mußte aber bei einer Spitze von 130 km/h mit der Ariel Square Four konkurrieren und war damit ein weiterer Mißerfolg. Matchless hatte mehr Glück mit seinen Einzylindern, wie der G3L, einer 350er, die in großen Stückzahlen als Armeemaschine im Zweiten Weltkrieg diente. Sie war zugleich eines der ersten Motorräder mit hydraulisch gedämpfter Telegabel, später auch für zivile Modelle verwendet.

Der berühmteste Matchless-Einzylinder war die G50, eine Rennmaschine mit 500 cm³, im Prinzip lediglich eine größere Ausführung der 350 cm³ AJS 7R. Die G50 kam 1959 und sollte mit der Norton Manx konkurrieren. Bei einer etwas geringeren Leistung – knapp 50 PS – hatte die G50 das bessere Handling und vor allem auf kurvigen Strecken oft die Nase vorn. AMC, seit 1938 Besitzer von Matchless, bekam finanzielle Schwierigkeiten und ging 1966 pleite. Die Herstellungsrechte an der G50 gingen an den ehemaligen Gespannrennfahrer Colin Seeley, der den Motor etwas verfeinerte und ihn in ein eigenes Fahrwerk installierte: Fertig war die Seeley G50. Bis in die 70er konnte die G50 noch den Zweitaktern Paroli bieten, heute laufen diese Motorräder in der Klassikszene wieder ganz vorne mit.

ANDERE MARKEN

MAICO

Heute bekannt für erfolgreiche Zweitakt-Cross- und Enduromaschinen, reichen die Wurzeln der Marke bis 1933 zurück. Der schwäbische Hersteller baute auch Trial- und Rennmaschinen, die bekanntesten davon kleine Einzylinder mit 125 cm³ Hubraum. Straßenmodelle wie die zweizylindrige 350 und 400 cm³ Taifun waren in den 50ern populär. Vor dem Bankrott 1987 hatte sich die Marke ganz auf Geländemaschinen spezialisiert, das letzte Straßenmotorrad war eine 27 PS starke 250er mit Zweitaktmotor und Wasserkühlung.

MAGNI

Arturo Magni, ehemaliger Rennleiter des erfolgreichen MV Agusta-Teams, eröffnete Mitte der 70er seine eigene Firma. Magni produzierte Fahrwerks

■ *Oben: In den 60ern und 70ern produzierte Maico schnelle Rennmaschinen mit 125 cm³.*

kits für MV und anschließend komplette Motorräder mit dem 900er Vierzylinder aus der Honda Bol d'Or. Spätere Varianten nahmen den Guzzi-Motor als Triebwerk, so auch die bekannte Sfida im aktuellen Retro-Look sowie die Australia.

MARUSHO

Marusho war der führende Motorradhersteller im Japan der 50er und frühen 60er. Bekannt sind vor allem die V-Zweizylinder Lilac in den Größen 125, 250 und 300 cm³. Vor dem Ende in den 60ern entstand auch ein Zweizylinder-Boxer.

■ *Links: Die Magni Australia hatte einen Guzzi-Motor und war deutlich schneller als das Original aus Mandello.*

■ *Unten: Mike Hailwood bewegte 1959 und 1960 zwei Ex-Werksmaschinen von Mondial.*

MONDIAL 250 RENNMASCHINE

Die kleine Firma FB Mondial baute in den 50ern einige schöne und erfolgreiche Rennmaschinen. Ihre Sternstunde verdankt die Marke Tarquinio Provini und Cecil Sandford, die 1957 Weltmeister bei den 125ern und 250ern wurden. Mondial wurde 1929 von den vier Boselli-Brüdern gegründet – das FB. Nach dem Zweiten Weltkrieg entstanden die ersten Mondial, 125 cm³ Dohc-Einzylinder. Sie waren sofort erfolgreich, und drei Jahren nach der Einführung der Weltmeisterschaft 1949 war die Marke Weltmeister. Doch trotz zweier WM-Titel konnte

■ *Unten: Cecil Sandford gewann 1957 mit diesem 250 cm³ Einzylinder die TT und die Weltmeisterschaft.*

MONDIAL 250 (1957)	
Motor	Luftgekühlter Dohc-Einzylinder
Hubraum	249 cm³ (75 x 56,4 mm)
Leistung	29 PS/10.800 U/min
Gewicht	125 kg trocken
Spitze	200 km/h

Mondial nicht genug Serienmodelle verkaufen, um die Rennteilnahme zu finanzieren und zog sich 1957 aus der Rennszene zurück. Mike Hailwood erwarb zwei der Viertelliter-Rennmaschi-

ANDERE MARKEN

MARS

Am bekanntesten unter den vielen Herstellern mit dem Namen Mars war die deutsche Firma, die die MA20 mit 959 cm³ Zweizylinder-Boxer baute. Dieses Modell hatte einen für die 20er innovativen Preßstahlrahmen. In der Nachkriegszeit produzierte die Marke kleine Zweitaktmaschinen und verschwand Ende der 50er von der Bildfläche.

MEGOLA

Eines der merkwürdigsten Motorräder aller Zeiten war die in München gebaute Megola, getrieben von einem Fünfzylinder-Sternmotor im Vorderrad. Fast so unkonventionell waren auch der Preßstahlrahmen und die sesselähnliche Sitzposition. Der seitengesteuerte Motor mit 640 cm³ lieferte 10 PS, in Rennausführung brachte die Megola 140 km/h. Trotz der gewöhnungsbedürftigen Optik wurden zwischen 1922 und dem Produktionsende 1925 etwa 2000 Stück gebaut.

MEGURO

1924 gegründet, gehörte Meguro zu den ersten japanischen Motorradherstellern. In den 30ern war das Hauptprodukt die Z97, eine Kopie der Velocette MSS. In den 50ern wurde auch ein großer Zweizylindermodell, in vieler Hinsicht eine Kopie der BSA A7, gebaut. Der Verkauf lief nicht gut und nach einem Streik wurde die Marke in den 60ern von Kawasaki übernommen.

MIG

In den 90ern hat die chinesische Marke MIG immer größere Produktionszahlen verbuchen können. Einige Modelle ba-

■ Links: Dieser Megola-Fünfzylinder mit 640 cm³ von 1922 war im Vorderrad eingebaut.

■ Unten: Trotz der entspannten Sitzposition war diese 14 PS starke Megola 1922 deutscher Meister.

■ Oben: Diese MIG QJ 100 ist für die Produktpalette des chinesischen Herstellers typisch.

sieren auf älteren Modellen aus Japan, meist Gebrauchsmotorräder und Roller mit wenig Hubraum. Darüber hinaus gibt es auch eine Kopie von Hondas vierzylindriger CB 500 aus den 70ern.

MONTESA

Dieser erste spanische Motorradhersteller wurde von Pedro Permanyer und

Francisco Bulto 1944 gegründet, der letztere sollte später Bultaco gründen. Frühe Modelle umfaßten erfolgreiche Zweitakt-Rennmaschinen und die Impala-Straßensportmaschinen. Heute ist die Marke aus Barcelona vor allem im Trialsport bekannt, stellte 1980 sogar den Weltmeister und produzierte dann die Replika Cota. Finanzprobleme in den 80ern führten zu einer Übernahme durch Honda.

MONTGOMERY

Montgomery, 1902 gegründet, baute alle Typen von Motorrädern, von Kleinmaschinen mit 150 cm³ Villiers-Zweitakt-Motoren bis hin zu großen Modellen mit 1000 cm³ JAP V-Twins. Ein typisches Beispiel aus den 30ern war die 120 km/h schnelle Greyhound mit einem 500 cm³ JAP-Einzylinder. Es war ein hochwertiges Motorrad, aber teuer, und Montgomery nahm nach dem Krieg die Herstellung nicht wieder auf.

nen, er bestritt damit noch zahlreiche Rennen und errang viele Siege in England. In den 60ern hatte die Marke einen kurzen Auftritt mit neu entwickelten Zweitaktmotoren, verschwand dann aber wieder, um 1992 wieder aufzutauchen: auf einer Rennmaschine mit KTM 560 cm³ Einzylinder-Viertaktmotor, eine Maschine, die Pierluigi Mondial konstruiert hatte, der Sohn des früheren Firmenbesitzers.

■ Oben: Mondials erste Rennmaschinen von 1949 hatten zwar primitive Federelemente, aber einen hervorragenden Motor.

■ Oben. Der ehemalige Weltmeister Cecil Sandford erneuert in Monza seine Bekanntschaft mit seiner alten 125er.

■ Ganz unten: Die Falcone Sport von Mitte der 50er war mit ihrem liegenden Zylinder und der schnellen roten Lackierung sehr beliebt.

MOTO GUZZI FALCONE

Im Verlauf ihrer langen Geschichte durfte sich die Marke Moto Guzzi immer wieder rühmen, Italiens größter Motorradhersteller zu sein. Die Geschichte beginnt am Ende des Ersten Weltkriegs, als die drei Luftwaffenoffiziere Carlo Guzzi, Giorgio Parodi und Giovanni Ravelli eine Motorradfertigung planten. Als Ravelli bei einem Flugzeugabsturz ums Leben kam, ehrten ihn seine beiden Partner, indem sie dem Firmenemblem den Adler hinzu-

■ Oben: Firmengründer Carlo Guzzi konstruierte die ersten erfolgreichen Modelle in den 20ern.

■ Links: Fergus Anderson mit seiner Werks-Guzzi 1952 auf dem Weg zum Sieg in der 250er-Klasse bei der TT.

fügten, das Symbol von Ravellis Fliegerstaffel. Carlo Guzzi konstruierte das erste Motorrad 1920, einen Viertakter mit 500 cm³ und liegendem Zylinder. In Serie ging es zwei Jahre später als Normale – mit gutem Erfolg. Guzzi behielt diese Motorauslegung jahrelang bei, präsentierte aber bei den Rennmaschinen sehr unterschiedliche Konzepte. Zu den Meilensteinen gehören der Luxustourer GT von 1928 mit vollgefedertem Rahmen, aber auch die Sport 15 von 1931, die

MOTO GUZZI FALCONE (1950)

Motor	Luftgekühlter Ohv-Einzylinder
Hubraum	498 cm³ (88 x 82 mm)
Leistung	23 PS/4500 U/min
Gewicht	170 kg trocken
Spitze	135 km/h

der waren auch im Rennsport erfolgreich und gewannen zwischen 1949 und 1952 drei WM-Titel in der 250er Klasse. Ab 1953 brachte Moto Guzzi Rennmaschinen mit einem auf 350 cm³ vergrößerten Motor an den Start: Fünf WM-Titel in Folge waren der Mühen Lohn, die ersten beiden holte der schottische Fahrer Anderson, der anschließend Guzzi-Rennleiter wurde. Die berühmteste Maschine von allen war eine 500 cm³ V8, konstruiert von Giulio Carcano und erstmals 1956 eingesetzt. Der wassergekühlte Motor mit einem Zylinderwinkel von 90 Grad hatte doppelte obenliegende Nockenwellen und lieferte 72 PS bei 12.000 Umdrehungen. Beim Großen Preis von Belgien 1957 wurde die Maschine mit 286 km/h gemessen. Leider zog sich Moto Guzzi nach dieser Saison zurück und das Potential der V8 wurde nie voll ausgeschöpft.

■ Oben: Der Rückzug des Werkes aus der Rennszene raubte der Guzzi-V8 jede Chance, je einen GP zu gewinnen.

■ Links: Die schnelle und praktische 250 cm³ Airone, 1939 vorgestellt, war in dieser Ausführung von 1953 immer noch populär.

erstmals Guzzis später so berühmte rote Lackierung zeigte. In dieser Farbe wurde auch die Serienrennmaschinen lackiert, erstmals die 28 PS starke Condor, die 160 km/h lief. Später folgten die erfolgreichen Dondolino, Gambalunga und 250er Albatros.
Die beliebteste Single war die Falcone, 1950 vorgestellt und unverkennbar mit der dreißig Jahre älteren Normale eng verwandt. Eigentlich handelte es sich bei der Falcone lediglich um eine sportliche Ausführung des Astore-Tourers aus dem Vorjahr, nur mit flachem Lenker und zurückversetzten Fußrasten. In Serienausführung lief die Falcone 135 km/h, aber mit Tuningteilen aus dem Dondolino-Motor schaffte sie 160 km/h. Das, zusammen mit ihrem ruhigen Motorlauf, erklärt ihre Popularität. Ab 1953 wurde die Falcone als Sportmaschine und Tourer gebaut. Immer wieder modellgepflegt, stand sie bis 1976 im Programm. Die Guzzi-Einzylin-

ANDERE MARKEN

MORBIDELLI

Mit Holzverarbeitungsmaschinen finanzierte der erfolgreiche Geschäftsmann Giancarlo Morbidelli einen Motorrad-Rennstall, wobei die Maschinen, die er einsetzte, Eigenkonstruktionen darstellten. Mitte der 70er gewann die Marke drei WM-Titel in der 125er Klasse und

1977 auch die 250er-Krone. Mit Gründung der Firma MBA 1978 konnten Replikas gebaut werden, es folgte ein weiterer Titel in der 125er Klasse. Mit diesen Zweizylindern war man jahrelang durchaus konkurrenzfähig und ein ernsthafter Titelanwärter. Eine vierzylindrige 500er zeigte sich weniger vielversprechend. Morbidelli beschloß, mit der Rennerei aufzuhören. Er meldete sich aber 1994 mit einem V8-Luxustourer zurück. Der wassergekühlte V8 mit 850 cm³ sollte in sehr geringen Stückzahlen zu einem sehr hohen Preis verkauft werden – nur die Serienfertigung scheint nicht in Schwung zu kommen.

■ Links: Morbidellis V8-Prototyp hatte ein sehr gewöhnungsbedürftiges Desig.

MOTO GUZZI LE MANS 850

Das heute typische Markenzeichen, den quer eingebaute 90-Grad V-Zweizylinder, stammte eigentlich aus einem Dreirad für die Bergrettung, das zwischen 1960 und 1963 für das italienische Verteidigungsministerium in kleinen Stückzahlen gebaut worden war. Moto Guzzi änderte 1964 den Motor für den Einsatz in einem Militärmotorrad ab und sah dafür auch Möglichkeiten auf dem zivilen Markt.

Die V7 ging 1967 in Produktion, zwei Jahre später kam die V7 Special, deren 757 cm³-Motor 45 PS lieferte. Dank des Kardanantriebs entpuppte sich die Special als praktisches Motorrad mit guten Fahreigenschaften. Die Höchstgeschwindigkeit lag bei et-

■ *Rechts: Gutes Fahrwerk, anständige Motorleistung, bestechende Optik – die Le Mans ist in jeder Beziehung ein tolles Superbike.*

■ *Unten: Der kleine Windabweiser der Le Mans I schützt bei höheren Geschwindigkeiten den Fahrer vor allzugroßen Turbulenzen.*

■ Links: Die großen Werksanlagen mitten in Mandello del Lario waren in neuerer Zeit nicht voll ausgelastet.

MOTO GUZZI 850 LE MANS MK 1 (1976)

Motor	Luftgekühlter 90-Grad Ohv-V2
Hubraum	844 cm³ (83 x 78 mm)
Leistung	71 PS/7300 U/min
Gewicht	215 kg trocken
Spitze	210 km/h

wa 175 km/h. Damit spielte nun Moto Guzzi in der höchsten Liga mit: als Anbieter von großvolumigen Motorrädern. Die erste Sportversion erschien 1972, sie hieß V7 Sport, hatte einem leicht geänderten Motor mit 745 cm³ Hubraum und tieferem Schwerpunkt. Diese Maschine ging nicht nur 200 km/h, schneller als bislang jede andere Straßen-Guzzi, sondern ließ sich auch bei der Geschwindigkeit noch gut beherrschen.

Vier Jahre später wurde eine Legende geboren – die 850 Le Mans. Die schlanke Sportmaschine hatte eine winzige Cockpitverkleidung, eine spartanisch-eckige Sitzbank und einen frisierten Motor mit 844 cm³. Hoch verdichtete Kolben, große Ventile und 36 mm große Dell'Orto-Vergaser erhöhten die Leistung auf 71 PS und die Höchstgeschwindigkeit auf fast 210 km/h. Der laufruhige Motor, das Handling und die exzellenten Bremsen mit dem Guzzi-typischen Integralbremssystem – wobei das Fußpedal Hinterradbremse und eine Vorderscheibe betätigte – machten die Le Mans zu einem der feinsten Superbikes der 70er.

Seit den Glanzzeiten der 60er rupfte das Schicksal dem Adler aus Mandello so manches Mal die Flügel. Einst beschäftigte das damals hochmoderne Werk in Mandello del Lario 1500 Arbeiter, hatte sein eigenes Kraftwerk und einen hochmodernen Windkanal. Mitte der 60er verließen die Firmengründer das Geschäft und ein mißlungener Mofa-Versuch der Nachfolger brachte das Werk in eine schwierige Finanzlage. Ein Bankrott im Jahre 1966 legte vorübergehend die Produktion still, sie lief aber ein Jahr später wieder an. Der argentinische Automobilproduzent Alessandro de Tomaso kaufte 1973 das Werk und behielt zwei Jahrzehnte die Kontrolle. Der Bestseller im Programm während dieser Jahre war die California, 1971 für den amerikanischen Markt gebaut und mit Windschutzscheibe, Trittbrettern, Koffern und hohem, breitem Lenker ausstaffiert. Über die Jahre wurde die »Cali« weiterentwickelt, der Motor

wuchs von anfänglichen 850 cm³ auf zunächst 950 cm³ und schließlich 1100 cm³. Die Benzinversorgung des California-Motors regelt seit 1994 eine Einspritzanlage und eröffnet so den ersten Schritt in die technische Neuzeit. Eine nun gesicherte Finanzierung und eine neue Modellpalette, vorgestellt im Herbst 1996, lassen hoffen, daß der Adler alsbald wieder zum Flug ansetzt.

■ Oben: Die 757 cm³ V7 Special von 1969 war die erste richtig erfolgreiche Tourenmaschine aus dem Hause Moto Guzzi.

■ Links: Die California mit 1100 cm³ erhielt 1994 eine elektronische Benzineinspritzung.

MOTO GUZZI DAYTONA 1000

Es dauerte lange, bis Moto Guzzi einen würdigen Nachfolger der Le Mans fand. Wohl war die Le Mans in den 80ern weiterentwickelt worden, verlor aber mehr und mehr Boden gegenüber der Konkurrenz. Schließlich kam 1992 die neue Generation in der Form der Daytona 1000. Ihre Entstehung verdankt sie dem ehemaligen Zahnarzt »Dr John« Wittner. Der Amerikaner hatte in den späten 80ern einige schnelle Guzzis auf die Räder gestellt, bevor er dann in Mandello anheuerte. Inzwischen geht es bei Moto Guzzi wieder rund, in den letzten beiden Jahren präsentierte die Marke eine völlig überarbeitete Modellpalette. Flaggschiff der Marke ist die Daytona

■ *Unten: Trotz Kardanantrieb und verhält-nismäßg schmalem 160er-Hinterreifen umrundet die Daytona Kurven wie auf Schienen.*

MOTO GUZZI DAYTONA 1000 (1992)	
Motor	Luftgekühlter 90-Grad Ohv-V2
Hubraum	992 cm³ (90 x 78 mm)
Leistung	95 PS/8000 U/min
Gewicht	205 kg trocken
Spitze	240 km/h

1000 RS mit Halbschalen-Verkleidung, Vierventil-Zylinderkopf, und hinterem Zentralfederbein von White Power. Die Einspritzanlage liefert Weber-Marelli, die Scheibenbremsen Brembo. Die Daytona mit Zweiventil-Kopf heißt Sport 1100 i und ist ansonsten mit dem Vierventiler baugleich. Die V 10 Centrauro ist vielleicht das ungewöhnlichste Naked Bike der letzten Jahre und hat den Daytona-Motor. Der Rahmen besteht aus einem einfachen Rechteck-Träger. Kein Zweifel, die roten Renner aus Mandello haben das Fliegen noch nicht verlernt.

ANDERE MARKEN

MOTO MARTIN

Der Franzose Georges Martin gehörte in den 70ern und frühen 80ern zu den führenden Fahrwerksspezialisten. Seine Caféracer hatten fast ausnahmslos Vierzylinder wie den der Z 1000 von Kawasaki oder der GSX 1100 von Suzuki. Die beste von allen Martin war zweifellos die mit dem sechszylindrigen CBX-Motor.

■ *Oben: Die Martin CBX 1000 war eine der schönsten und exklusivsten Spezialbauten der 80er.*

MOTO MORINI

Alfonso Morini begann in den 20ern, zusammen mit Mario Mezzetti, unter der Firmenbezeichnung MM mit dem Motorradbau. Er fuhr selber auf einer seiner Maschinen 1927 einen Klassensieg in Monza beim Großen Preis von Italien heraus. Unter seinem eigenen Namen gründete er nach dem Krieg eine neue Firma und baute Straßenmaschinen, aber auch Rennmaschinen. Berühmtestes Beispiel war der kleine Dohc-Viertakt-Einzylinder, mit dem Provini 1963 hinter Honda WM-Zweiter

■ *Oben: Morinis nette und handliche 3fi Sport sorgte auf kurvigen Strecken für viel Fahrspaß und konnte sich trotz geringer Leistungswerte sogar auf der Rennstrecke behaupten.*

wurde. Zu den bekanntesten gehört die zierliche 344 cm³ 3fi Sport aus den 70ern. Cagiva kaufte 1987 Morini auf, seitdem ist es um die Marke still geworden.

MOTOSACOCHE

Die Schweizer Brüder Henri und Armand Dufaux stellten 1900 ein motorisiertes Fahrrad mit 215 cm³ her. In den 20ern produzierten sie Einzylinder-Viertakter mit 350 und 500 cm³ Hubraum, und diese Maschinen stellten nicht nur Rekorde auf, sondern notierten auch viele Rennsiege. Mit nachlassenden Verkaufszahlen in den 30ern konzentrierte Motosacoche sich auf den Bau von Stationärmotoren.

MOTOTRANS

Gegründet 1957 für die Lizenzherstellung von Ducati in Spanien, mauserte sich das Unternehmen zu einem richtigen Hersteller. Unter den Modellen finden wir das Trailbike Yak 410 und einige Kleinmaschinen mit Zündappmotoren von 1982, kurz bevor Yamaha das Werk aufkaufte und stillegte.

MÜNCH

Diese Monster mit NSU-Auto-Motoren wurden 1969 enthüllt, als der ehemalige Horex-Schrauber Friedl Münch die erste Mammut vorstellte. Die erste Münch hatte den luftgekühlten NSU-Prinz-Motor mit 1000 cm³ in einem Rundrohrrahmen, der an den Norton Featherbed-Rahmen erinnerte. Fast 500 Stück entstanden, die größten Mammut hatten Motoren mit zwei Litern Hubraum und ein Gewicht von bis zu 350 Kilo. Die Titan 2000 lieferte 150 PS und hatte einen hydraulischen Zentralständer.

■ *Oben: Die mächtige Münch Mammut hatte von allem im Überfluß: Hubraum, Leistung, Drehmoment – leider aber auch Gewicht. Außerdem war sie, weil in Handarbeit montiert, empfindlich teuer.*

MV AGUSTA 500

In der Renngeschichte gibt es keinen klangvolleren Namen als den von MV Agusta. Siebzehnmal in Folge konnte das Werk die 500er-WM gewinnen, zwischen 1958 und 1974 war das kleine Werk aus Gallarate auf Sieg programmiert. Doch MV gewann außerdem 38 Fahrer- und 37 Konstrukteurs-Titel sowie mehr als 3000 internationale Rennen: Diese Bilanz dürfte nicht zu übertreffen sein. Dazu kam auch eine kleine Serie von Straßensportmaschinen, die exklusivsten Bigbikes der 70er. Die Meccanica Verghera wurde im Dorf Verghera am Ende des Zweiten Weltkriegs gegründet. Das Sagen hatte Graf Domenico Agusta, der älteste von vier Brüdern, deren Vater – ein feuriger Sizilianer – ein adeliger Luftpionier gewesen war. Domenico liebte Motorräder und stellte 1945 eine 98er Zweitaktmaschine vor, die sich gut verkaufte und auch bei einigen Rennen eingesetzt wurde. Danach folgten reine Rennmaschinen, aber auch viele

MV AGUSTA 500 (1956)	
Motor	Luftgekühlter Dohc-Vierzylinder
Hubraum	498 cm³ (53 x 54,6 mm)
Leistung	70 PS/10.500 U/min
Gewicht	140 kg trocken
Spitze	245 km/h

■ Links: Das Emblem mit dem Zahnrad wurde zum Erfolgssymbol.

■ *Rechts: Domenico Agusta posiert 1956 mit seinen Fahrern: John Surtees, Umberto Masetti, Carlo Ubbiali, Carlo Bandirola, Angelo Copeta, Remo Venturi, Luigi Taveri und Tito Forconi.*

kleine Straßenmodelle. Schon 1952 gewann der Engländer Cecil Sandford in der 125er Klasse den ersten WM-Titel für diese Marke. Der große Star in den kleinen Hubraumklassen war der Italiener Carlo Ubbiali, der zwischen 1955 und 1960 fünf WM-Titel bei den 125ern und weitere drei in der 250er-Kategorie gewann.

Der erste Halbliter-Vierzylinder von 1950 hatte nicht nur zufällig große Ähnlichkeiten mit der Gilera: Der MV-Konstrukteur Piero Remor hatte zuvor für Gilera den Vierzylinder entwickelt, ebenso gehörte der ehemalige Gilera-Mann und spätere MV-Rennleiter Arturo Magni zum Team. John Surtees gewann 1956 den ersten WM-Titel für MV in der Königsklasse und fügte später drei weitere Perlen dem gräflichen Diadem hinzu. Da der große Konkurrent Gilera sich nach 1957 zurückgezogen hatte, nahm Surtees Überlegenheit oft schon peinliche Formen an. Gary Hocking und Mike Hailwood übernahmen nach Surtees die führenden Rollen, ihnen folgte Giacomo Agostini, der zwischen 1966 und 1971 sieben Weltmeistertitel in Folge erringen konnte, diese allerdings auf einem sehr leichten Dreizylinder. Erst in den 70ern tauchten immer schnellere Zweitakter aus Japan auf. MV konterte mit einer neue Viertakt-technologie, 1973 konnte Agostini mit einem Vierventiler seinen sechsten 350er Titel nach Hause bringen. Der neue Vierzylinder mit 102 PS bei 14.000 Umdrehungen bescherte Phil Read 1973 und 1974 zwei WM-Titel, bei seiner Siegesfahrt im belgischen Spa notierten Phil einen Rundenschnitt von 209 km/h. Ironischerweise sollte der ehemalige MV-Star Agostini die Erfolgsserie beenden, als er auf Yamaha 1975 den ersten WM-Titel für einen Zweitakter in der 500er-Klasse erringen konnte.

■ *Links: Giacomo Agostini war vierzehnmal Weltmeister auf MV und springt hier über den Hügel, der seinen Namen (Ago's Leap) trägt: Isle of Man, 1970.*

■ *Unten: Diese käufliche 125 cm³ Sohc-Einzylinder-Rennmaschine, gebaut Mitte der 50er, ging über 140 km/h.*

207

MV AGUSTA 750 SPORT

Obwohl der Hubschrauberproduzent Agusta in den 50ern und 60ern unter Namen wie Pullman, Turismo Rapido und Raid viele erfolgreiche kleine Straßenmaschinen herstellte, wollte oder konnte MV die die Erfolge mit den Vierzylindern auf der Rennstrecke nicht in klingende Münze verwandeln. Auch nicht mit einem 600er Vierzylinder, 1966 vorgestellt und als große Tourenmaschine mit Kardanantrieb ausgelegt. Der autokratische Herrscher Graf Domenico Agusta bestand auf dem Kardanantrieb und dem ungewöhnlichen Hubraum, da er die Maschine für Privatfahrer und Tuner möglichst unattraktiv machen wollte. Dieser teure Vierzylinder war ein Flop, erst 1970 stellte MV eine sportliche Variante mit den klaren Linien der Rennmaschinen vor: die 750 Sport. Der große, vierzylindrige Motor hatte zahnradgetriebene, doppelte obenliegende Nockenwellen und lieferte 69 PS. Das rennmäßige Chassis hatte Stummellenker, einen schön geformten Benzintank, Höckersitzbank und eine gewaltige Viernocken-Trommelbremse von Grimeca vorn. Die Sport war schön, teuer und schnell, obwohl ihre Höchstgeschwindigkeit mit etwas

MV AGUSTA 750 SPORT (1973)	
Motor	Luftgekühlter Dohc-Vierzylinder
Hubraum	743 cm³ (65 x 56 mm)
Leistung	69 PS/7900 U/min
Gewicht	230 kg trocken
Spitze	192 km/h

■ Links: Der von der Rennmaschine abgeleitete Motor mit stirnradgetriebenen Nockenwellen war in der Herstellung sehr teuer und aufwendig.

■ Rechts: Die letzte Serien-MV war diese 750 S America, hier mit einer zusätzlichen kleinen Cockpitverkleidung versehen.

■ Rechts: Die erste Vierzylinder-MV Agusta für die Straße war kein Verkaufserfolg, ist aber heute gesucht – nicht zuletzt weil sie so selten ist.

mehr als 190 km/h nicht ganz die Versprechungen des Hersteller erfüllte. In den folgenden Jahren wurde die Sport modellgepflegt, sie erhielt nach und nach Scheibenbremsen, mehr Leistung und eine Vollverkleidung. Die 750 S America für den amerikanischen Markt folgte 1975 und bot eine etwas kantige Optik, 789 cm³ Hubraum, 75 PS und eine Spitze von 210 km/h. Genau wie die Sport war auch die America ein exotisches und sehr begehrenswertes Motorrad. Sie waren wirklich faszinierende technische Kabinettstückchen, diese Vierzylinder für die Straße, aber ihre aus dem Rennsport abgeleitete Motorkonstruktion und die deshalb unvermeidliche Handarbeit trieben die Herstellungskosten in die Höhe. Gewinne konnte das Werk, trotz des unglaublich hohen Verkaufspreises, kaum verbuchen. Im Gegenteil: Die Motorradproduktion entpuppte sich mehr und mehr als

finanzielle Belastung für das Werk. Domenico Agusta starb 1971 an einem Herzinfarkt, sein Bruder Corradino, der dann die Geschäfte übernahm, konnte aber nicht diesen Motorradfanatismus aufbringen. Die Motorradaktivitäten schrieben weiter tiefrote Zahlen, die durch die Hubschrauberherstellung subventioniert werden mußten. Die Familie Agusta

verlor 1977 die Kontrolle und konnte einen Produktionsstopp nicht verhindern. Die restlichen Lagerbestände wurden abverkauft, 1980 existierte die Firma nicht mehr. Der Name wurde dann an Cagiva verkauft und Mitte der 90er befand sich dort ein neues Superbike in Entwicklung, das dem Vernehmen nach den Namen MV Agusta tragen könnte.

■ Rechts: In den 50ern stellte MV Agusta viele kleine Sportmaschinen her, wie diese 175 CSS. Wegen des gewölbten Tanks hieß sie auch fliegende Untertasse, Disco Volante.

MUZ

MUZ SKORPION SPORT

Das MZ-Werk war nach dem Zweiten Weltkrieg in den gleichen Werksgebäuden in Zschopau angesiedelt wie vor dem Krieg DKW. Nach der Teilung Deutschlands hatte die Marke DKW

■ *Links: Ungewöhn-lich schnell ist die Skorpion nicht, dafür aber sehr handlich und durchaus sport-lich.*

■ *Unten: Die Skorpi-on mit Yamaha-Einzy-linder verhalf mit ihren modernen, klaren Li-nien der Marke zu ei-nem neuen Image.*

MUZ SKORPION SPORT (1994)

Motor	Wassergekühlter Sohc-Einzylinder
Hubraum	660 cm³ (100 x 84 mm)
Leistung	48 PS/6500 U/min
Gewicht	174 kg trocken
Spitze	168 km/h

sich in Ingolstadt neu formiert, das Pendant in der DDR hieß IFA und wurde 1956 in MZ umbenannt. MZ war in den 60ern eine Größe im internationalen Geländesport und holte mehrmals Gold bei der Internationalen Sechstagefahrt. Doch den größten Eindruck hinterließ das Unternehmen im Straßenrennsport, denn die sehr fortschrittlichen Zweitaktmotoren, vom begabten Konstrukteur Walter Kaaden

entwickelt, ließen das ostdeutsche Unternehmen ganz vorne mitfahren. Ernst Degner hatte 1961 die WM-Krone in der 125er Klasse schon fast in der Hand, als er sich in den Westen absetzte und Suzuki die Zweitakt-Geheimnisse von MZ mitbrachte. MZ wurde nie Weltmeister.

Die Nachkriegsproduktion von MZ steht vor allem für einfache Zweitakter mit mäßiger Leistung und etwas alt-

A SENIOR T.T. WINNER

ROLAND DAVIES

■ Oben: Diese Zeichnung aus den 30ern feiert die vielen Norton-Erfolge bei der Senior TT auf der Isle of Man.

■ Links: Die Norton-Hauptakteure der Anfangszeit: James Norton und »Wizard« Donovan posieren zusammen mit ihrem Fahrer Rex Judd.

und die Firma ging 1913 pleite. Kurze Zeit später formierte sich die Norton Motors Ltd unter der Geschäftsführung von James Norton und Bob Shelley, dessen Schwager Dan »Wizard« (Zauberer) O'Donovan ein erfolgreicher Rennfahrer und Tuner war. Donovan nutzte Brooklands für seine Versuche, so kam es dann zur Brooklands Special BS, die dann später mit einem Zertifikat ausgeliefert wurde, das bestätigte, daß die Maschine auf der Rennstrecke mehr als 75 mph (120 km/h) erreicht habe. Etwas weniger Leistung hatte die Brooklands Road Special (BRS) mit einer Spitze von 70 mph. In den frühen 20ern baute Norton seinen Einzylinder auf obengesteuerte Ventile um und präsentierte ihm mit der Model 18. Der PHV-Einzylinder siegte in der 500er Klasse auf der Isle of Man 1924, ein Jahr bevor »Pa« Norton seinem langen Herzleiden erlag. Er war nur 56 Jahre alt geworden. Die Firma an der Bracebridge Street in Birmingham machte in seinem Sinne weiter und stellte 1927 mit der CS1 einen weiteren Meilenstein vor, eine Rennmaschine mit obenliegender Nockenwelle. Die CS1 setzte sich auf Anhieb durch und Stanley Woods war nur einer der erfolgreichen Fahrer auf diesem Motorrad. Im zweiten Modelljahr präsentierte Norton sogar eine Supersportversion für die Straße.

ANDERE MARKEN

NIMBUS

In der Werksgeschichte, von 1919 bis zur Schließung Ende der 50er Jahre, verwendete der Hersteller die gleiche Grundkonstruktion, einen längsliegenden Reihenvierzylinder mit Kardanantrieb und 750 cm³. Frühe Modelle waren wechselgesteuert, später folgte ein Motor mit einer obenliegender Nockenwelle und 22 PS. Das Motorrad wurde von dänischen Behörden eingesetzt, vor allem von der Post. Exporterfolge waren kaum zu verbuchen. Macht noch heute Staubsauger.

■ Oben: Nimbus aus Dänemark zeigte 1934 erstmals den neu vorgestellten Vierzylinder mit obenliegender Nockenwelle.

NORMAN

In den 50ern war die kleine Marke Norman aus Kent in Südengland für ihre Standgestaltung bei den Motorshows ebenso bekannt wie für die Modellpalette von total langweiligen Motorrädern mit kleinen Zweitaktmotoren. Straßenmodelle wie die TS Uni-Twin und die B3 waren zuverlässige Transportmittel, ihre Leistung jedoch ausreichend: Das Werk schloß 1962.

■ Oben: Eine der letzten war wohl auch die beste Norman für die Straße: eine B4 Sports von 1961 mit Villiers 250 cm³ Zweitakt-Zweizylinder.

NORTON

NORTON 500 MANX

Die 30er Jahre sahen die Norton-Blütezeit, als die Marke jedes TT-Rennen auf der Isle of Man gewann, abgesehen von zwei Ausrutschern in den 350er und 500er-Klassen 1931 und 1938. Unter der Führung des Rennleiters, Tuners und ehemaligen Rennfahrers Joe Craig sprach man bald ehrfürchtig von den »unapproachable Norton«, den unerreichten Norton, ein Schlagwort aus der frühen Werbung. Für die sportlichen Erfolge zeichnete das Modell International verantwortlich. Die konnte man schließlich auch kaufen, sie wurde auf Einzelbestellung von Hand in der Bracebridge Street aufgebaut und mit dem Namen Manx versehen.
Die berühmteste Manx-Version kam 1950, als der Motor mit doppelten

NORTON 500 MANX (1962)	
Motor	Luftgekühlter Dohc-Einzylinder
Hubraum	498 cm³ 86 x 85,8 mm)
Leistung	54 PS/7200 U/min
Gewicht	140 kg trocken
Spitze	220 km/h

obenliegenden Nockenwellen (1937 eingeführt) ein neues Fahrwerk erhielt, nämlich den berühmten Norton-Federbettrahmen. Dieser Rundrohrrahmen war eine Konstruktion der rennfahrenden irischen Brüder Rex und Cromie McCandless. Bei Testfahrten in Silverstone gab Werksfahrer Harold Daniell dem Rahmen unabsichtlich

seinen neuen Namen, indem er behauptete, es wäre, als führe er auf einem Federbett. Geoff Duke gewann mit der neuen Konstruktion 1951 die WM-Titel bei den 350ern und 500ern und verteidigte ihn im Jahr darauf in der kleinen Klasse.
Später sollte die Manx immer im Schatten der vierzylindrigen MV Agu-

■ *Unten: Die Dominator 99, 1956 einge-*
führt, hatte einen Hubraum von 600 cm³
und lief 160 km/h. Dafür, daß das auch be-
herrschbar war, sorgte der Featherbed-
Rahmen.

sta und Gilera stehen, erzielte aber
dennoch unzählige Siege in wichtigen
Rennen – oft in den Händen von Privatfahrern, nachdem das Werksteam
nach der Saison 1955 aufgelöst worden war. Eine Manx war selbst noch
1969 für einen GP-Sieg gut (Godfrey
Nash, Jugoslawien).

Nach den Verkaufserfolgen der Triumph Speed Twin stellte Norton 1949
einen eigenen Zweizylinder vor, die 500
cm³ Model 7 Dominator. Konstruiert
von Bert Hopwood, lieferte der Motor
29 PS, ging etwa 145 km/h und kombinierte gute Fahreigenschaften mit einer
entsprechenden Zuverlässigkeit.
Schon 1952 bekam das Zweizylinder-
Modell den Featherbed-Rennrahmen
und hieß nun Dominator 88. Hier legte
Norton den Grundstein für den späteren Ruf, Motorräder mit extrem gutem
Handling zu bauen.

Die erste Norton mit ausreichender
Leistung für diesen Rahmen war die
1962 vorgestellte Dominator 650 SS,
jetzt mit 49 PS. Die Lackierung folgte
der Norton-Tradition, Hauptfarbe war
schwarz, der Tank silber abgesetzt.
Die Neuschöpfung war ein schönes

■ *Links: Der 99*
Dominator-Motor
war baugleich mit
dem kleineren
88,hatte jedoch
100 cm³ mehr Hu-
braum.

■ *Ganz links: Geoff*
Duke holte drei
WM-Titeln mit
Norton-Werksma-
schinen.

Motorrad und ein sehr schnelles dazu,
aber weder die 650 SS noch die
Nachfolgerin 750 Atlas verkauften sich
wegen geringen Produktionszahlen
und den daraus resultierenden hohen
Preisen besonders gut. Norton ging es
finanziell auch nicht gerade prächtig,
das tat es nie, doch jetzt wurde es
noch schlechter. Die Marke war übrigens 1953 von AMC aufgekauft worden, die neuen Besitzer, die mit AJS
und Matchless bereits zwei weitere
Zweiradhersteller unter Kontrolle hatten, verlegten 1963 die Produktion ins
AJS-Werk in Süd-London.

■ *Links: Zu den besten Zweizylindern der*
Marke gehörte die 650 SS, hier in 1966er
Ausführung. Seit der Einführung 1962 hat-
te sich kaum etwas geändert.

NORTON

NORTON COMMANDO 750 FASTBACK

Die Norton Commando Fastback gehörte zu den besten und berühmtesten Zweizylindern aller Zeiten. Das Modell erschien 1968, erregte großes Interesse – nicht zuletzt wegen der neuen Optik, die der Maschine zum Spitznamen Fastback verhalf – und verkaufte sich sogar sehr gut, auch wenn Norton immer mehr in Geldnöten versank. Getrieben vom 745 cm³ großen Zweizylinder der Norton Atlas, lieferte dieser in der Commando 58 PS. Die Maschine wog dabei nur 190 Kilo. Die gut 185 km/h schnelle Commando erfreute sich des gleichen guten Rufes wie die früheren Modelle, Handling und Fahreigenschaften waren tadellos.

NORTON COMMANDO 750 FASTBACK (1968)

Motor	Luftgekühlter Ohv-Zweizylinder
Hubraum	745 cm³ (73 x 89 mm)
Leistung	58 PS/6800 U/min
Gewicht	190 kg trocken
Spitze	187 km/h

■ Links: Steve His-lops Sieg bei der TT 1992 auf der Norton Wankel erinnerte an Nortons glorreiche Vergangenheit.

■ Ganz links oben: Peter Williams siegte für Norton in der Formula 750 TT 1973.

■ Ganz links unten: Die Classic war die erste Wankel-Norton für den zivilen Markt.

■ Unten: Die Sportmaschine F1 (links) hatte ihr Vorbild in Steve Sprays Rennmaschine von 1989.

Das Chassis hatte darüber hinaus eine bemerkenswerte Innovation aufzuweisen: die Isolastic. Das Isolastic-System verband über einstellbare Gummiblöcke Motor, Getriebe und Schwinge mit dem restlichen Rahmen und unterdrückte so allzustarke Motorvibrationen. Das System funktionierte auch in der 850er Commando, die sechs Jahre präsentiert wurde. Trotz des Leistungsmangels – die CB 750 war ab Werk schon 10 PS stärker – wurde der Motor in den frühen 70ern hier und da erfolgreich bei Rennen eingesetzt. Die Werksrennmaschine hatte einen selbsttragenden Rahmen aus Stahlblech, der nicht nur Gewicht sparte, sondern auch gewisse aerodynamische Vorteile bot. Diese Renn-Commando war eine Entwicklung von Peter Williams, der 1973 damit die Formula 750 TT gewann. Nach diesem Vorbild entstand eine Straßenreplika, aber nicht einmal solche Maßnahmen konnte Norton vor dem drohenden Aus retten. Norton gehörte anschließend der Norton-Villiers-Triumph-Gruppe an, die jahrelang mit ebenso schlechten Finanzen zu kämpfen hatte. Gemeinsam trat man dann den Gang zum Konkursrichter an, die letzte Commando wurde 1978 gebaut.

Der Name verschwand aber nicht ganz von der Bildfläche. Zwischen 1977 und 1987 lief die Entwicklung an einem Wankel-Motorrad weiter, das auch in geringer Stückzahl an Polizei und Streitkräfte geliefert wurde. Zum Schluß legte das kleine Werk in Shenstone in Staffordshire eine zivile Version auf, die Norton Wankel Classic, die einen Zweischeiben-Wankel mit je 588 cm³ Hubraum besaß. Das Tourenmodell Commander folgte als nächstes und das öffentliche Interesse stieg gewaltig, nachdem unter privater Regie eine Norton-Rennmaschine 1989 zwei

britische Meisterschaftstitel gewann. Eine Rennreplika für die Straße, die F1, kam ein Jahr später, eine gelungene Kombination aus Rennoptik, 230 km/h Höchstgeschwindigkeit und gutem Handling. Die niedrigen Produktionszahlen trieben natürlich den Preis in die Höhe und schmälerten den Gewinn. Geld für Investitionen standen also nicht zur Verfügung.

NSU

NSU 250 SUPERMAX

NSU produzierte ab 1874 Strickmaschinen, erweiterte die Produktion um Fahrräder und baute dann 1901 Motorräder. Die ersten Modelle nutzten Schweizer Zedel-Motoren mit 1,5 PS

NSU 250 SUPERMAX (1955)

Motor	Luftgekühlter Sohc-Einzylinder
Hubraum	247 cm³ (69 x 66 mm)
Leistung	18 PS/6500 U/min
Gewicht	164 kg trocken
Spitze	120 km/h

■ *Links: Die NSU 250 Supermax (links) und die kleinere 125 cm³ Superfox waren beide Einzylinder-Viertakter, die Max allerdings mit obenliegender Nockenwelle.*

■ *Unten: Die Supermax gehörte zu den exklusivsten Motorräder der 50er Jahre, der hohe Preis stand größeren Exporterfolgen allerdings immer im Wege.*

■ *Unten: Auf dem Tankdeckel erinnerte NSU an die WM-Titel.*

■ *Ganz unten: Werner Haas, hier auf dem Rennmax-Zweizylinder, holte 1953 die Titel in den Klassen 125 und 250 cm³.*

in einem Fahrradrahmen. Nach zwei Jahren produzierte NSU eigene Ein- und V-Zweizylindermotoren. Die Produktion stieg ständig und 1929 kam der Norton-Konstrukteur Walter Moore zu NSU und schuf dort den ersten Rennmotor mit Königswelle und obenliegende Nockenwelle. Daß die NSU 500 SS sehr große Ähnlichkeiten mit der Norton CS1 aufwies, meinten Kritiker, käme davon, daß NSU für »Norton Spares Used« stünde – Norton-Ersatzteile.

Vor dem Zweiten Weltkrieg gehörte NSU zu den größten Motorradherstellern der Welt und nach dem Krieg folgten innovative Konstruktionen wie die 250er Max. Dieser Bestseller in der Viertelliter-Klasse hatte einen Preßstahlrahmen mit Kurzschwinggabel sowie einen Motor mit obenliegender Nockenwelle. Als 1955 die verbesserte die Supermax mit Doppelschwinge und Federbeinen kam, hatte der Motor auch etwas an Leistung zugelegt. Doch weder sie noch die kleine Schwester Superfox mit 125 cm³ standen noch in der Gunst der Käufer. 1963 gab NSU die Motorradherstellung auf und konzentrierte sich danach auf den Bau von Mofas und Autos.

ANDERE MARKEN

OK-SUPREME

Nach der Gründung 1911 konzentrierte die Marke OK aus Birmingham sich zunächst auf Zweitakter, bekannt das Modell Junior. Aus der Firma wurde 1927 OK-Supreme, ein Jahr bevor Frank Longman seinen einzigen TT-Sieg notierte. Das bekannteste Motorrad war ein Einzylinder, den es in den frühen 30er als 250er und 350er gab und den Spitznamen Lighthouse (Leuchtturm, nach dem Inspektionsglas am Deckel zum Ventiltrieb) hatte. Die billige und zuverlässige 250 cm³ Flying Cloud war zum Ende der Dekade sehr beliebt. Dann kam der Krieg, und danach entstanden nur noch einige Grasbahnmaschinen.

■ *Oben: Der legendäre Tuner Bill Lacey mit einer OK-Supreme in der Steilkurve von Brooklands.*

OSSA

Gegründet von Manuel Giro in den späten 40ern, entwickelte Ossa einen guten Ruf wegen verschiedener Geländemaschinen, meistens Zweitakter. Das Werk in Barcelona baute viele kleine Straßenmaschinen und absolvierte mit einer Einzylinder-Zweitakt-Rennmaschine einige bemerkenswerte Auftritte in den späten 60ern. Leider verunglückte der Ossa-Fahrer Santiago Herrero 1970 auf der Isle of Man tödlich, worauf sich das Werk vom Rennsport zurückzog. Für den Geländesport entstanden aber weiterhin erfolgreiche Konstruktionen, interessant auch die

Die NSU 250 Rennmax gab nur ein kurzes, dafür aber um so beeindruckenderes Gastspiel auf den Rennstrecken der frühen 50er. Der Dohc-Zweizylinder saß ebenfalls in einem (innen verstärkten) Preßstahlrahmen – wie die Serienmäxe auch – machte Werner Haas und NSU 1953

■ *Oben: Santiago Herrero 1969 auf Ossas schnellem Zweitakter in Brands Hatch.*

zweizylindrige Yankee 500, eine Straßenmaschine. Strukturelle Probleme und sinkenden Verkaufszahlen schlossen 1984 die Werkstore. Eine Arbeiterkollektive baute danach noch vereinzelt Motorräder und vermarktete sie unter dem Namen Ossamotos.

OVER

Diese kleine Firma unter der Führung des japanischen Konstrukteurs Kensei Sato hat in den 90ern überaus exotische und interessante Sportmaschinen präsentiert, viele davon mit den Rahmen aus ovalen Rundrohren – ein Markenzeichen des Unternehmens. Zu den besten gehört die Euro-Twin, eine Konstruktion mit Yamaha-TDM 850-Motor.

■ *Oben: Der Over Euro-Twin mit Yamaha-TDM 850-Motor war schnell, exklusiv und teuer.*

und 1954 zu Weltmeistern bei den 250ern. Danach zog sich die Marke zurück, baute aber eine Rennversion der einzylindrigen Straßenmaschine, die Sportmax. H-P Müller wurde mit dieser Maschine 1955 250er Weltmeister, der vierte Titel in drei Jahren für die schwäbische Marke.

PANTHER

PANTHER MODEL 100S

Eine große, einzylindrige Panther war für viele Engländer das optimale Motorrad für den Gespannbetrieb – zumindest in den 40ern und 50ern. Der Motor war nicht besonders leistungsstark, aber der lange Hub lieferte genügend Dampf im unteren Bereich, ideal für Gespannbetrieb mit maximaler Zuladung. Die Firma aus

■ Links: Auch im Solobetrieb überzeugte die Model 100. Sie lief dann 115 km/h Spitze und hatte ein angenehmes Handling.

■ Unten: Diese Model 100 S von 1957 wurde mit einem Watsonian Avon-Einsitzer versehen.

PANTHER MODEL 100 S (1957)

Motor	Luftgekühlter Ohv-Einzylinder
Hubraum	598 cm³ (87 x 100 mm)
Leistung	23 PS/5300 U/min
Gewicht	193 kg trocken
Spitze	110 km/h

Yorkshire, ursprünglich als Phelon & More (P&M) bekannt, hatte seit 1904 Motoren mit nach vorne geneigten Zylindern im Programm, die in England als Sloper bekannt waren. Panther baute auch bis in die 30er Kleinmaschinen mit Villiers-Zweitaktmotoren und nahm deren Produktion in den 50ern wieder auf, wobei die Model 45 Sports (324 cm³) als bekanntestes Beispiel gelten darf.

Die berühmteste Panther war die Model 100. Der ursprüngliche obengesteuerte Einzylindermotor mit zwei Auslaßkanälen und 598 cm³ erschien 1928 und wurde bis 1957 nur wenig geändert, dann erschien die Ablösung in Form der Model 100 S DeLuxe. Zusammen mit einem Watsonian-Beiwagen bot die Panther ihrem Besitzer ein leistungsfähiges und zuverlässiges Transportmittel. Nach Schätzungen der Firma liefen 90 Prozent aller ausgelieferten Panther 100 im Gespannbetrieb. Das allerdings machte die Marke sehr verletzlich. Ende der 60er ließ das Interesse an Gespannen nach, die Produktion wurde eingestellt.

PARILLA

Der italienische Konstrukteur Giovanni Parrilla baute 1946 sein erstes Motorrad und wurde für exklusive und schnelle Renn- und Sportmaschinen bekannt, meistens Einzylinder mit 125 und 250 cm³ Hubraum. Parilla – die Motorräder der Einfachheit halber mit einem »r« geschrieben – notierten einige Erfolge in den 50ern, Giovanni wandte sich aber mehr und mehr Kart-

■ *Oben: Eine 250 cm³ Einzylinder-Parilla von 1961 auf der Isle of Man 1992 bei einer Vorführung.*

Motoren zu. Die Zweirad-Herstellung lief 1967 aus.

PATON

Giuseppe Patoni war ehemaliger Gespannrennfahrer und GP-Mechaniker bei Mondial. Als sich die Marke 1957 zurückzog, baute der Enthusiast eigene Rennmaschinen. In den 60ern waren es 250er-, 350er- und 500er-Zweizylinder-Viertakter, in späteren Jahren sogar V4-Zweitakter. Mehr als 30 Jahren lang füllten die grünen Maschinen das Starterfeld in der 500er Klasse.

PEUGEOT

Führend im Frankreich der Jahrhundertwende, stellte Peugeot erfolgreiche Rennmotoren her; der erste Norton-Sieg auf der Isle of Man 1907 wurde mit Hilfe eines Peugeot-Zweizylinders herausgefahren. Schon 1913 hatte Peugeot einen Reihen-Zweizylinder mit doppelten obenliegenden Nockenwellen und vier Ventilen pro Brennraum im Programm. In den 20ern dominierte die Marke die Rennszene, zog sich aber 1926 zurück. Heute für Roller und Mofas bekannt – und natürlich für Automobile.

■ *Oben: In Mailand 1991 sorgte PGO mit dem 1600 cm³ V-Zweizylinder für Aufregung.*

PGO

Gegründet 1964 in Taiwan, stellt PGO in großen Stückzahlen Roller und Mofas her. PGO sorgte 1991 für Aufsehen, als man einen sportlichen V-Twin mit 1600 cm³ vorstellte, einen Prototypen, der aber fünf Jahre später immer noch nicht im Laden stand.

PIAGGIO

Roller und Mofas unter dem Namen Vespa sind die bekanntesten Produkte dieses größten Zweiradherstellers Europas (gleichzeitig des drittgrößten der Welt). Bekannt sind die Roller Hexagon

■ *Oben: Der Piaggio-Roller Hexagon 125 sorgt gleichermaßen für Wetterschutz wie Fahrkomfort und ist dabei gar nicht langsam.*

■ *Oben: Diese Pierce-Arrow von 1911 war nur eine von mehreren amerikanischen Reihen-Vierzylindern der Frühzeit.*

und Sfera. Piaggio besitzt außer der Marke Vespa auch die Rechte am einst so klangvollen Namen Gilera.

PIERCE

Der amerikanische Autohersteller Pierce stellte 1909 einen Reihenvierzylinder vor, etwa baugleich mit der belgischen FN. Diese Pierce Arrow blieb jedoch nur ein Jahr in Produktion.

PUCH

Der älteste Motorradhersteller Österreichs fing 1903 an. Der erste Doppelkolben-Zweitakter mit 220 cm³ erschien 1923 und diese Motor-Konstruktion blieb bis in die 60er in Produktion. Später wurden auch Trial- und Crossmaschinen gebaut, einige mit 500er Rotax-Motoren. Heute nur Fahrräder und Mofas.

■ *Oben: In den frühen 60ern baute Puch mehrere gute Straßenmodelle wie diese 125er von 1962.*

QUANTEL-COSWORTH

Womöglich der tollste britische Zweizylinder aller Zeiten war die 823 cm³ große Qantel-Cosworth: Wassergekühlt und mit doppelten obenliegenden Nockenwellen – praktisch zwei Zylinder eines Cosworths F1-Motors. Roger Marshall siegte 1988 mit dieser Maschine in Daytona.

QUASAR

Dieses hochtechnologisches Wunder hatte eine sesselähnliche Sitzposition und der Fahrer ruhte, bequem zurückgelehnt, unter einem Dach. Der Brite Malcolm Newell baute 1976 seine erste Quasar, für den Vortrieb sorgte ein 40 PS-Reliant-Automotor. Die Achsschenkellenkung und die gute Aerodynamik verhalfen dem Fahrzeug trotz geringer Motorleistung zu einer Spitze von 160 km/h. Eine Ausführung mit dem Kawasaki-Sechszylinder aus der Z 1300 ging über 250 km/h, wurde aber nur in geringen Stückzahlen gebaut.

ROYAL ENFIELD

ROYAL ENFIELD 750 INTERCEPTOR

So lange es die Marke gab, gehörte sie zu den größten britischen Motorradherstellern. Wie so viele andere fing das Werk in Redditch außerhalb Birminghams mit einer Fahrradfertigung an und stellte 1901 sein erstes Motorrad vor. In den 30ern erschien eine Einzylinder-Baureihe in den Hubraumgrößen 250,

ROYAL ENFIELD INTERCEPTOR (1965)	
Motor	Luftgekühlter Ohv-Zweizylinder
Hubraum	736 cm³ (71 x 93 mm)
Leistung	53 PS/6000 U/min
Gewicht	193 kg fahrbereit
Spitze	170 km/h

■ *Oben: Royal Enfield ist heute eine fast vergessene Marke, gehörte aber zu den großen in den 50ern und 60ern.*

■ *Links: Die Interceptor hatte einen hohen Schwerpunkt und eine weiche Telegabel, umrundete dennoch problemlos alle Kurven.*

350 und 500 cm³, Bullet genannt. Nach dem Zweiten Weltkrieg wurde unter altem Namen eine neue Konstruktion lanciert und danach sehr erfolgreich als Straßen- und Trialmaschine vermarktet.

Heute wird das gleiche Motorrad als Enfield India in Indien gebaut.
Dem damaligen Trend zum Zweizylinder folgend, brachte Royal Enfield 1948 eine leistungsschwache 500er. Fünf Jahre später wurde der Motor auf 692 cm³ vergrößert. Die Meteor war der hubraumgrößte Zweizylinder auf dem Markt. Die sportlichere Super Meteor führte 1958 zu der Constellation. Versehen mit der hauseigenen Vollverkleidung, hieß der Twin dann Airflow.
Die größte dieser Zweizylindermaschinen war schließlich die Interceptor, 1962 vorgestellt. Sie hatte 736 cm³ und 53 PS. Mit diesem Modell umwarb Royal Enfield vor allem amerikanische Kunden. Die Interceptor war ein drehmomentstarkes Motorrad und lief sanft. Leider litt sie aber unter vielen Mängeln, darunter einer viel zu schwachen Vorderradbremse. Mitte der 60er stand Royal Enfield unter starker finanzieller Bedrängnis. Die Produktion wurde noch kurzfristig in eine kleinere Anlage verlegt, mußte aber dann 1968 ganz eingestellt werden.

■ *Links: Die Interceptor mit hohem Lenker wurde 1965 für den amerikanischen Markt gebaut. Sie war ein schönes und kraftvolles, doch leider sehr erfolgloses Motorrad.*

ANDERE MARKEN

RALEIGH

Raleigh ist noch heute in Nottingham ein bekannter Fahrradhersteller, baute aber zwischen 1899 und 1933 einige besonders hochwertige Motorräder. Mit Abstand populärstes Modell war deren Viertakt-Einzylinder aus den 20ern, diese gab es, jeweils mit 350 cm³, als Tourer oder Sportmaschine. Aufgebohrt auf 400 cm³, machte die Raleigh auch im Gespannbetrieb keine schlechte Figur.

RICKMAN

Nach erfolgreichen Motocross-Chassis bauten die Brüder Rickman, ehemalige Crossfahrer, komplette Fahrwerke für Renn- und Sportmaschinen. In den frühen 70ern entstand die Rickman Interceptor mit vernickelten Rahmen aus Reynolds 531-Rundrohren und Interceptor-Motor aus Enfield-Restbeständen. Spätere Caféracer hatten Vierzylinder-Motoren von Honda oder

■ Oben: Die Rickman Interceptor von 1970 erfreute dank des Spezial-Fahrwerks mit exzellentem Handling. Der 736 cm³ Motor stammte aus Restbeständen der Enfield-Fertigung.

Kawasaki. Danach konzentrierte sich Rickman ausschließlich auf Motorrad-Zubehör wie Verkleidungen.

■ Oben: Als diese 350 cm³-Einzylinder 1926 erschien, war Raleigh eine bekannte Motorradmarke.

RENÉ GILLET

René Gillet, Frankreich, war in den 30ern für seine robusten, seitengesteuerten V-Zweizylinder mit 750 und 1000 cm³ bekannt. Gespanntauglich waren sie außerdem und demzufolge bei Behörden besonders beliebt. Nach dem Zweiten Weltkrieg konzentrierte die Firma sich auf kleine Zweitakter. Ende der 50er lief die Produktion aus.

ROC

Serge Rosset hat sich als Fahrwerksspezialist in der Rennszene einen Namen gemacht. In Annemasse in Frankreich angesiedelt, erhielt der ehemalige Rennleiter (Kawasaki Frankreich, ELF und Yamaha Frankreich) zusammen mit Harris in England von Yamaha den Auftrag, Fahrwerke für die YZR 500 V4-Motoren zu bauen. Sogar Weltmeister Wayne Rainey setzte 1993 gelegentlich ROC-Fahrwerke für seine Werks-Yamaha ein. Im Jahre 1994 stellte Rosset einen GP-Prototyp vor, die Moto Francaise GP1.

■ Links: Niall Mckenzie war 1992 in der 500er WM bester Privatier mit einer ROC-Yamaha.

RUDGE

RUDGE 500 ULSTER

Zwei Fahrradhersteller, Rudge und Whitworth, fusionierten, firmierten dann unter Rudge Whitworth und bauten 1909 ein 3,5 PS starkes Einzylinder-Motorrad. Zu den Besonderheiten jener Konstruktion gehörten ein klappbarer Hauptständer sowie ein aufklappbares hinteres Schutzblech. Es war aber das neue Getriebe, das mit der Rudge Multi der Marke den ersten Bestseller be-

scherte. Hier konnte der Fahrer dank verschiedener Antriebswellen die Spannung des Antriebsriemens ändern. Er hatte die Wahl zwischen 21 unterschiedlichen Übersetzungen. Die Multi war ein großer Erfolg und gewann 1914 die Senior TT. Sie wurde neun Jahre produziert.

Rudge war Mitte der 20er in der Entwicklung der Vierventiltechnik führend. Graham Walker, Verkaufsleiter bei Rudge, konnte 1928 mit einer Vierventil-500er den Ulster GP gewinnen. In Erinnerung daran hießen die drei Rudge-Sportmodelle Ulster. Die Rudge hatten ein integriertes Bremssystem, wobei das Pedal Vorder- und Hinterradbremse betätigte, der Bremshebel nur auf die Vorderradbremse wirkte. Weitere Rennerfolge stellten sich in den 30ern ein, aber finanzielle Probleme führten zur Produktionseinstellung.

RUDGE ULSTER (1930)	
Motor	Luftgekühlter 4-Ventil Ohv-Einzylinder
Hubraum	499 cm³ (85 x 88 mm)
Leistung	ca. 30 PS
Gewicht	131 kg trocken
Spitze	160 km/h

■ Oben: Graham Walkers Sieg im Ulster GP von 1928 gab dem schnellen Vierventiler den Namen Ulster.

■ Unten: Die Ulster verbuchten Erfolge, wie Wal Handleys Senior TT-Sieg 1930.

Rechts: Die Rudge Multi mit dem langen Handschalthebel auf der linken Seite bot sehr viele Übersetzungsmöglichkeiten.

ANDERE MARKEN

RIKUO

Japanischer Hersteller. Rikuo baute in den 30ern und 40ern Kopien der seitengesteuerten Harley-Davidson V-Zweizylinder in Lizenz, konnte aber dem immer stärker wachsenden Konkurrenzdruck der Nachkriegszeit nicht standhalten.

RUMI

Im italienischen Bergamo hat die Familie Rumi seit den frühen 50ern Motorräder gebaut. Bekannt war damals eine schnelle Sport- und Rennmaschine, ein Zweizylinder-Zweitakter mit 125 cm³. In neuerer Zeit engagierte sich die Familie im Rennsport und konnte, von Honda unterstützt, mit Fred Merkel den Titel in der Superbike-WM gewinnen. Die Sportmaschine RMS 650 mit Honda NX 650-Motor ist ebenfalls von Rumi.

Oben: Rumis RMS 650 hat einen Honda-Einzylinder mit 650 cm³ und ein modernes Fahrwerkslayout.

SCOTT

SCOTT SQUIRREL

Alfred Scott baute einige der fortschritt-lichsten Motorräder der Anfangszeiten. Er schuf 1909 einen 333 cm³ Zweitakt-Zweizylinder mit solchen unerhörten Neuigkeiten wie Kickstarter, fußge-schaltetem Zweiganggetriebe und Tele-gabel. Kurz Zeit später ging Scott ganz zur Wasserkühlung über. Er vergrößerte den Motor auf 486 und 534 cm³ und konnte mit dieser Mehrleistung die Se-nior TT 1912 und 1913 gewinnen. Im

■ Links: Diese 596 cm³ Flying Squirrel wurde kurz vor der Stillegung des Werks 1950 gebaut.

■ Unten: Die großen Zeiten der Marke Scott waren schon vorbei, als 1928 die-ser 596 cm³ Zweizy-linder mit Dreigang-getriebe gebaut wurde.

SCOTT SQUIRREL (1925)	
Motor	Wassergekühlter Zweitakt-Zweizylinder
Hubraum	596 cm³ (74,6 x 68,25 mm)
Leistung	25 PS/5000 U/min
Gewicht	115 kg fahrbereit
Spitze	115 km/h

Jahr darauf fand das erste Scott Trial in Yorkshire statt, nur einen Katzensprung vom Werk entfernt, anfänglich eine Ver-anstaltung für Werksangehörige, heute ein Klassiker in der Geländeszene. Nach dem Ersten Weltkrieg verließ Al-fred Scott das Werk und stellte danach den Dreirad-Leichtwagen Scott Socia-ble her. Er starb 1923, nur ein Jahr nach Einführung der Squirrel-Baureihe. Diese Modellserie gab es anschließend in ver-schiedenen Hubraumgrößen als Super Squirrel, Sports Squirrel und Flying Squirrel. Eine typische Squirrel hatte Mitte der 20er einen 596 cm³ Motor mit

Dreiganggetriebe und Handschaltung. Gratis gab es eine elegante Optik, gutes Handling und eine Spitze von 115 km/h, kein Wunder also, daß das Modell unter Sportfahrern sehr beliebt war. Diese Zweitakter konnten sehr tempe-ramentvoll bewegt werden. Spätere Modelle mit konventionellen Tanks waren schwerer und deshalb weniger erfolgreich. Die Produktionszahlen in den 30ern gingen zurück. Die Rechte wurden 1950 an den Markenfanatiker Matt Holder aus Birmingham ver-äußert und dieser vermarktete aufge-frischte Squirrel bis 1978.

ANDERE MARKEN

SANGLAS

Gegründet im Barcelona des Jahres 1942, unterschied sich Sanglas von anderen spanischen Marken dadurch, daß auf Rennen verzichtet und langsame, einfache Viertakter für Polizei und zivile Zwecke produziert wurden. In den 60ern baute die Firma auch die Rovenas-Zweitakter, die Motoren lieferten Villiers und Zündapp. In den späten 70ern traf Sanglas ein Über einkommen mit Yamaha und verwendete dann den Zweizylinder-Motor der XS 400 für eine Straßenmaschine namens 400Y. Die spanische Firma wurde 1981 von Yamaha ganz übernommen, der Name Sanglas verschwand endgültig.

SEELEY

Der ehemalige Gespannfahrer Colin Seeley erwarb in den späten 60ern die Herstellungsrechte an den Rennmaschinen AJS 7R/Matchless G50, entwickelte die Motoren weiter und konstruierte ein ganz neues Fahrwerk. Daraus entstand die Rennmaschine Seeley G50 und, mit gleichem Motor, die Straßensportmaschine Condor. Seeley produzierte auch Fahrwerkskits und Spezialbauten, darunter eine Straßenmaschine mit Honda-Vierzylinder.

SEGALE

Der italienische Fahrwerksspezialist Luigi Segale hat in den letzten zwanzig Jahren viele interessante Spezialmaschinen gebaut. Als Organspender fungierten japanische Maschinen, und dabei war er nicht wählerisch: Von Kawasaki Z 1000 bis hin zu Honda Dominator war alles vertreten. In jedem Fall kam sein typischer Rahmen mit sehr dünnen Rundrohren und großen Verbindungsstücken aus Alublech zum Tragen. Für Aufsehen sorgte 1993 die superleichte SR 900 R mit dem Motor aus der Honda CBR 900 RR Fireblade.

SILK

In den frühen 70ern verwandelte der ehemalige Scott-Lehrling George Silk eine zweizylindrige, wassergekühlte Scott in eine moderne Straßenmaschine. Die Silk 700 S verwendete den 47 PS starken Motor in einem Rundrohrrahmen von Spondon Engineering. Die Höchstgeschwindigkeit betrug nur 175 km/h, das Handling der kompakten Maschine war aber hervorragend. Geringe Produktionszahlen führten zu einem hohen Preis und anschließenden Problemen mit den Zulieferern. Die letzten Exemplare sind 1979 gebaut worden.

■ Links: Eine typische Sanglas aus den 70ern, ein robustes, wenn auch etwas alltägliches Halbliter-Motorrad.

■ Links: Die Seeley G50 ist heute mit ihrem Matchless G50-Motor ein großer Star bei Veteranenrennen.

■ Links: Die Segale RS 900 R war zwar leichter als das Original, die Honda CBR 900 RR, kostete aber dafür um so mehr.

■ Links: Der Scott-Liebhaber George Silk versuchte mit seiner Silk 700 S eine moderne Variante der traditionsreichen Maschine auf die Räder zu stellen.

■ *Links: Die Sunbeam S7 war komfortabel, aber zu schwer, hatte ein schlechtes Handling und nur mittelmäßige Bremsen.*

■ *Unten: Die S8 war leichter und schneller als die S7, allerdings auch nicht populärer. Auch sie konnte Sunbeam nicht retten.*

SUNBEAM

SUNBEAM S8

Sunbeam war gleichermaßen für Qualität wie auch für gute Verarbeitung im Detail bekannt, und so war es schon seit der Vorstellung des ersten Modells 1912 gewesen. Die erste Sunbeam war ein Single mit 350 cm³, der wie die Fahrräder der Marke eine vollgekapselte Kette – liebevoll »Little Oil Bath« genannt – aufweisen konnte.

SUNBEAM S8 (1949)	
Motor	Luftgekühlter Sohc-Zweizylinder
Hubraum	487 cm³ (70 x 63,5 mm)
Leistung	26 PS/5800 U/min
Gewicht	182 kg trocken
Spitze	136 km/h

Ein Jahr später beteiligte sich der 3,5 PS starke Einzylinder am Renngeschehen und zeigte sich dabei im markentypischen Schwarz mit goldenen Streifen. Unter dem Versuchsfahrer George Dance gab es mehrere Rekorde, und der Sunbeam-Einzylinder notierte zwei Siege in der Senior TT in den frühen 20ern.

Der Verkauf ging in den 30ern zurück. Sunbeam wurde zuerst an AMC verkauft und dann 1943 an BSA. Nach dem Zweiten Weltkrieg versuchte BSA Sunbeams Ruf als Fahrzeug für Gentlemen aufzugreifen und baute einen exklusiven Roadster. Diese S7 kam 1947, getrieben von einem längs eingebauten 487 cm³-Zweizylinder mit Kardanantrieb. Das Chassis war schwer und rollte auf dicken Ballonreifen. Die S7 hatte zu wenig Leistung, vibrierte fürchterlich und besaß ein miserables Handling. Da es auch eines der teuersten Motorräder auf dem Markt war, blieb der Erfolg aus. Sunbeam präsentierte 1949 die ver-

■ Links: Alec Bennet gewann zwei TT auf Sunbeam-Maschinen wie dieser schwarzgoldenen Model 2, eine 350er von 1924.

besserte Ausführung S7 De Luxe und auch eine sportlichere Variante, die S8. Letztere unterschied sich durch das neue Design, einen lauteren Auspuff, weniger Gewicht und konventionellere Räder und Reifen von der Vorgängerin. Mit einer Spitze von fast 140 km/h war die S8 schneller und hatte auch bessere Fahreigenschaften. Doch eine Weiterentwicklung fand nie statt, denn der Verkauf ging immer noch sehr zögernd. Die Produktion wurde 1956 eingestellt.

ANDERE MARKEN

SINGER

Ein merkwürdiges Beispiel aus der früheren Singer-Produktion war ein 222 cm³ großer Viertakt-Einzylinder, der samt Tank und Vergaser im Antriebsrad saß. Singer kaufte diese Konstruktion 1900 und verwendete sie ein paar Jahre lang als Hinterrad in einem Motorrad und als Vorderrad in einem Dreirad. Doch der britische Hersteller baute auch einige konventionelle Motorräder, bevor man sich nach dem Ersten Weltkrieg auf Autos konzentrierte.

SPONDON

Benannt nach der Kleinstadt in Derbyshire, England, wo Bob Stevenson und Stuart Tiller 1969 Spondon Engineering gründeten. Frühe Spondon-Maschinen verwendeten verschiedene Yamaha-Zweitaktmotoren wie die AS1, TZ250 und die 750 cm OW31. Spondon baute auch Fahrwerke für

Silk und für Nortons F1, außerdem viele Spezialfahrwerke für Suzuki GS 1000 und Kawasaki ZZ-R 1100.

■ Oben: Viele Sun-Motorräder waren einfache Zweitakter, wie diese Maschine von 1956 mit 197 cm³.

■ Rechts: Nortons Wankel-Rennmaschine, wie auch die spätere Serien-F1, hatten ein Spondon-Chassis.

SUN

Sun war typisch für die unzähligen britischen Firmen, die in den 50ern kleine Zweitaktmaschinen mit Villiers-Motoren produzierte. Sun baute in Birmingham schon in den 20ern Drehschieber-Motoren. Spätere Straßenmodelle, wie die 250 cm³ Overlander Twin von 1957 waren wegen ihres hervorragenden Wetterschutzes bekannt – was allerdings nicht ihre Popularität erhöhte, und Sun stellte einige Jahre später die Produktion ein.

SUZUKI

■ Links: Suzukis erstes motorisiertes Fahrzeug war die Free Wind mit 36 cm³ großem Hilfsmotor.

SUZUKI T20 SUPER SIX

Michio Suzuki fing 1909 an, Webstühle zu herstellen und war damit bis zum Zweiten Weltkrieg beschäftigt. Probleme in der Textilbranche ließen ein neues Produkt fällig werden und Suzuki baute zu Beginn der 50er einen 36 cm³ Zweitakt-Hilfsmotor mit dem Namen Power Free. Die verbesserte, 60 cm³ große Diamond Free folgte ein Jahr später, und im Mai 1954 stellte die neubelebte Firma Suzuki das erste komplette Motorrad vor, einen 90 cm³ Zweitakt-Einzylinder mit dem Namen Colleda. Mit der Colleda siegte Suzuki beim Asama-Bergrennen am Fuji, 85 Konkurrenten waren an den Start gegangen.

SUZUKI T 20 SUPER SIX (1966)	
Motor	Luftgekühlter Zweitakt-Zweizylinder
Hubraum	247 cm³ (54 x 54 mm)
Leistung	29 PS/7500 U/min
Gewicht	138 kg trocken
Spitze	155 km/h

■ Oben: Die Super Six verdankte ihren Namen dem Sechsganggetriebe.

■ Links: Attraktives Design, hohe Motorleistung und gutes Handling machten die T 20 zum ersten großen Exporterfolg der Marke.

■ Gegenüber rechts: Der Zweizylinder – hier als GT 500 aus den frühen 70ern – lief zwar 175 km/h, konnte aber dafür mit einem bestenfalls mittelmäßigen Handling aufwarten.

■ Gegenüber links: Das erste komplette Motorrad von Suzuki waren die 90 und 125 cm³ Colleda-Zweitakter, entstanden Mitte der 50er.

■ *Rechts: Groß, schwer, bullig: Der Wasserbüffel, die GT 750, war ein beliebtes Tourenmotorrad der frühen 70er.*

■ *Unten: Was man hat, stellt man auch gerne zur Schau: die GT 750 hatte ein paar Pfund zuvie.*

In den späten 50ern und frühen 60ern konzentrierte sich die Marke auf kleine Zweitakter bis 250 cm³, in jener Zeit – 1959 – entstand auch die erste Rennmaschine, die Colleda RB 125. Die meisten Suzuki-Motorräder waren einfache Transportmittel, doch das änderte sich 1963 mit der T 10, einer brandneuen 250er, mit der Suzuki erste Exporterfolge verbuchen konnte. Ihr folgte 1966 die weiterentwickelte T 20 Super Six

Die Modellbezeichnung rührte übrigens vom Sechsganggetriebe her, was eine Sensation darstellte. Ihr neukonstruierte Zweizylindermotor lieferte 29 PS und verfügte über die Posi-Force genannte Automatikschmierung. Dazu kam, eine weitere Neuerung für Suzuki, ein Doppelschleifenrahmen, leicht, aber mit sehr guten Eigenschaften. In jedem Fall lief diese Maschine schon um die 150 km/h, und das reichte dicke für die Kundschaft.

Suzuki stieg 1967 in die größeren Hubraumklassen ein: Es erschien ein großer Halbliter-Twin mit Zweitakt-Zweizylinder, die T 500, Titan in den USA und Cobra auf einigen europäischen Märkten. Doch wie immer sie nun heißen mochte: Die dicke Suzi war ein einfaches Motorrad mit nicht immer einwandfreien Fahreigenschaften, 46 PS stark und 175 km/h schnell. Der Zweizylinder blieb zehn Jahre in Pro-

duktion, wurde nach und nach mit einer vorderen Scheibenbremse, elektronischer Zündung, neuem Design und neuem Namen (GT 500) versehen. Das erste richtige Superbike war die wassergekühlte GT 750 mit drei Zylindern, aber immer noch ein Zweitakter, in Deutschland nach der Vorstellung 1971 liebevoll Wasserbüffel getauft. Der nicht übermäßig hochgezüchtete

Motor lieferte 67 PS, was für 185 km/h reichte. Seine Stärken lagen im satten Drehmoment im mittleren Bereich. Das Motorrad lief sanft, leise und komfortabel, war aber auch groß und schwer. Soweit es die Leistung betraf, konnte sie mit der furiosen Kawasaki H1 nicht konkurrieren. Sie blieb im Programm, bis mit der GS 750 auch Suzuki auf die Viertakt-Karte setzte.

SUZUKI

SUZUKI GS 1000

Suzukis GS 1000 war ein Meilenstein, nicht nur für Suzuki, sondern für die ganze japanische Industrie. Als sie 1978 kam, war sie leistungsstärker als die Kawasaki Z 1, die ansonsten als ihre stärkste Rivalin gelten darf. Was viel wichtiger als die schiere Motorleistung war: Das Motorrad war nicht nur schnell, sondern auch fahrstabil. Über japanische Motoren und deren Leistungen hatte sich ja nie jemand beschwert, aber die GS 1000 war die erste große Japanerin, die der Fahrleistungen entsprechende Fahreigenschaften aufweisen konnte.
Die Auslegung entsprach haargenau

■ *Links: Das Beste, was bis dahin aus Japan gekommen war: die große Suzuki brillierte mit hoher Leistung und besten Fahreigenschaften.*

■ *Unten: Das Suzuki-Erfolgsrezept erinnert an die Dohc-Vierzylinder von MV Agusta oder Kawasaki.*

SUZUKI GS 1000 (1978)

Motor	Luftgekühlter Dohc-Vierzylinder
Hubraum	997 cm³ (70 x 64,8 mm)
Leistung	87 PS/8000 U/min
Gewicht	242 kg trocken
Spitze	215 km/h

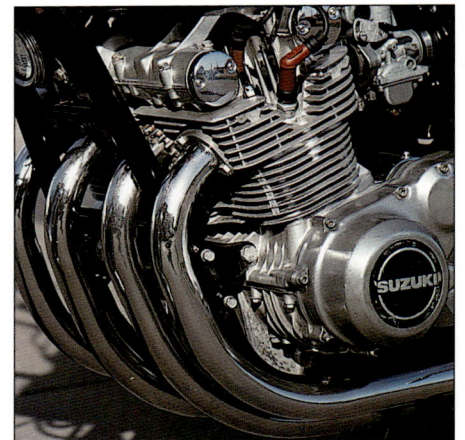

■ *Rechts: Das biedere Styling überdeckt vielleicht die Tatsache, daß es sich hier um ein extrem schnelles Motorrad handelte.*

■ *Unten: Wes Cooley gewann 1980 auf einer von Yoshimura frisierten GS 1000 S die amerikanische Superbike-Meisterschaft.*

■ *Ganz unten: Die hervorragende Katana 1100 von 1982, vom deutschen Designer Hans A. Muth und Target Design gestylt.*

■ *Unten: Diese GS 750 war Suzukis erster Viertakter, schnell, fortschrittlich und zuverlässig, 1976 vorgestellt und ab 1977 ausgeliefert.*

der der ein Jahr zuvor eingeführten GS 750. Der luftgekühlte 997 cm³ Vierzylinder hatte doppelte obenliegende Nockenwellen und lieferte 87 PS. Darüber hinaus gab es einstellbare Stoßdämpfer, für damalige Verhältnisse breite Reifen und zwei Bremsscheiben vorn. Was man Suzuki vielleicht vorwerfen konnte, war das kreuzbrave GS-Styling.

Wenn man im Sattel saß, verstummten sowieso alle Kritiken: Die Beschleunigung war geradezu furchterregend und mit einer Höchstgeschwindigkeit von 215 km/h gehörte man zu den Schnellsten auf der Autobahn. Doch auch bei Landstraßentempo, wenn die Drehzahlen im mittleren Bereich lagen, hatte der Motor Dampf ohne Ende, und Komfort und Zuverlässigkeit fehlten ebenfalls nicht. Geradeaus hielt das Motorrad seine Spur und lag in schnellen Kurven auch dann noch ruhig und souverän, wenn die Konkurrenten schon längst wackelten. Was fehlte, war, wie gesagt, lediglich etwas Ausstrahlung.

Die neue Viertakt-Generation hatte auf der IFMA 1976 ihre Visietenkarte abgegeben, präsentiert worden waren ein Zweizylinder mit 400 cm³ und ein Vierzylinder mit 750 cm³. Kennzeichen der ersten GS-Generation waren die doppelten obenliegenden Nockenwellen, die in der Optik ein wenig an die MV-Aggregate erinnerten. Beide GS galten als sehr schnell, die 400er ging mit 34 PS locker über 150 km/h, die Vierzylinder-GS mit 67 PS knabberte an der magischen 200-km/h-Grenze und gab der Konkurrenz von Honda und Yamaha das Nachsehen. Das Handling war mehr als akzeptabel, wachsweiche Fahrwerke waren bei

Suzuki-Viertaktern nie ein Thema. 1980 wurden die Zweiventil-GS durch die Vierventil-GSX-Typen ersetzt, Flaggschiff war die GSX 1100. Sie konnte alles noch ein wenig besser als die Vorgänger, litt aber unter dem unglücklich-eckigen Design. Zwei Jahre danach ließ Suzuki den Motor neu verpacken, es entstand die futuristische Katana mit integrierter, spitzer Frontverkleidung. Der luftgekühlte Motor leistete offen 111 PS und verlieh der Katana – genannt nach einem Schwert der Samuraikrieger – eine Spitze von 225 km/h. Diese rollende Skulptur wurde zu einem nicht allzu hohen Preis verkauf.

SUZUKI GSX-R 750

Mit einem Schlag veränderte 1985 die neue GSX-R 750 die Welt der Sportmaschinen. Hier war die erste echte japanische Rennreplika entstanden, praktisch Suzukis Werksmaschine für die Langstrecken-WM, jedoch in Straßenausführung. Die GSX-R war erstaunlich schnell, außerordentlich leicht und kompromißlos nur zu einem Zweck gebaut. Kein anderes Motorrad war so konsequent auf das Racing hin ausgelegt worden. Jedes Teil der GSX-R zeugte vom Streben der Ingenieure nach Höchstleistung und niedrigem Gewicht. Das galt natürlich zu allererst

für den ölgekühlten 16-Ventil-Motor mit seinen Ventildeckeln aus Magnesium. Die Leistung betrug 100 PS bei 10.500 Umdrehungen. Der Alu-Rahmen wog nur die Hälfte der entsprechenden Stahlkonstruktion des Vorgängers und

war mit 41 Millimeter dicken Gabelbeinen bestückt. Eine Vollverkleidung mit Doppelscheinwerfern, in Schaumgummi gelagerte Instrumente, Stummellenker und die Auspuffanlage komplettierten das Paket.

■ *Links: Die erste, ultraleichte GSX-R 750 war sehr handlich, hatte aber gelegentlich Fahrwerksprobleme bei höheren Geschwindigkeiten.*

■ *Gegenüber: Frühe Modelle hatten einen Vierventil-Motor mit Öl-/Luftkühlung. Das Triebwerk eines Jagdflugzeugs des Zweiten Weltkriegs war die Vorlage.*

■ *Unten: Diese Rennmaschine für die Straße war die Kopie jener Maschine für die Langstrecken-WM.*

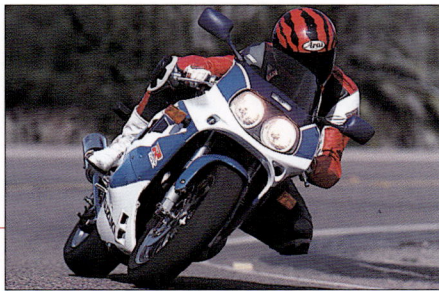

■ Links: Verschiedene Modellpflegemaß-
nahmen verbesserten das Chassis der
GSX-R und ließen nun auch die letzten
Kritiker verstummen.

■ Unten links: Spätere GSX-R 1100 erreichten nicht das Niveau jener ersten
Ausführung von 1986.

SUZUKI GSX-R 750 (1985)

Motor	Ölgekühlter Dohc-Vierzylinder
Hubraum	749 cm³ (70 x 48,7 mm)
Leistung	100 PS/10.500 U
Gewicht	176 kg trocken
Spitze	230 km/h

■ Oben: Hervé Moineau führte Suzukis
Langstrecken-Team SERT zu vielen Siegen.

■ Unten: 1994 bekam die GSX-R 750
Wasserkühlung und 116 PS.

Und die Leistung entsprach auch allen
Träumen. Unterhalb von 7000 Umdrehungen tat sich nicht allzuviel, darüber
eine ganze Menge. Urplötzlich brach
die GSX-R dann nach vorne und er-
stürmte die 230-km/h-Marke, untermalt
vom infernalischen Klang des Vier-in-
eins-Auspuffs. Handling und Bremsvermögen waren ebenfalls große Klasse,
zweifelsohne ein Verdienst des konse-
quenten Leichtbaus: Die GSX-R wog
trocken nur 176 Kilo. Die Suzuki war
nicht nur auf der Rennstrecke erfolgreich, sondern auch unter sportlich an-
gehauchten Straßenfahrern, und die
anderen Hersteller beeilten sich, das
Konzept zu kopieren. Die moderne
Sportmaschine war damit geboren.
Ein Jahr nach der Sport-Revolution legte Suzuki noch einmal ein Schäufel-
chen nach, mit einem Motorrad, das
dem Begriff Superbike eine neue Dimension verlieh. Die GSX-R 1100 von
1986 lieferte noch mehr Dampf und
noch mehr Spitzenleistung, wog nicht
mehr und war auch nicht weniger
handlich als die 750 R. Der offen
125 PS starke, ölgekühlte Motor trieb
die 1100er zu einer Höchstgeschwindigkeit von etwa 250 km/h, unvorsichti-
ge Zuckungen der Gashand führten zu
einem wahren Beschleunigungs-Feuer-
werk – gleichgültig in welcher Fahrstufe

man sich befand. Keine 1100er, gleich
welcher Provenienz, konnte da mithalten. Leider verwässerte der Modell-
wechsel von 1989 den Charakter der
Baureihe, die GSX-R wurden schwerer
und machten Kompromisse. Erst eine
Vielzahl an Modellpflegemaßnahmen
wie etwa die Umstellung auf Wasserkühlung brachten wieder einen
Annäherung an das Original. Doch das
alte Charisma war unwiederbringlich
dahin,
Im Gegensatz dazu fiel es Suzuki nie
schwer, sich mit der kleineren GSX-R
750 unter den gewandelten Anforde-
rungen zu behaupten, auch dann, als
die 750er im Rennsport nicht mehr mithalten konnte. Die erste Revision kam
1988, brachte Slingshot-Vergaser, eine
neue Optik und einen modifizierten
Motor. 1992 wurde die GSX-R auf
Wasserkühlung umgestellt, die Spitzenleistung betrug jetzt 116 PS. Ein
verwindungssteifer Rahmen mit verän-
derter Geometrie und Upside-Down-
Gabel rundeten die Frischzellenkur ab.

SUZUKI

SUZUKI RG 500

Suzukis erster Auftritt in der internationalen Rennszene erfolgte 1960 auf der Isle of Man: Mitsuo Itoh war der Nummer-Eins-Fahrer des 125er Teams; Itoh wurde später Rennleiter bei Suzuki. Die Ergebnisse waren nichts besonders, die Erfahrungen um so wichtiger. Das Team hielt sich im gleichen Hotel auf wie der MZ-Fahrer Ernst Degner, der sich1961 in den Westen absetzte und die Geheimnisse der schnellen MZ-Renner zu Suzuki brachte. Degner konnte dann 1962 in der neu eingeführten 50er Klasse den ersten WM-Titel für das japanische Werk gewinnen. Der Neuseeländer Hugh Anderson und der deutsche Fahrer Hans-Georg Anscheidt legten in der kleinsten Soloklasse fünf weitere Titeln hinzu, Anderson siegte auch in der 125er-WM 1963 und 1965.

SUZUKI RG 500 (1976)	
Motor	Wassergekühlter Drehschieber-V4-Zweitakter
Hubraum	495 cm³ (54 x 54 mm)
Leistung	114 PS/11.000 U/min
Gewicht	125 kg trocken
Spitze	272 km/h

Erfolge in der Königsklasse stellten sich erst mit der RG 500 ein, einem Vierzylinder, bei dem die im Quadrat plazierten Zylinder auf zwei Kurbelwellen wirkten. Diese Maschine gewann die WM-Krone viermal, war aber auch unter Privatfahrern sehr populär. Die Auslegung des Motors basierte auf einer erfolglosen Konstruktion für die 250er Klasse. Diese hatte den wenig schmeichelhaften Beinamen »Flüsternde Tod«, weil der Motor oft und ohne Vorwarnung festging. Zu den ersten Fahrern auf der RG 500 gehörte der junge Barry Sheene. Nach anfänglichen Problemen wurde der wassergekühlte Drehschieber nicht nur leistungsstark, sondern auch sehr zuverlässig.

Mit den Maßen 54 x 54 mm stieg 1976 die Leistung auf 114 PS bei 11.000 Umdrehungen und damit konnte Shee-

■ *Rechts und unten:
Barry Sheenes Cha-
risma war für Suzuki
mindestens ebenso
wichtig wie seine
Fahrkünste.*

■ *Rechts: Kevin
Schwantz wurde
1993 mit der RGV
500 endlich Welt-
meister.*

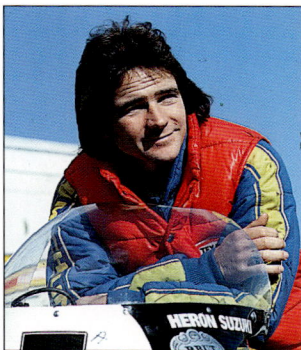

■ *Unten rechts: 1988 gewann Kevin
Schantz zwei GP, der WM-Titel ließ aber
weitere fünf Jahre auf sich warten.*

ebensoviele Stürze nur den zweiten
Platz in der WM einnehmen konnte.
Suzuki folgte 1992 dem Honda-Bei-
spiel und änderte für die RGV die
Zündfolge, so daß die Zylinder enger
nacheinander zündeten, was dem Fahrer eine bessere Kontrolle über das
Motorrad gab. Nötig war das schon _
der Motor lieferte immerhin 170 PS.
Daß in dieser Saison nicht der Titel errungen werden konnte, lag am Verlet-
zungspech, das Kevin Schwantz hatte.
Doch 1993 schließlich brachte die
Kombination aus Motorleistungen und
Fahreigenschaften dem gereiften Texaner endlich die Nummer Eins anstelle
seiner traditionellen »34«.

ne für Suzuki den ersten WM-Titel in
der 500er Klasse holen. Auch die fünf
nächstplazierten saßen am Lenker von
Suzuki RG 500. Sheene sicherte auch
1977 den Titel für Heron-Suzuki und
die Italiener Marco Lucchinelli und
Franco Uncini holte diesen für das
Team Gallina 1981 und 1982. Inzwischen hatte man die Kurbelwellen ver-
setzt, der Motor lieferte 124 PS. Der
Rahmen bestand nun aus Aluminium,
nicht mehr aus Stahlrohren.
Die RG 500 wurde 1987 durch einem
neuen V4 ersetzt, die RGV 500. Suzuki
unterhielt nun zum ersten Mal ein eigenes Werksteam. Als Fahrer verpflichte-
te man einen jungen Amerikaner namens Kevin Schwantz. Es war der
Beginn einer wunderbaren Freundschaft. Die folgenden fünf Jahre waren
nicht einfach, besonders übel das Jahr
1990 als Schwantz bei fünf Siegen und

TRIUMPH

TRIUMPH SPEED TWIN

Triumph war einer der ersten britischen
Motorradhersteller, gegründet von zwei
deutschen Einwanderern. Siegfried
Bettman verkaufte in den 1880ern
Fahrräder, zunächst unter eigenem Namen, bevor er den Firmennamen in Triumph änderte. Zusammen mit Mauritz
Schulte setzte Bettman 1902 einen belgischen 2,25 PS Minerva-Motor in einen seiner Fahrradrahmen und erhielt
damit sein erstes Motorrad. Drei Jahre

später hatte das Werk in Coventry einen eigenen 3 PS-Motor konstruiert
und schuf bald eine ganze Modellpalette, die wegen ihrer Zuverlässigkeit den
Spitznamen »Trusty Triumph«, etwa:
die vertrauenswürdigen Triumph, auch
verdienten.
Die 500er Einzylinder Model H trug viel
zum guten Ruf der Marke bei und wurde in großen Stückzahlen vor und nach
dem Ersten Weltkrieg gebaut. Die H
war ein konventioneller Entwurf, innovativer war die Model R, deren Vierventiltechnik Harry Ricardo konstruierte.
Das populärste Modell war die seitengesteuerte Model P, pro Woche tau-

send Mal gebaut. Dennoch geriet das
Unternehmen in finanzielle Schwierigkeiten und schlüpfte 1936 bei Ariel unter Jack Sangster unter. Dieser setzte
den 35jährigen Edward Turner als

TRIUMPH SPEED TWIN (1937)	
Motor	Luftgekühlter Ohv-Zweizylinder
Hubraum	498 cm³ (63 x 80 mm)
Leistung	29 PS/6000 U/min
Gewicht	166 kg trocken
Spitze	145 km/h

Chefskonstrukteur und späteren Geschäftsführer ein.

Turner hatte ein Händchen für Motorräder. Er gab der Einzylinderreihe mit 250, 350 und 500 cm³ ein ganz neues Design, verbesserte sie in Qualität und Leistung. Anschließend taufte er sie um, nannte sie Tiger 70, 80 und 90 – und verkaufte sie in großen Stückzahlen. 1937 erschien Turners Meisterstück, die 500er Speed Twin. Beim Motor handelte es sich um einen Parallel-Zweizylinder, und um das richtig einordnen zu können muß man wissen, daß bis dahin gegen die Vorherrschaft der Einzylinder kein Kraut gewachsen schien. Triumphs erster Versuch lag gerade vier Jahre zurück, die Model 6/1 mit 650 cm³ war ein grandioser Flop gewesen.

Anders die Speed Twin. Sie lieferte 29 PS, hatte anständige Beschleunigungswerte und eine Spitzengeschwindigkeit von 145 km/h. Im Vergleich zu den Singles wies sie eine hohe Laufkultur auf und das Triebwerk war so kompakt, daß es in das Fahrwerk der Tiger 90 paßte. Mit 166 Kilo war der Twin auch etwas leichter als der Einzylinder und kaum teurer Ein Jahr nach der Speed Twin, 1938, stellte Triumph die Tiger 100 vor, eine sportliche Variante mit 33 PS, die mit etwas Glück 100 mph (160 km/h) erreichen konnte. Beide Triumph-Twins blieben – bei mäßiger Modellpflege – lange im Programm und verkauften sich auch nach dem Zweiten Weltkrieg gut. Hauptsächlich für den amerikanischen Markt vergrößerte Triumph 1950 den Motor und stellte die 650 cm³ Thunderbird vor. Die »T-Bird« war ebenso ein Erfolg, sie war in Leistung und Fahreigenschaften das Traummotorrad der 50er Jahre und faszinierte Fahrer auf der ganzen Welt.

■ *Links: Das Emblem von Triumph kannte in den 50ern so ziemlich jeder.*

■ *Rechts: Frühe Modelle, wie dieser Einzylinder aus 1912, waren nach den Maßstäben der Zeit besonders zuverlässig und prägten den Slogan von den »Trusty Triumph«.*

■ *Unten: Die Triumph 650 cm³ Thunderbird, hier in 1956er Ausführung, war ebenfalls ein Verkaufserfolg.*

TRIUMPH

■ Links: Trotz einigen Fahrwerksschwächen gehörte die T 120 R Bonneville 1961 zu den besten Motorrädern, die es damals zu kaufen gab.

TRIUMPH T 120 BONNEVILLE

Die berühmteste Triumph war zweifellos die Bonneville, 1959 als sportlicher Zweizylinder vorgestellt. Eigentlich war sie nichts anderes als eine 650er Tiger 110 mit gewinkelten, doppelten Ansaugrohren und zwei Amal-Vergasern. Die Verkaufsbezeichnung Bonneville erhielt die Tiger-Variante nach der Rekordfahrt von 1956, als auf den Salz-

■ Unten: Diese nette 650 cm³ Bonneville wurde 1970 gebaut, ein Jahr bevor der öltragende Rahmen kam.

TRIUMPH T 120 BONNEVILLE (1961)	
Motor	Luftgekühlter Ohv-Zweizylinder
Hubraum	649 cm³ (71 x 82 mm)
Leistung	46 PS/6500 U/min
Gewicht	183 kg trocken
Spitze	180 km/h

seen in Utah Johnny Allen in seiner Rekordzigarre mit Triumph-Motor 344 km/h erzielte. Die FIM hat den Rekord nie anerkannt, doch die nachfolgende Diskussion war die beste Werbung für die Marke.

Anfangs hatte die Bonneville die markentypische Scheinwerfergestaltung, einen nach hinten gezogenen Tourenlenker und schwere Schutzbleche. Die Spitzenleistung von 46 PS lag bei 6500 Umdrehungen an, eigentlich zuviel für den einfachen Schleifenrahmen. Die Bonneville erhielt darum 1960 einen

Doppelschleifenrahmen, eine neue Gabel, ein separates Scheinwerfergehäuse und sportlich schmale Schutzbleche. Das Motorrad lief tatsächlich 180 km/h, hatte viel Kraft im mittleren Bereich, ein gutes Handling und eine geglückte Optik. Selbstverständlich erfreute sie sich eines regen Zuspruchs. Über die nächsten zehn Jahre wurde die Bonneville ständig modellgepflegt, schon 1963 kam eine Neukonstruktion mit Blockmotor. Ein neues, aber heftig kritisiertes Fahrgestell mit Öl im Rahmen folgte 1971, und wurde wegen der

■ *Unten: Mit 650 cm³ und Stoßstangen konnte die Bonneville sich über die 60er Jahre hinaus gut behaupten.*

■ *Oben: Die frisierte Thruxton Bonneville war nach der Rennstrecke, auf der sie viele Siege gefeiert hatte, benannt.*

■ *Links: Dieses Jubiläumsmodell »Silver Jubilee Bonneville« wurde nur 1977 gebaut.*

nicht enden wollenden Kritik ein Jahr später etwas tiefer gelegt. Bis 1972 sind etwa 250.000 Bonneville gebaut worden, viele nahmen auch an Serienrennen teil. John Hartle siegte in der Production-TT auf der Isle of Man 1967, Malcolm Uphill notierte zwei Jahre später den ersten Rundenschnitt dieser Klasse, der über 100 mph lag. Triumph erhöhte 1973 den Hubraum auf 745 cm³ und schuf die T 140 Bonneville. Gerüchte über eine bevorstehende Schließung führten zu einem Sitz-Streik im Werk Meriden. Achtzehn Monate dauerte dieser Konflikt, die Produktion wurde später dann von einem Arbeiterkollektiv aufgenommen. Triumph wurstelte sich weiter durch, konnte in den 80ern sogar einen elektrischen Anlasser und Vierventiltechnik vorweisen, doch das half alles nichts: Niedrige Verkaufszahlen und steigende Schulden führten 1983 zum Bankrott. Die Rechte am Namen erwarb ein millionenschwerer Bauunternehmer mit Namen John Bloor. Die Bonneville erlebte noch eine kleine Gnadenfrist und wurde in Devon zwischen 1985 und 1988 weiter gebaut.

ANDERE MARKEN

TRITON

Triton war eigentlich keine Marke, sondern die sehr gelungene Mischung verschiedener Komponenten englischer Motorräder. Zum Grundrezept gehörte ein leistungsstarker Triumph-Zweizylinder in einem Norton-Federbett-Rahmen. Zu den Spezialisten, die solche Motorräder fertig an Kunden lieferten,

gehört Dave Degens in London, selber passionierter und erfolgreicher Rennfahrer, der 1970 mit seinem Eigenbau das 24-Stunden-Rennen von Barcelona gewann. Seine Firma Dresda Engineering baute in den 60ern unzählige Triton, und noch 30 Jahre später entstehen fast identische Maschinen, meistens für japanische Kunden. Eine noch seltenere Kombination war die Tribsa, ein Triumph-Motor im BSA-Fahrwerk.

■ *Links: Eine Dresda-Triton, von Rennfahrer/Konstrukteur Dave Degens gebaut, war nicht nur in den 60ern höchst begehrenswert.*

TRIUMPH

TRIUMPH T 150 TRIDENT

Die Triumph Trident war bei der Einführung 1969 zweifelsohne eine der schönsten Straßenmaschinen auf dem Markt. Der neue 740 cm³ Dreizylindermotor mit Stoßstangen lieferte muntere 58 PS , entlockte den radikal gestylten Schalldämpfern hohe, spitze Töne und sauste dann los, der Spitze von nahezu 200 km/h entgegen. Das etwas eckige Design war 1969 zwar nicht jedermanns Sache, doch der Motor lief sauber und rund. Lange Tagestouren jenseits der 150 km/h waren durchaus möglich, Probleme bereiteten lediglich die Kondition des Fahrers (auf der Trident saß man sehr aufrecht im Wind) und der große Durst des Dreizylinders,

■ Links: Obwohl im Handling klar überlegen, vermochte die T 150 die Käufer nicht so sehr zu beeindrucken wie die Honda CB 750.

■ Unten: Das eckige Design war für viele Käufer gewöhnungsbedürftig, besonders in den USA.

der öfters als üblich eine Tankpause erforderlich machte. Keine Beanstandung dagegen in punkto Handling. Triumph befand sich seit 1951 im Besitz von BSA, so fand der Drilling sich auch in der Rocket-3 wieder, einer Maschine im ähnlichen Design, aber nach vorne geneigtem Motor. Leider hatte das Unternehmen sich mit der Ent-

wicklung der Maschine zu viel Zeit gelassen. Nur Monate später kam Hondas CB 750. Und die hatte vier Zylinder, obenliegende Nockenwelle und elektrischen Anlasser. Und Zuverlässigkeit dazu. Weder die Trident noch die Rocket-3 erreichte das Niveau der CB 750.
Immerhin auf der Rennstrecke konnten

TRIUMPH T 150 TRIDENT
(1969)

Motor	Luftgekühlter Ohv-Dreizylinder
Hubraum	740 cm³ (67 x 70 mm)
Leistung	58 PS/7250 U/min
Gewicht	213 kg trocken
Spitze	200 km/h

sich die Dreizylinder in Szene setzten, besonders die »Slippery Sam«. eine Trident, die vier Jahre in Folge – zwischen 1971 und 1975 – die Production-TT gewann. Die besten Ergebnisse für Triumph kamen in den USA, wo Gary Nixon 1967 und 1968 mit dem Zweizylinder zweimal AMA-Meister wurde. Bei den Rennmaschinen kamen Rahmen zum Einsatz, die der Engländer Rob North gebaut hatte, und zweifarbige Vollverkleidungen gab es auch. 1971 belegten in Daytona die Dreizylinder die drei ersten Plätzen im 200 Meilen-Rennen. Der Sieger hieß Dick Mann und saß auf einer BSA, vor Gene Romero auf Triumph, dem amtierenden AMA-Meister.

Eine heute besonders interessante Trident-Variante war die X 75 Hurricane von 1972. Der amerikanische Triumph-Importeur beauftragte den Designer und Verkleidungshersteller Craig Vetter mit dem Bau einer Spezialmaschine. Der 740 cm³-Motor wurde anders übersetzt, die Gabel verlängert, Tank und Sitzbank formten eine schlanke Einheit und die drei Auspuffrohre wurden auf der rechten Seite zusammengelegt. Die X 75 wurde nur in limitierter Stückzahl gebaut und darf als Vorgänger späterer japanischer Custommaschinen gelten. Der Seriendreizylinder wurde 1975 modifiziert, hieß nun T 160 Trident und verfügte über einen nach vorn geneigten Motor in einem neuen Fahrgestell. Dazu kamen elektrischer Anlasser, Scheibenbremse und Schaltung auf der linken Seite. Die Produktion lief nicht lange.

■ Ganz oben: Die T 160 von 1975 war schnell und schön, kam aber zu spät, um die Marke retten zu können.

■ Oben links: Triumphs Werksrennmaschinen notierten viele Erfolge in den 70ern, unter anderem mit Fahrern wie Paul Smart.

■ Oben rechts: Testfahrer in Meriden und erfolgreicher Rennfahrer: Percy Tait war mit der Marke Triumph untrennbar verbunden.

■ Links: Die schlanke X 75 Hurricane, in den USA gestylt, hat heute mehr Freunde als damals und ist heiß begehrt.

TRIUMPH

TRIUMPH SPEED TRIPLE

Die britische Motorradindustrie war 1983 von der Bildfläche praktisch verschwunden, die Liquidierung von Triumph bildete die letzte Stufe. Den traditionsreichen Namen sicherte sich der Selfemade-Millionär John Bloor. Warum er das getan hatte, wurde acht Jahre später deutlich: Unter strengster Geheimhaltung hatte er eine komplett neue Fabik in Hinckley in der Nähe von Coventry hochgezogen und eine vollständig neue Modellpalette entwickeln lassen. Triumph stellte 1991 sechs Straßenmaschinen vor, allesamt von wassergekühlten Dohc-Drei- und Vierzylindern angetrieben. Das einzigartige Modulsystem hielt die Kosten niedrig,

TRIUMPH SPEED TRIPLE (1994)	
Motor	Wassergekühlter Dohc-Dreizylinder
Hubraum	885 cm³ (76 x 65 mm)
Leistung	97 PS/9000 U/min
Gewicht	209 kg trocken
Spitze	215 km/h

denn alle Modelle hatten sehr viele gleiche Baugruppen. Einen ähnlicher Plan hatten übrigens die Konstrukteure von BSA und Triumph bereits 1973 vorgelegt, doch dieser wurde damals nicht angenommen. Die Basis bildete die unverkleidete Trident mit ihrem Dreizylindermotor, lieferbar mit 749 oder 885 cm³ Hubraum. Der größere Motor lieferte 98 PS, agierte im mittleren Bereich sehr druckvoll

■ Gegenüber oben: Daytona 1000 und Trophy 1200 von 1991 entstanden nach dem gleichen Baukasten-Prinzip.

■ Gegenüber unten: Die populäre Speed Triple von 1994 kombinierte den bewährten Dreizylinder-Motor mit einem frischen, aggressiven Styling.

■ Links: Gestylt für die Premiere auf dem amerikanischen Markt, war das in Köln 1994 erstmals gezeigte Retrobike Thunderbird ein toller Hingucker.

■ Ganz links: Als Basismodell diente die nackte Trident.

■ Unten links: Die Daytona 1200 lieferte 1993 146 PS.

und kam auf eine Spitze von 210 km/h erreichte. Wie bei den anderen Modelle hing der Drilling in einem Zentralrohrrahmen, Feder- und Bremselemente stammten von japanischen Herstellern. Spitzenmodell war die 1200 Trophy, deren Vierzylinder-Motor – im Prinzip lediglich ein Dreizylinder mit zusätzlichem Topf – 123 PS produzierte. Die vollverkleidete Trophy erreichte 240 km/h. Deutschland wurde zum Triumph-Testmarkt erkoren. Nach einem zögerlichen Beginn erreichte der Absatz nach und nach die erwarteten Zahlen. Triumph ging sehr vorsichtig vor und erschloß sich einen Markt nach dem anderen. Nostalgie spielte eine noch größere Rolle bei der Thunderbird. Dieses Modell wurde eigens für die Markteinführung in den USA 1995 konzipiert. Die Thunderbird trug klassische Triumph-Merkmale wie einen abgerunde-

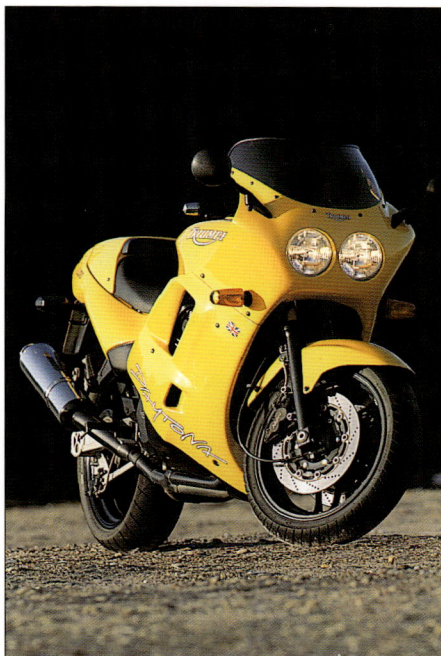

ten Tank mit dem alten Mundharmonika-Emblem und Schalldämpfer im Stil der 50er Jahre. Zusätzliche Kühlrippen gaben dem wassergekühlten Motor, der auf 69 PS zurückgenommen worden war, den richtigen Look. Drahtspeichenräder, hoher Lenker und tiefer Sitzbank waren weitere Abweichungen vom Modulkonzept.

Mit der Thunderbird überstieg die Jahresproduktion dann auch erstmals die Marke von 10.000 Motorrädern; im Herbst 1996 stellte Triumph eine neue Generation von Sportmaschinen mit Alurahmen vor. Auch die Motoren der beiden Neuerscheinungen Daytona T595 (im Ducati-Look) und Speed Triple T509 (der erste ab Werk lieferbare Streetfighter) präsentierten sich stark überarbeitet. Nun heizte Triumph den Japanern mächtig ein, auch und gerade auf dem Sportmaschinen-Sektor.

ANDERE MARKEN

URAL

In einem großen Motorradwerk im Ural-Gebirge entstehen seit Jahrzehnten 650er-Boxermaschinen, deren Wurzeln bis zu den Wehrmachts-Motorrädern von BMW in den 40ern zurückreichen. Die meisten der jährlich 250.000 gebauten Maschinen werden in der alten Sowjetunionen verkauft, seit die Grenzen offen sind, sind sie auch hierzulande problemlos zu haben. Die Verarbeitung der 32 PS starken Oldtimer ist miserabel, ihre Unzuverläs-

sigkeit geradezu legendär – selbst bei den für den Export bestimmten Modellen. Der Besitz einer Ural erfordert sehr viel Verständnis, Leidensfähigkeit und Humor, dafür allerdings vergleichsweise wenig Werkzeug.

■ Rechts: Der englische Ural-Importeur tut sein Bestes, um Käufer für die Soviet Knight, den BMW-Nachbau mit hohem Lenker und viel Chrom zum billigen Preis zu vermarkten.

■ Unten: Die sportliche Clubman Venom (links) wich 1965 einer aktualisierten Thruxton (rechts).

■ Ganz unten: Zu den Thruxton-Spezifikationen gehören der getunte Motor, die belüftete und höchst effektive Trommelbremse vorn, silberner Lack und Höckersitz.

VELOCETTE

VELOCETTE VENOM THRUXTON

Von den 30ern bis zum Ende 1971 war die Marke Velocette für große Viertakt-Einzylinder bekannt, die nahezu ausnahmslos einen schwarzen Lack mit Goldstreifen und Schalldämpfer mit der charakteristischen Fischflosse am Ende trugen. Die Firma wurde 1904 von dem in Deutschland geborenen Johannes Gütgemann (der später seinen Na-

VELOCETTE VENOM THRUXTON (1965)	
Motor	Luftgekühlter Ohv-Einzylinder
Hubraum	499 cm³ (86 x 86 mm)
Leistung	40 PS/6200 U/min
Gewicht	177 kg trocken
Spitze	170 km/h

men in John Goodman änderte) gegründet. Später übernahmen sein Sohn und danach der Enkel die Geschäfte. Anfangs hieß die Firma Veloce Ltd und baute ausschließlich Viertakter. Erst 1913 erschien eine kleine Zweitaktmaschine, und diese bekam dann

die Verkleinerungsform Velocette, kleine Veloce.
Ein umfassendes Rennprogramm befruchtete die Produktentwicklung, kostete aber auch sehr viel Geld. Das erste Motorrad, das richtig für Aufsehen sorgte, war eine Einzylinder-350er mit

■ *Unten links: Die 350 cm³ MAC war in den 30er Jahren sehr erfolgreich.*

■ *Unten rechts: Stanley Woods fährt in der Junior TT 1939 eine Velocette zum Sieg.*

■ *Ganz unten rechts: Mit der LE wollte Velocette eine Gebrauchsmaschine einführen, eine katastrophale Entscheidung. Hier eine Mk.2-Ausführung von 1955.*

■ *Links: Der superschnelle Kompressor-Zweizylinder »The Roarer« von 1939 konnte wegen des Zweiten Weltkriegs nicht weiterentwickelt werden, und nach dem Krieg durften Kompressor-Motorräder nicht mehr starten.*

obenliegender Nockenwelle, konstruiert von Percy Goodman. Diese siegte bei der Junior TT 1926. Die in Serie gebaute Ableitung hieß KTT und erfreute sich unter den Privatfahrern der 30er großer Beliebtheit. Den Einzylinder gab es auch in der Supersportausführung KSS, doch Geld in die Kasse brachten die einfacheren Stoßstangenmodelle MAC (350 cm³) und MSS (500 cm³). Nach dem Zweiten Weltkrieg konnte die Marke auf der Rennstrecke noch immer siegen; Freddie Frith und Bob Foster waren 1949 und 1950 Weltmeister bei den 350ern – jeweils auf Velocette. Die bekanntesten Velocette für die Straße waren die Sportmodelle 350 Viper und 500 Venom, die ab 1960 mit getunten Motoren und strafferer Federung erhältlich waren. Die schnellste Velocette war später die Venom Thruxton, als Rennsportmaschine ab 1965 im Programm. Der frisierte Motor lieferte 40 PS und außer Stummellenkern und zurückversetzten Fußrasten hatte die Maschine auch eine größere, belüftete Vorderradbremse sowie Alufelgen. Velocette versuchte oft geradezu ver-

zweifelt, durch kleine Gebrauchsmotorräder die Geschäftsgrundlage zu verbreitern. 1949 wurden viele Einzylindermodelle aus dem Programm genommen, um Platz für die LE zu schaffen. Dieses Motorrad hatte eine rollerähnliche Blechkarosserie und große Beinschilder. Im Preßstahlrahmen werkelte ein wassergekühlter, seitengesteuerter Zweizylinder-Boxermotor, anfangs mit 150 cm³ Hubraum. Der Viceroy, ein großer 250er Roller, war noch erfolgloser und 1971 mußte Velocette Konkurs melden.

ANDERE MARKEN

VAN VEEN

Henk van Veen war holländischer Kreidler-Importeur. Er übernahm das Rennteam des Herstellers und bescherte den Deutschen in den 70ern einige schöne Erfolge – und WM-Titel – in der Schnapsglas-Klasse. Mit der Entwicklung der Van Veen OCR 1000 versuchte man sich als Motorradhersteller und baute einen großen Luxustourer mit Wankelmotor. Die Van Veen war ein großartiges Motorrad, leider aber sehr teuer. Von einer Serienfertigung war nie die Rede.

VICTORIA

Wie BMW baute auch Victoria in den 20ern Boxermaschinen, anfangs sogar mit gleichem Motor, nachdem der Konstrukteur Stolle von BMW zu Victoria ging. In den 50ern war die 350 cm³ Bergmeister mit V-Motor und Kardanantrieb bekanntestes Modell. Viele Kinderkrankheiten und Vibrationsprobleme verzögerten die Entwicklung. 1956 erschien die Swing mit einem Hubraum von 197 cm³, sie hatte eine elektrische Schaltung. Victoria ging 1958 mit DKW und Express in der Zweirad Union auf. Nachlassende Verkaufszahlen führten 1966 zum völligen Produktionsstillstand.

■ *Oben: Die elegante Van Veen OCR 1000 mit Wankelmotor gehörte zu den exklusivsten Motorrädern der 70er Jahre. Der hohe Preis stand einer weiteren Verbreitung im Wege.*

■ *Unten: Das goldene Vincent-Emblem schmückte die wohl faszinierendsten Motorräder der 50er.*

■ *Mitte: Der schwarzlackierte Motor der 990 cm³ Black Shadow war ganz auf Höchstleistung getrimmt.*

■ *Ganz unten: Die Vincent Serie C Rapide kombinierte gewaltige Leistung mit einem Handling und Bremsvermögen, das dieser nicht nachstand.*

VINCENT RAPIDE SERIES C

Vincent V-Zweizylindermaschinen standen immer im Ruf, schnell, robust und komfortabel zu sein. Die Firma wurde 1928 von dem visionären Konstrukteur Philip Vincent gegründet. Als Schuljunge hatte er die erste Zentralfederung konstruiert, die später in allen seinen Motorrädern zum Einsatz kam. Mit Unterstützung seines Vaters erwarb Vincent die nicht mehr aktive Marke HRD, unter diesem Label hoffte er, eine schnellere Marktdurchdringung zu erreichen. Die ersten Motorräder – Einzylinder mit JAP-Motoren – hießen dann auch HRD-Vincent.

Vincent und der australische Konstrukteur Phil Irving bauten 1934 in Stevenage ihren ersten eigenen Motor, einen 500 cm³ Einzylinder. mit hoch plazierter Nockenwelle. Daraus entstanden die Tourenmaschine Meteor und die Sportmaschine Comet. Die Comet lief 145 km/h. 1936 setzte Irving zwei Comet-

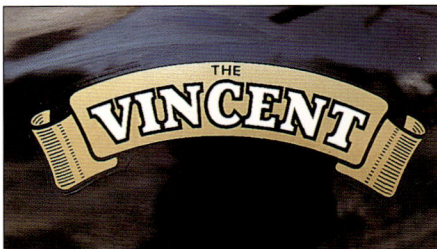

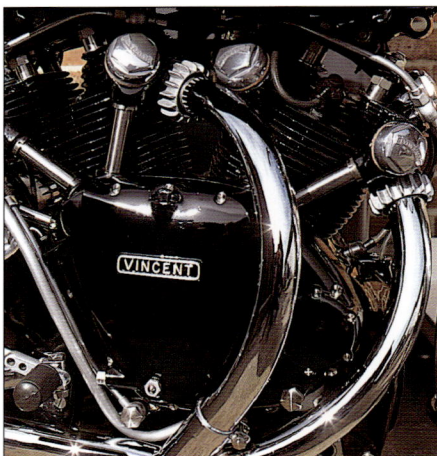

VINCENT RAPIDE SERIE C (1949)	
Motor	Luftgekühlter Ohv-V-Zweizylinder
Hubraum	998 cm³ (84 x 90 mm)
Leistung	45 PS/5200 U/min
Gewicht	208 kg trocken
Spitze	177 km/h

Zylinder im 47-Grad-Winkel zueinander auf das Kurbelgehäuse und erhielt so einen V-Twin mit 998 cm³ und 45 PS: Das schnellste Serienmotorrad seiner Zeit. Die Spitze lag bei fast 180 km/h. Diese Serie A Rapide litt anfangs unter Getriebeproblemen, und die außenliegenden Ölleitungen bescherten ihr den Spitznamen »Klempners Alptraum«. Nach dem Zweiten Weltkrieg stellte Vincent die Serie B Rapide vor. Sie hatte einen neu konstruierten 50-Grad V-

■ *Rechts: Die Serie A Rapide war mit 177 km/h das schnellste Serienmotorrad der 30er.*

■ *Rechts unten: Nur etwa 200 Stück wurden von der vollverkleideten Serie D Black Prince gebaut, bevor die Produktion Ende 1955 eingestellt werden mußte.*

ANDERE MARKEN

WANDERER

Der deutsche Hersteller Wanderer wurde 1902 gegründet und baute viele Ein- und Zweizylindermaschinen, die unter anderem im Ersten Weltkrieg zum Einsatz kamen. Janacek in Prag fertigte die Wanderer in Lizenz und wurde 1929 zum einzige Hersteller, der Motorräder dieser Marke montierte. Daraus entstand Janacek-Wanderer, später schlicht zu Jawa verkürzt.

■ *Oben: Wanderer baute 1911 diese kleine 3,25 PS V-Twin mit Riemenantrieb.*

WASP

Der Fahrwerksspezialist Wasp baute im englischen Wiltshire ab 1968 Geländechassis. Erfolge im Gespann-Motocross führten Anfang der 80er zur Entwicklung eines eigenen Viertakt-Zweizylinder-Motors mit 1000 cm³.

WERNER

Die russischen Emigranten Michel und Eugene Werner gehörten in Paris zu den Zweirad-Pionieren. Der erste 217 cm³ Einzylinder von 1898 lief sehr gut und war ein Verkaufserfolg. Historisch bedeutend war ihre Konstruktion von 1901, die sogenannte »Neue Werner«, bei der der Motor im Rahmen zentral plaziert war. Die dadurch verbesserte Gewichtsverteilung machte Schule.

Motor, dessen Kurbelgehäuse mit dem Getriebe eine Einheit bildete. Der Motor diente als tragendes Element im neuen Zentralrohrrahmen, der den früheren Rundrohrrahmen ersetzte. Die Serie B lief 160 km/h bei nur 4600 Umdrehungen, hatte gutes Handling und ausgezeichnete Bremsen. An jedem Rad verzögerten zwei Trommelbremsen. Schon 1949 folgte die Serie C mit hydraulisch gedämpfter Girdraulic-Gabel statt der früheren Trapezgabel. Das Spitzenmodell war die auf 55 PS getunte Black Shadow mit schwarzlackiertem Motor, 1948 eingeführt. Die Höchstgeschwindigkeit betrug erstaunliche 190 km/h, der große Tachometer reichte bis 240 km/h. Tatsächlich fuhr der Amerikaner Rollie Free 1948 in der Bonneville Salzwüste genau 241,898 km/h, nur mit Turnschuhen, Badehose und Helm gekleidet. Zu anderen berühmten Vincent gehören die »Gunga Din«, die »Nero« und die kompressorgetriebene »Super Nero«, mit der George Brown viele Geschwindigkeitsrekorde und Siege einheimste. Die Serie D präsentierte sich 1955 mit zwei Modellen, der Black Knight und der getunten Black Prince. Trotz hoher Preise setzte Vincent bei diesen Maschinen nur Geld zu, Ende des Jahres wurde die Produktion eingestellt. Ein Versuch, die Marke wiederzubeleben, scheiterte 40 Jahre später. Der Amerikaner Bernard Li zeigte Pläne für einen 1500er V-Twin, der Vincent Black Eagle heißen sollte, aber nie gebaut wurde.

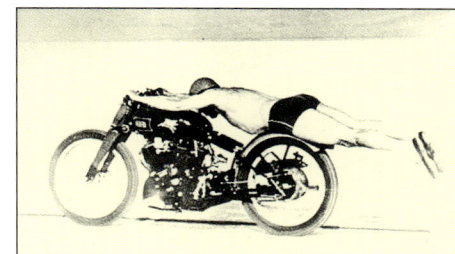

■ *Oben: Rollie Free erreichte 1948 in Bonneville auf einer getunten Vincent 241 km/h – in Badehose!*

■ *Oben: Die wenig sportliche 500 Meteor war eine der ersten Vincent, hier ein Exemplar von 1938.*

YAMAHA

YAMAHA 350 YR5

Torakusu Yamaha war ausgebildeter Uhrmacher, als er 1897 Nippon Gakki gründete, ein Unternehmen, das sich mit der Zeit zu einem der größten Hersteller der Welt für Musikinstrumenten entwicklen sollte. Nippon Gakki gründete 1955 Yamaha um Motorräder zu bauen. Das erste Motorrad war ein 125 cm³ Einzylinder-Zweitakter mit der Bezeichnung YA-1 oder Red Dragonfly, der der DKW RT 125 wie aus dem Gesicht geschnitten schien. 1957 folgte der Zweizylinder YD-1 und Yamaha brachte sich als Lieferant von schnellen Zweitaktmaschinen ins Gespräch. Auf dem Tank der ersten Modelle prangte das Emblem mit den drei Stimmgabeln.

■ *Oben links: Gutes Handling, gute Beschleunigungswerte und niederer Preis machten die YR5 zum Verkaufsschlager.*

■ *Mitte links: Der Sieg im Asama-Rennen 1955 machte den Hersteller landesweit bekannt. Die YA-1 wurde im ersten Produktionsjahr ein Bestseller.*

■ *Unten: Die Optik dieser RD 350 war auch bei kleineren Yamaha-Modelle zu sehen.*

■ Links: Phil Read 1971 bei seiner Fahrt zum Sieg in der 250er TT. In dem Jahr gewann er mit einer Privatmaschine den vierten Titel für Yamaha.

■ Rechts: Der spätere GP-Star Niall Mackenzie in Führung in einem Pro-Am Serienrennen für RD 350 Yamaha.

YAMAHA 350 YR5 (1970)

Motor	Luftgekühlter Zweizylinder-Zweitakter
Hubraum	347 cm³ (64 x 54 mm)
Leistung	36 PS/7000 U/min
Gewicht	150 kg fahrbereit
Spitze	152 km/h

■ Oben: Die erste Viertaktmaschine von Yamaha war die XS-1 von 1969. Sie nahm sich amerikanische Flattrack-Maschinen zum Vorbild.

In den 60ern erweiterte sich die populäre Zweitakt-Modellreihe um die 250er YDS und die ersten 350er-Zweizylinder, die YR1 hießen. Die schön und modern gestaltete YR5 kam 1970, ihr Zweizylinder-Zweitaktmotor lieferte 36 PS, genug für eine Höchstgeschwindigkeit von mehr als 150 km/h. Zu den aufregendsten Nachfolgern zählt die RD 350 von 1974 mit Sechsganggetriebe, ihr folgte die etwas eckige RD 400 von 1976, die über 160 km/h lief. Die zentralgefederte, wassergekühlte RD 350 LC von 1981 machte eigentlich nur Appetit auf die geniale YPVS mit Power Valve, die 1983 mit ihrem walzengesteuerten Auslaßventil dem Twin nicht nur ein besseres Drehmoment im mittleren Drehzahlbereich bescherte, sondern auch satte 53 PS Leistung, rund das Doppelte dessen was die alte YR5 besessen hatte. Die vollverkleidete RD 350 LC F2, kurz darauf vorgestellt, wird zehn Jahre später in Brasilien weitergebaut.

Yamahas erste internationale Rennerfolge kamen in den 60ern. Phil Read wurde mit der Yamaha RD56 1964 250er Weltmeister und verteidigte den Titel auch in der folgenden Saison. Für 1967 baute Yamaha einen 125 cm³ V-4 mit 35 PS bei 16.000 Umdrehungen, damit wurde Bill Ivy Weltmeister. Nach Hondas Rückzug vor der Saison 1968 beschloß Yamaha, die Titel zwischen Ivy und Read aufzuteilen, Read spielte aber nicht mit und holte sich die WM-Krone in beiden Klassen.

Yamahas erster Viertakter war die zweizylindrige XS 1 von 1969, nach englischem Muster aufgebaut. Ihr Flattrack-Look machte sie vor allem in den USA populär, wo sie auch sehr günstig zu haben war. Weiterentwickelt zur XS 650, tat auch diese Umbenennung ihrer Beliebtheit keinen Abbruch. Die letzte XS-Ausführung in Chopper-Version entstand in den frühen 80ern. Yamahas erste 650er war über 100.000 Mal gebaut worden _ davon hatten die englischen Twin-Anbieter nur träumen können.

■ Rechts: Die bissige RD 350 LC Power Valve gab es in den 80ern wahlweise mit und ohne Verkleidung.

YAMAHA

YAMAHA FZR 1000

Mit der FZR 1000 erreichte Yamaha die Spitzenposition in der Klasse der Supersport-Maschinen. Und nicht wenige hielten die »Genesis« für den besten japanischen Allrounder. 1987 vorgestellt, hatte die FZR einen Vierzylindermotor mit doppelten obenliegenden Nockenwellen, 20 Ventilen und 989 cm³. Diese Fünfventiltechnik hatte Yamaha bei der FZ 750 von 1985 erstmals gezeigt. Mit einer Spitzenleistung von 125 PS zog Yamaha im Leistungswettkampf mit der bis dahin führenden GSX-R gleich. Den Beinamen Genesis verdankte die FZR der gleichnamigen Werks-Rennmaschine, doch neben dem Namen erbte das Straßenmotorrad auch den Deltabox-Rahmen und andere Fahrwerksteile wie etwa die kräftige Gabel mit 41 mm-Standrohren, das 17 Zoll-Vorderrad und die stämmigen Niederquerschnittsreifen. Der Motor gab sich erst bei 257 km/h geschlagen.

Mit den Jahren wurde die Genesis immer besser, der Motor legte sogar noch etwas zu, besonders 1989, als der Hubraum auf 1002 cm³ stieg und im Abgastrakt ein elektronisch gesteuertes Ventil installiert wurde. Die EXUP-Technik erhöhte die Spitzenleistung auf 140 PS, ohne daß das Drehmoment im mittleren Bereich litt. Umfassende Änderungen am Fahrwerk halfen, der gestiegenen Leistung Herr zu werden und wieder führte die FZR in der Bigbike-Kategorie. Zwei Jahre danach folgten weitere Verbesserungen, ein charakteristischeres Design und eine Upside-Down Gabel.

In Kontrast zu der flinken und wendigen FZR 1000 stand Yamahas erster großer Vierzylinder, die XS 1100 von 1978, ein Dickschiff alter Schule, das einen schweren, leistungsstarken und luftgekühlten Motor aufweisen konnte und einen Rahmen, der das gerade mal so mitmachte. Der Dohc-Vierzylinder mit 1101 cm³ lieferte erstaunliche 95 PS und hatte Drehmoment ohne Ende, dazu auch eine Spitze von über 215 km/h. Der Motor lief seidenweich, das Motorrad war komfortabel und gut ausgestattet. Leider sorgte der Kardanantrieb und das hohe Gewicht für weniger erfreuliche Eigenschaften bei höheren Geschwindigkeiten. Nur in limitierter Ausführung lieferbar war die XS 1100

YAMAHA FZR 1000 (1991)

Motor	Wassergekühlter Dohc-Vierzylinder
Hubraum	1002 cm³ (75,5 x 56 mm)
Leistung	140 PS/10.000 U/min
Gewicht	209 kg trocken
Spitze	269 km/h

■ *Unten: Erst in den frühen 90ern sah sich die FZR 1000 als Supersportmaschine überholt, war aber noch immer ein sehr gutes Motorrad.*

■ Links: Explosiv: Bei der 140 PS starken FZR 1000 kurz das Gas aufreißen, und schon wird das Vorderrad verdammt leicht.

mit einer Vollverkleidung im Martini-Look.

Die XS-Nachfolgerin FJ 110 wurde bei ihrer Vorstellung 1984 zunächst in die Sportecke gestellt, machte dann aber Karriere als Supertourer, einen Part, den der luftgekühlte Vierzylinder sehr viel überzeugender spielte als den des Sportlers. Die FJ sah gut aus, lief auch gut und bot dank der Vollverkleidung hervorragenden Wetterschutz. Die Höchstgeschwindigkeit betrug 240 km/h, aber wohl noch größeren Wert legen Tourenfahrer auf ein bulliges Drehmoment in unteren Drehzahlen. Die 1100er war darin nicht schlecht, es wurde mit der größeren FJ 1200 noch besser, als der 16-Ventiler 1188 cm³ bekam. In den 90ern führte Yamaha weitere Modifikationen ein, wie gummigelagerte Motoraufhängung und ABS, Kleinigkeiten, die das Motorrad auch nach zehn Jahren Produktion noch auf der Höhe der Zeit sein ließen.

■ Rechts: Die kraftvolle und agile FZ 750 von 1985 verkaufte sich nicht so gut, wie sie es verdient hätte.

■ Rechts: Die FJ 1200 ist die perfekte Kombination von Schnelligkeit und Komfort auf längeren Strecken.

YAMAHA YZR 500

Yamaha dominierte mit der YZR 500 lange Jahre den GP-Sport und gewann den WM-Titel in der Königsklasse zwischen 1984 und 1993 sechsmal. Der vierzylindrige V4-Zweitaktmotor befeuerte außerdem auch Privatmaschinen mit Fahrwerken von ROC oder Harris. Erfahrung mit solchen Motoren hatte das Werk erstmals 1982 sammeln kön-

YAMAHA YZR 500 (1991)	
Motor	Wassergekühlter 80-Grad V4-Zweitakter mit Reed-gesteuertem Einlaß
Hubraum	498 cm³ (56 x 50,6 mm)
Leistung	165 PS/12.500 U/min
Gewicht	130 kg trocken
Spitze	304 km/h

■ Oben: Eddie Lawsons Sieg bei Dutch TT in Assen 1986 war ein wichtiger Schritt auf dem Weg zu seinem zweiten von drei WM-Titeln. Sein Motorrad: die YZR 500.

■ Links: Sechs WM-Titel in zehn Jahren belegen die Effektivität dieser Wunderwaffe aus Japan.

■ Links: Wayne Rainey (17) übernahm die Stafette von Eddie Lawson (3). Beide waren auf Yamaha dreimal Weltmeister.

ANDERE MARKEN

ZENITH

Führende Marke Anfang des Jahrhunderts war Zenith, Spitzenmodell war die Gradua mit verstellbarer Übersetzung (die über einen langen Hebel geändert werden konnte). Zenith verwendete einzylindrige Villiers- und JAP-Aggregate in den 30ern, doch die Produktion kam praktisch mit dem Ausbruch des Zweiten Weltkriegs zum Erliegen.

ZÜNDAPP

Lange Zeit eine der führenden deutschen Marken, 1917 gegründet. Zu den bemerkenswerten Motorrädern gehören die KS 750 Gespannmaschinen des Zweiten Weltkriegs und die sportliche KS 601, 1951 eingeführt und mit dem Spitznamen »Grüner Elefant« gewürdigt. In den 60ern und 70ern notierte die Marke viele Erfolge in der Enduroszene und verkaufte auch kleine Zweitaktmodelle für die Straße. Der Verkauf brach Anfang der 80er zusammen, die geplante 350er-Zweitakter wurde nie gebaut Stefan Dörflinger wurde auf Zündapp 1984 letzter 80 cm³ Weltmeister, dann war die Firma am Ende, die Werkzeuge gingen nach China.

nen, Kenny Roberts´ OW61 hatte Drehschieber-Einlaß. Die YZR kam 1984 mit Reed-gesteuertem Einlaß, interne Bezeichnung OW81. Dieser Motor hatte zwei Kurbelwellen, über Stirnrädern miteinander verbunden, in der Bauweise eigentlich eher eine W4 als V4. Die gleiche Auslegung kopierten später Suzuki und Cagiva.

Der Motor war nie besonders schwächlich und über die Jahre noch weiter. Inzwischen liegt die Latte bei satten 180 PS. Das Fahrwerk ist klassentypisch mit einem dicken Doppelbalkenrahmen, diese Konstruktion nennt sich Deltabox. Die Federung kommt von der schwedischen Spezialfirma Öhlins, seit Jahren im Besitz des japanischen Konzerns. Lange Jahre war die Yamaha nie das schnellste Motorrad im Starterfeld, glich das jedoch durch die hervorragenden Kurveneigenschaften wieder aus. Zwei Fahrer aus Kalifornien sind jeweils dreimal mit der YZR 500 Welt-

meister geworden, Wayne Rainey und Eddie Lawson.

Auf den Rennstrecken der 70er waren vor allem Yamaha-TZ-Modelle zu sehen. Es gab sie in verschiedenen Hubraumkategorien, von der zweizylindrigen TZ 250 bis zur vierzylindrigen TZ 750. Nach dem Auftaktsieg 1974 – noch mit 700 cm³ – dominierte die TZ 750 die Formel-750 für den Rest des Jahrzehnts. Sie war superschnell und trotzdem zuverlässig und holte vier WM-Titel in Formel-750. Und sie schrieb sich auch 1982 unter Greame Crosby in die Siegerliste von Daytona 1982 ein. Agostini gewann 1975 den ersten Titel für Yamaha bei den 500ern (damals auf einem Reihenvierzylinder) und beendete damit die Dominanz von MV Agusta. Der erfolgreichste Yamaha-Fahrer war Kenny Roberts, der dreimal hintereinander Weltmeister wurde, 1978 bis 1980.

■ Oben: Der Franzose Christian Sarron wurde 1984 mit dem TZ Zweizylinder 250er Weltmeister.

■ Rechts: Kenny Roberts gewann dreimal die 500er WM und war später Rennleiter im erfolgreichen Yamaha-Team.

INDEX

ABC, 97
ACE, 97
Adler, 97
Aermacchi, 97
AJS, 96, 97
AJW, 99
Amazonas, 99
Anatomie der Motorräder, 54, 55
Aprilia, 98, 99
Ariel, 100-102
Armstrong, 103
ATK, 103
Ausbildung, 34, 35

Bakker, 103
Barigo, 105
Benelli, 104, 105
Beta, 107
BFG, 107
Bianchi, 107
Bimota, 106-109
BMW, 110-115
Böhmerland, 115
Boss Hoss, 115
Bremssysteme, 62, 63
Bridgestone, 117
Britten, 116, 117
Brough Superior, 118, 119
BSA, 120-123
Buell, 124, 125
Bultaco, 125

Cabton, 125
Caféracer 44, 45
Cagiva, 126, 127
Casal, 127
CCM, 127
Cotton, 127
Custom Bikes, 46, 47
Cyclone, 127
CZ, 127

Daimler, 129
Derbi, 129
DKW, 129
DMW, 129
Dnepr, 129
DOT, 129
Douglas, 128, 129
Dragracing, 90, 91
Ducati, 130-135

Ecomobile, 137
Egli, 137
Elf, 137
EMC, 137
Enduro, 84, 85
Enfield, 136, 137
Excelsior, 138, 139

Fantic, 141
Fath, 141
Federung und Chassis, 60, 61
Filme (Motorrad-), 30, 31
FN, 140
Francis-Barnett, 141

Garelli, 143
Gas-Gas, 143
Gilera, 142-145
Gnome & Rhone, 145
Grand Prix, 70-75
Greeves, 145
Grindlay-Peerless, 145

Harley-Davidson, 146-155
Harris, 157
Hell's Angels, 28, 29
Henderson, 156
Hercules, 157
Honda, 160-175
Horex, 175,
HRD, 175
Husqvarna, 175

Indian, 176-181

James, 181
Jawa, 181

Kahena, 181
Kawasaki, 182-193
Klassiker, 32, 33
Kobas, 192
Krauser, 192
Kreidler, 192
KTM, 192

Lambretta, 192
Lanying, 193
Laverda, 194, 195
Levis, 195

Magni, 197
Maico, 197
Mars, 198
Marusho, 197
Matchless, 196, 197
Megola, 198
Meguro, 198
MIG, 198
Militärmotorräder, 50, 51
Moderne Zeiten, 18-21
Mods & Rockers, 28
Mondial, 198, 199
Montesa, 198
Montgomery, 198
Morbidelli, 201
Moto Guzzi, 200-205
Moto Martin, 205
Moto Morini, 205
Motocross, 82, 83
Motosacoche, 205
Mototrans, 205
Münch, 205
MuZ, 210, 219
MV Agusta, 206-209

Ner-a-car, 219
New Imperial, 219
Nimbus, 213
Norman, 213
Norton, 212-217
NSU, 218, 219

OK Supreme, 219
Ossa, 219
Over, 219

Panther, 220
Parilla, 221
Paton, 221
Peugeot, 221
PGO, 221
Piaggio, 221
Pierce, 221
Puch, 221

Quantel-Cosworth, 221
Quasar, 221

Racing, 66-93
Reifen und Räder, 62, 63
Raleigh, 223
Ren Gillet, 223

Rickman, 223
ROC, 223
Royal Enfield, 222
Rudge, 224, 225
Rikuo, 225
Rumi, 225

Sanglas, 227
Scott, 226
Seeley, 227
Segale, 227
Seitenwagen, 48, 49, 76, 77
Silk, 227
Singer, 229
Speedway, 86, 97
Spezialbauten, 44, 45
Spondon, 229
Sun, 229
Sunbeam, 228, 229
Superbikes, 78, 79
Suzuki, 230-236

Touring, 38-41
Trial, 84, 85
Trikes, 48, 49
Triton, 241
Triumph, 238-245

Ural, 245

Vereine, 26, 27
Veteranen, 32, 33
Viertaktmotoren, 56, 57
Vincent, 248, 249

Wanderer, 249
Wankel, 59
Wasp, 249
Werner, 249

Yamaha, 250-255

Zukunft der Motorräder, 22, 23
Zweitaktmotoren, 58, 59